Le poids du corps
à l'adolescence

sous la direction de
Annie Birraux et Didier Lauru

Le poids du corps à l'adolescence

Albin Michel

Sommaire

Introduction

ANNIE BIRRAUX ET DIDIER LAURU

Si le corps est l'objet des plus grandes préoccupations de l'adolescent, les difficultés psychologiques qui sont associées à la régulation de son poids témoignent du désarroi que peut susciter l'intégration de ses transformations, associée à la contrainte du deuil de l'enfance. Mais alors que la tyrannie culturelle de l'esthétique et de la minceur est dénoncée dans les comportements ascétiques voire anorexiques, le nombre impressionnant de nos jeunes trop enrobés ou manifestement obèses ne semble pas assez mobiliser les programmes de prévention, les pouvoirs publics, ou services thérapeutiques.

Or c'est un problème de santé publique qui a longtemps été sous-estimé parce que inclus dans les « troubles du comportement alimentaire » (TCA) où l'anorexie occupait le devant de la scène thérapeutique en raison des risques et des urgences qui lui sont inhérents, au point, d'ailleurs, de ne pas en différencier les spécificités. Disons-le clairement, l'obésité est un fléau de notre monde contemporain auquel font face certes, comme dans l'anorexie, les nutritionnistes, les pédiatres et les diététiciens. Cependant, en tant que maladie de l'adolescence, elle expose une causalité spécifique liée aux problématiques adolescentes dans nombre de cas. Si elle interroge aussi l'intégration psychique du corps au moment où la puberté fait signe et où le destin sexué bouleverse les identifications infantiles, c'est dans un mouvement, certes masochique, mais qui n'a rien de comparable avec la destructivité à l'œuvre dans les comportements de déni du besoin auxquels s'astreignent les adolescents anorexiques.

Quels facteurs concourent au surpoids et à l'obésité ? Comment en déchiffrer l'énigme, saisir les pièges dans lesquels peuvent enfermer l'environnement, l'histoire infantile et la culture familiale, mais surtout les caractéristiques des relations premières du nourrisson avec l'adulte qui prend soin de lui et satisfait ses besoins ? Et pourquoi le « poids du corps » n'est-il pas nécessairement une affaire névrotique mais un fait qui expose aussi bien une problématique infantile non conflictualisée qu'une défense actuelle contre la génitalité ? C'est à ces questions que répondent des auteurs venus d'horizons différents (psychanalystes, psychiatres, sociologues, nutritionnistes) afin de contribuer à l'élaboration d'un véritable programme de prévention.

Les textes réunis dans ce livre se proposent d'inventorier et de confronter l'état des connaissances sur le sujet pour sensibiliser les lecteurs et dynamiser l'intérêt des chercheurs sur le sujet. La pluralité des horizons scientifiques des auteurs assure la diversité des contenus des communications, mais témoigne aussi d'une communauté de pensée quant à la notion de prévention précoce ou actuelle selon les situations et de l'abord pluriaxial nécessitant une coordination entre nutritionnistes, psychothérapeutes et autres partenaires.

Le contexte de ces élaborations est celui de la crise pubertaire, même si nous avons souhaité l'enrichir d'une communication sur l'obésité en général et son évolution à l'âge adulte. Ce temps de l'adolescence est celui des réaménagements de l'équilibre entre narcissisme-estime de soi et relations objectales, ceux-ci dynamisant les processus identificatoires et la conquête de l'identité adulte. Le bouleversement de la puberté, pour unique et nouveau qu'il soit, remet au-devant de la scène clinique des conduites qui appartiennent au passé, au point que des liens se dessinent entre l'histoire archaïque de la petite enfance et celle de l'adolescence, liens que l'on interprétera diversement en fonction de sa clinique mais qui attestent que l'obésité, même si elle ne s'épanouit généralement qu'à la puberté, a probablement ses racines dans les toutes premières relations de nourrissage du bébé et du jeune enfant à sa mère ou à celle ou celui qui en prend soin.

C'est une hypothèse que les cliniciens de l'anorexie partagent, mais qui gagnerait à être affinée, dans la mesure où l'appartenance aux TCA des classifications internationales ne suffit ni à confirmer la parenté de leur étiologie respective, ni à les associer dans les programmes de prévention qui visent surtout, jusqu'ici, la rationalisation de la nutrition. En effet, le poids du corps n'est pas seulement une affaire de pesée, de calories ou de régime, même si ces mots parasitent le quotidien de l'adolescent. Il est possible de repérer, selon un abord analytique, que ce que l'adolescent ingère ce sont des signifiants (des mots, des phrases) en lien avec son manque primordial. Le poids du corps rappelle que l'adolescence est un temps crucial au cours duquel l'intégration de la fonction sexuelle entraîne la reviviscence, souvent stratégiquement défensive, de relations objectales archaïques, et ce, de manière d'autant plus massive que le sentiment de sa propre valeur n'est pas assuré. Le corps gros (l'hyperphagie) comme issue, d'une part au risque d'hémorragie narcissique, mais plus subtilement et non moins fréquemment comme retrouvailles avec les éprouvés archaïques d'un corps comblé/comblant la mère dans une passivité fusionnelle hédoniste est une constante de nos observations. La passivité est encore une caractéristique assez constante chez les adolescents en surpoids, comme s'ils s'étaient dessaisis eux-mêmes de leur narcissisme. Ils se cantonnent dans leur position de nourrisson (étymologiquement : celui que l'on nourrit), en se remplissant d'une nourriture terrestre, souvent par manque de nourriture affective.

L'adolescence exige socialement un rapport à soi-même qui n'est plus celui de l'enfance. Qu'il le veuille ou non, le jeune doit faire face aux contraintes qu'impose son statut social : c'est alors, face aux pairs, au lycée que, tout à coup, le corps devient l'ennemi. Se regarder dans la glace, s'habiller, rencontrer le regard des autres, devient une épreuve insupportable qui soulève des angoisses massives. Dans un cercle vicieux inconscient quoique culpabilisant après coup, se gaver, manger jusqu'à plus faim, fait céder celles-là et, le temps d'une digestion, apaise les éprouvés persécuteurs de la chair, mais n'évite pas, au réveil, ce face-à-face informe et douloureux avec soi-même. Surgit alors la haine de ce corps que l'on ne reconnaît pas comme étant soi et l'évitement de son image en miroir ou dans les yeux de l'autre. C'est d'ailleurs chez l'autre que l'on dépose cette responsabilité des éprouvés et des conduites (c'est la faute de l'autre, de la tyrannie de la mode, d'un régime qui a échoué, etc.), comme s'il était impossible de s'approprier ses sentiments et sa propre histoire. La haine s'alimentera alors de tous les ressentis négatifs qui ont émaillé l'histoire œdipienne et que la génitalité rend plus crus et plus insupportables.

L'obésité n'alarmait pas les pouvoirs publics au siècle dernier. Le gros, bonhomme et rabelaisien, la grosse aux seins généreux étaient au contraire représentants, comme des images d'Épinal, de certains paradigmes sociaux : l'insouciance, la réussite, la générosité, etc. L'accroissement du symptôme en relation avec le développement économique des sociétés a encouragé les gouvernements à développer et la recherche, et les propositions de prévention et de traitement – insuffisamment sans doute. L'obésité adolescente est un fléau, son évolution est lourde (c'est le mot qui convient mais on peut être frappé de la manière dont ce terme peut être péjoratif!) de conséquences non seulement physiologiques mais aussi psychologiques : autonomie, choix de vie, orientations sont les problématiques les plus évoquées, bien que la plus secrètement insistante soit, chez nos patients adolescents, celle de la séduction et de la rencontre amoureuse. Bien souvent à l'adolescence, le surpoids s'installe comme un mode de défense contre l'accession à l'autre sexué. Cette carapace de chair les protège imaginairement contre le fait de pouvoir être source d'attraction amoureuse ou sexuelle pour l'autre.

C'est pour avoir compris les enjeux du traitement dès les premiers signes et les premières plaintes que nous clamons la nécessité d'une prévention précoce : accompagnement éducatif des familles à risque, prise en charge psychothérapeutique des préadolescents en surpoids, services d'accueil des adolescents que leur surpoids isole et dont on sait qu'il ne sera pas contrôlé s'il n'est pas « assisté ». Le traitement d'une obésité installée est en effet très lourd, même si des progrès récents dans tous les domaines permettent d'espérer rapidement des prises en charge qui s'adresseront à plus de sujets concernés, lorsque les pouvoirs publics diversifieront leurs investissements du problème. Sur le plan clinique en effet, il s'agit d'exiger de définir pour ces jeunes des programmes thérapeutiques qui associent les exigences d'une hygiène et d'une diététique raisonnables à celles d'une prise en charge multifactorielle (scolaire, professionnelle, etc.), mais dans laquelle la psychothérapie analytique ne sera pas négligée afin de prendre en compte les racines d'un phénomène dont les répercussions sur la vie d'adulte peuvent être dramatiques.

Mais notre regard sur le monde nous montre que l'obésité est un symptôme qui est pris dans l'évolution d'une histoire culturelle et qu'il serait naïf de ne pas évoquer les effets de la surconsommation, du gavage, de l'excès qui caractérise nos modes de vie. L'incitation permanente à la consommation dans nos sociétés contemporaines n'a d'égal que l'impératif à jouir des biens matériels et de la nourriture. Ces phénomènes échappent à une indication thérapeutique du politique, mais n'interdisent cependant pas la réflexion. Tout se passe en effet comme si l'universalité, chez l'homme en société, du manque, mais surtout de l'Interdit, du Tiers, laissait place à l'espérance fétichique de l'effacement de ceux-là. Pas de limites, pas de frustration, et derrière cette ligne imaginaire qui définirait un nouvel Éden, l'accès à ce sentiment d'« éternité », d'union avec le « grand Tout », peut-être de sentiment océanique qui définit si bien la plénitude narcissique du nourrisson qui s'endort au sein. La dissolution du symbolique infiltrerait-elle la question de l'obésité comme elle infiltre d'autres symptômes de nos sociétés dites avancées ?

I.

À l'origine : le corps

1.

L'énigme du poids, le poids de l'énigme

Le corps de l'enfant dans l'adolescent, répétition, pathologie du surpoids

ELSA STORA-WAYSFELD ET BERNARD GOLSE

La question du poids est, à l'évidence, l'une des dimensions importantes du corps, et cela à tous les âges de la vie. Nous souhaiterions insister ici sur la double énigme qui s'attache à cette problématique corporelle, à savoir celle des relations précoces qui imprègne en filigrane la pathologie du surpoids, d'une part, et celle du corps à l'adolescence qui réactive de manière différente la situation de séduction originaire, d'autre part.

Le corps de l'enfant dans l'adolescent

Le corps de l'enfant dans l'adolescent est une réalité qui s'impose si on considère l'importance de la place du corps dans la psychologie et la psychopathologie de l'enfant jeune et de l'adolescent. Elle l'est beaucoup moins pour l'enfant en période de latence et pour l'adulte. En effet, une des caractéristiques de l'adolescent est de se servir de son corps et des conduites dites somatiques comme mode d'expression de ses difficultés mais aussi comme modalité relationnelle. « Brutalement, à l'adolescence le corps fait du bruit. […] Bruits de la croissance pour lesquels les médecins somaticiens sont consultés ; ils constituent aussi les premiers points possibles de cristallisation d'une angoisse toujours prête à surgir[1]. » En cela, il est extrêmement proche de l'enfant très jeune chez qui le corps et les « troubles somatiques » sont un mode d'expression privilégié. Le rapport de l'enfant au nourrissage, à l'alimentation, à son corps, est un des premiers secteurs concernés par les troubles relationnels précoces ; ainsi, les troubles du sommeil et de l'alimentation sont les raisons les plus fréquentes de consultation dans la toute première enfance, ces troubles que S. Lebovici, M. Soulé et R. Diatkine qualifiaient de « troubles psychosomatiques du nourrisson[2] ».

J. McDougall parle de « lente désomatisation » de la psyché chez le bébé, qui d'un côté cherchera, « surtout aux moments de douleur psychique ou physique, à recréer l'illusion de l'unité corporelle et mentale avec sa mère sein, et de l'autre luttera pour se différencier [...] de son corps et de son être à elle. À condition que l'inconscient maternel ne fasse pas entrave à cette démarche, l'enfant construira, par le truchement des processus d'internalisation – incorporation, introjection, identification – l'image interne d'une mère nourricière, mère soignante, capable de contenir ses orages affectifs, tout en s'appuyant sur son désir d'autonomie corporelle et psychique[3] ».

La question de la séparation corps-psyché est au cœur du processus de développement psychologique de l'enfant. Qui dit séparation dit inévitablement violence du processus de subjectivation, et agressivité quant aux objets d'identification à la fois repoussés et nécessaires. C'est aussi ce mouvement de violence nécessaire qui est retourné contre soi lorsque l'enfant met à mal ses besoins physiologiques, ses repères naturels, jusqu'à se dérégler totalement pour se soustraire aux désirs de sa mère et la protéger de la violence suscitée par le processus de séparation-individuation.

Ce sont ces mêmes mouvements qui se rejouent à l'adolescence, à la faveur de la puberté, de l'éveil sexuel, du pulsionnel. Comme le dit M. Corcos, « ce sont les interrelations et leur rôle dans la constitution du soi psychique et somatique qui sont problématiques et revisitées à l'adolescence dans les conduites addictives[4] ». De nouveau l'adolescent va devoir mobiliser toutes ses forces agressives pour pouvoir se séparer, s'autonomiser, advenir comme sujet capable d'aimer un autre et de s'aimer lui-même. Ainsi, cette adolescente qui pouvait dire clairement : « Quand je mange, j'ai l'impression que ça me rend plus forte pour me battre contre tout ce qui pourrait m'empêcher de grandir. Même si j'ai peur aussi de grandir, parce que je ne me sens pas du tout prête à être adulte… Mais là, au moins, je me fabrique des armes. »

Nous allons nous centrer sur les enjeux psychologiques de l'obésité chez l'enfant pour tenter de comprendre ce qui se rejoue à l'adolescence.

L'obésité infantile précoce est la manifestation d'une souffrance qui trouve sa source dans un dysfonctionnement des relations précoces entre le bébé et son environnement. Plus précisément, dans un dysfonctionnement relationnel avec la mère, souvent sur le mode fusion/ambivalence et absence du père, du moins dans le discours de la mère. Il est rare que l'obésité commence à l'adolescence. « L'obésité ne constitue pas un état spécifique de l'adolescence. […] Dans la majorité des cas, l'obésité ne se constitue donc pas à l'adolescence mais succède à une obésité déjà installée dans l'enfance[5]. » On peut donc aisément penser que quelque chose de ces premières modalités de liens va se rejouer et se poursuivre dans le mouvement adolescent. Le corps de l'enfant dans l'adolescent s'inscrit à la fois dans un processus d'évolution et dans un processus régressif de fixations partielles, orales en particulier pour ce qui concerne la question de l'obésité. C'est-à-dire que l'adolescent va adopter un comportement régressif, familier, à travers la sollicitation de la zone érogène partielle buccale, face aux montées pulsionnelles nouvelles d'ordre génital. M. Corcos parle de « la réactivation de la pulsion orale liée à un point de fixation défensif par rapport à la recrudescence pulsionnelle, en particulier génitale[6] ».

Le surpoids ou l'obésité sont des pathologies de notre siècle. L'obésité est une problématique au carrefour du sociétal et du psychologique, de l'individuel et du groupal. Il est important de prendre en compte ce contexte sociétal dans la mesure où il impose aussi un diktat de la minceur, une certaine image de la femme, de la mère, une certaine manière d'être parent et d'être enfant… ! Parent d'un enfant investi davantage comme un prolongement narcissique censé représenter les victoires des parents, eux-mêmes en quête de reconnaissance narcissique à travers les victoires de leur enfant.

Ainsi, un des « scénarios de la trajectoire de construction sociale de l'obésité » décrit par J.-P. Corbeau concerne les populations plutôt favorisées, ce qui est intéressant par rapport à la stigmatisation de l'obésité chez les populations défavorisées. Il nous dit que « les parents développent une sorte d'orthorexie ascétique, puritaine, qui par le déni évacue de l'espace du domicile les produits dangereux pour leur progéniture […]. L'enfant qui échappe au regard parental va aller cueillir ailleurs les produits défendus avec avidité et sans doute culpabilité. […]. Le scénario de l'enfant surveillé/protégé, ce souci de perfectionnisme exprime une envie de contrôle, d'évacuation de l'incertitude concernant le développement de l'enfant[7] ».

Ainsi, cette mère qui raconte en consultation la « scène » qu'elle vient de vivre avec sa fille juste avant de venir me voir : Elle explique qu'elle « voulait juste que sa fille change de vêtements pour être propre pour aller voir le docteur» ; sa fille ne voulait pas et a fait une crise terrible. « Pourquoi était-il si important pour vous que votre fille porte des vêtements propres pour venir à l'hôpital ? » La mère répond alors, manifestement déroutée par ma question, que « ça au moins elle peut le contrôler », que « tout lui échappe », alors au moins qu'elle n'ait pas « honte de sa fille pleine de taches ». Cette demande insistante de la part de cette femme que sa fille change de vêtements est en fait une demande beaucoup plus profonde, « un souci de perfectionnisme » pour reprendre les termes de J.-P. Corbeau, que cette petite fille ressent certainement comme une injonction à être « parfaite », à être « comme sa mère veut qu'elle soit », provoquant chez elle une crise d'opposition face au danger d'être aspirée vers la confusion identitaire, justement à l'âge où le mouvement de séparation-individuation est en plein essor.

Se nourrir, se remplir permet de ne pas penser, de la même manière que l'enfant a été nourri et rempli par une mère en mal de penser. En effet, « il importe pour le sujet de garder active la nature singulière de sa relation d'objet primaire, même si celle-ci est défaillante et/ou toxique ; parce qu'elle a présidé à la constitution de son moi et qu'il faut compulsivement la revivre pour ne pas perdre ce moi[8] ». Manger permet de se couper de ses émotions et d'un vécu anxiogène tout en répétant quelque chose du lien précoce à la mère.

L'histoire de Marie-Lou illustre cette dynamique inconsciente qui se met en place autour de l'alimentation dans un contexte de séparation précoce.

Marie-Lou a 4 ans lorsqu'elle vient me voir avec sa maman. Elle a été élevée par sa grand-mère jusqu'à ses 2 ans. Les deux parents sont étudiants. La mère ne peut pas à la fois assumer la garde complète de sa fille et poursuivre ses études d'infirmière. Elle confie donc sa fille à sa propre mère pour la semaine et le couple va la voir tous les week-ends.

La maman arrive en disant que, « aujourd'hui, tout est rentré dans l'ordre ». La famille a retrouvé une stabilité de vie depuis deux ans. La maman s'interroge : pourquoi Marie-Lou continue-t-elle à grossir ?

Madame raconte la souffrance du dimanche soir au moment de repartir. La place de la grand-mère qui donnait « tout ce qu'elle voulait » à manger à Marie-Lou « pour compenser, dixit la mère citant la grand-mère, l'absence de ses parents ».

Aujourd'hui, madame vient consulter avec sa fille pour dire sa souffrance. Souffrance à deux niveaux : celle qui concerne directement le manque de sa fille dans ces premiers temps de vie ; celle plus complexe, qui renvoie à sa culpabilité, après coup, d'avoir supporté cette situation : « J'avais pas le choix, dit-elle, il fallait que je finisse mes études. » Qui renvoie également à toute son ambivalence par rapport à sa propre mère qui a pris une place tellement importante auprès de sa fille : « Elle m'a tellement aidée pour Marie-Lou, je n'ai pas le droit de lui en vouloir. » Culpabilité encore… On apprend aussi que cette petite fille était un « don du ciel », car la maman avait peur de ne « pas pouvoir avoir d'enfant », du fait d'une histoire endocrinienne compliquée (ovaires polykystiques) ; en même temps son arrivée « trop rapide » dans leur vie d'étudiants compliquait aussi les choses : « J'avais pas prévu ça comme ça. » Donc un très fort désir d'enfant teinté d'une crainte de ne pas y arriver, associé à un désir de maîtrise du *timing*, probablement renforcé par les éléments endocriniens que nous venons d'évoquer.

C'est cette notion de culpabilité qui va nous guider pendant l'entretien pour comprendre pourquoi « tout n'est pas rentré dans l'ordre » lorsque Marie-Lou est revenue à la maison, lorsque ses parents, notamment peut-être sa mère, ont pu réhabiliter leur place auprès d'elle...

La nourriture a pris une place particulière pour Marie-Lou, dès ses premiers temps de vie. Cette charge affective qui venait remplir chaque bouchée a fait partie intégrante des éléments organisateurs de la manière dont Marie-Lou a construit son mode d'être au monde, aux autres, son oralité.

De retour chez elle, la nourriture continue à être un lien privilégié entre elle et sa mère, celle-ci étant très en difficulté par rapport à sa place, à ses ressentis d'ambivalence qu'elle n'assume pas. Manger pour ne pas parler, rester en fusion en se donnant à manger, en partageant ce plaisir tellement archaïque et fusionnel pour ne pas risquer d'être séparées encore une fois, à un âge – autour de 2 ans – où le processus de séparation-individuation est en route...

L'histoire de Marie-Lou est paradigmatique des enjeux psychologiques inconscients qui peuvent se mettre en place autour de l'alimentation dans un contexte de séparation précoce. Il est toutefois important de souligner que ce contexte de séparation n'était pas a priori forcément traumatique mais qu'il l'est devenu du fait du vécu difficile des adultes en charge de Marie-Lou. En effet, la place de la problématique dépressive maternelle est tout à fait centrale dans l'histoire de Marie-Lou. L'impossibilité pour la mère de vivre ses affects dépressifs au moment de la première séparation a nécessité la mise en place de l'« objet aliment » pour absorber la violence et la dépression maternelle. L'alimentation est venue en lieu et place de la fonction de pare-excitation que la mère ne pouvait pas assurer du fait de son mal-être – ce que W. Bion a décrit comme étant la capacité à filtrer les excitations venant de l'extérieur, de l'environnement et aussi de l'intérieur, du corps même du sujet[9], cela à la fois par l'ajustement du portage, mais également par un ajustement psychique que décrit bien la notion d'accordage affectif de D.N. Stern[10]. Ce travail de filtrage, de transformation nécessite une disponibilité psychique qui se fait naturellement « quand tout va bien ». Des moments d'indisponibilité ou de préoccupation font également partie des variations de la normale. Mais en cas de dépression maternelle, ce travail ne se fait plus et l'enfant est confronté à des excitations qu'il ne peut gérer, ou digérer. Donner à manger à son bébé fait partie de gestes de base, d'une des fonctions primaires du maternage avec l'endormissement. « Un bébé qui mange bien et qui dort bien est un bébé en bonne santé... » Nous savons aujourd'hui que cela ne suffit pas. Les recherches et les travaux sur l'attachement ont bien montré que la qualité des premiers liens devait également figurer en première ligne dans les besoins du bébé pour assurer un développement harmonieux.

Nourrir son bébé vient compenser une indisponibilité psychique et également rassurer la mère dans sa capacité à « être une bonne mère ». L'acte nourricier sera hyperinvesti par les deux parties comme un moment de partage possible avec une valeur antidépressive. L'enfant aura donc internalisé le plaisir oral comme un contre-investissement possible de la dépression maternelle.

Qu'en est-il alors du gros corps de l'enfant dans cette dynamique d'évolution de l'enfant vers l'adolescent ? Le gros corps est-il un bagage à emporter avec soi ou au contraire à abandonner définitivement au bord de la route de l'enfance ? Le lien à la mère enfermé dans ce trop-plein de nourriture est-il à conserver secrètement comme une arme possible face aux duretés de la vie à venir, ou est-il au contraire un *poids* attirant inlassablement l'adolescent dans les filets de la régression ? On peut retrouver là aussi des comportements adolescents qui vont se manifester sur un mode d'investissement narcissique à travers la redécouverte de sensations fortes, archaïques, comme pour se fabriquer leur propre enveloppe corporelle. Sur un mode anal le fait de ne plus se laver ; sur un mode oral plus régressif le fait de sucer une tétine ou un biberon comme le font certains d'une manière assez ostentatoire, la régression orale étant alors mise sur le piédestal de l'autonomie !

À l'adolescence, la réactivation de ce vécu corporel archaïque va être particulièrement recherchée face au risque dépressif fréquent à cette période, d'autant plus si des vécus de cet ordre ont déjà existé dans la petite enfance. En effet, « les traces mnésiques qui ont pu imprimer la vie psychique et le corps au cours des expériences de satisfaction, éprouvées lors des premières rencontres avec l'objet » peuvent orienter « la genèse d'un choix symptomatique addictif alimentaire[11] ».

Les situations de séparation sont fréquentes à l'adolescence : séparation par rapport à une situation concrète, rupture de liens, perte d'objets (objectaux et narcissiques) ; le repli et les préoccupations narcissiques se jouent aux dépens des investissements objectaux, dans un mouvement de régression par peur de quitter définitivement ses premiers objets d'attachement. Ce repli régressif est à l'origine d'une perte d'estime de soi, composante fondamentale de la dépression.

M. Corcos insiste sur « la difficulté à gérer le processus de séparation-individuation propre à l'adolescence par des ressources internes. Cette difficulté tire son origine de la mauvaise constitution des interrelations précoces où en particulier la constitution du soi somatique a été défectueuse[12] ».

Telle cette adolescente de 19 ans qui pouvait dire que chaque fois qu'elle allait chez ses parents elle ne pouvait pas s'empêcher d'aller immédiatement ouvrir le frigo pour manger quelque chose. Était-ce sa seule ressource face à l'émotion qui l'envahissait dès qu'elle revenait dans cet appartement familial, celui de son enfance, où elle se sentait paralysée, incapable d'être celle qu'elle était aujourd'hui ? Elle était systématiquement replongée dans les représentations archaïques de la dépression maternelle, de la tyrannie de la minceur dans cette famille où la mère pouvait se montrer tantôt très compréhensive par rapport au surpoids de sa fille, tantôt extrêmement violente, ne supportant pas les débordements, qu'ils soient de chair ou pulsionnels. Le recours au frigidaire comme unique voie de décharge possible face à l'angoisse suscitée par « le retour aux sources » montre bien la dimension addictive de la nourriture, par sa forme impulsive et d'« acting », mais également par sa fonction calmante, régressive et contenante face à l'émergence d'angoisses de séparation inélaborables.

Comme le dit très bien M. Corcos, « la recherche compulsive de cette présence physique maternelle dans la prime enfance évoluera vers quelques avatars dans l'enfance et à l'adolescence : angoisse de séparation plus ou moins accompagnée de manifestations psychosomatiques : imitation plaquée et collage à l'objet ; addictions. Ceux-ci correspondent à l'impossibilité de manifester psychiquement la souffrance de l'absence et au recours régressif par le corps qui incarnera l'absence ».

Les bébés, les adolescents et la théorie de la séduction généralisée : énigme du dehors ou énigme du dedans ?

La théorie de la séduction généralisée proposée et développée par J. Laplanche[13] est évidemment fondamentale pour penser l'émergence du sexuel dans le cadre de l'ontogenèse du sujet. Elle permet par ailleurs, selon nous, de dépasser le dilemme, sinon insoluble, entre la nature endogène ou exogène de l'origine de la sexualité.

Nous ne rappellerons pas ici les points centraux de cette

théorisation désormais classique et célèbre, mais nous voudrions insister sur le fait que celle-ci nous offre, en fait, une voie de dégagement quant aux difficultés inhérentes à plusieurs problématiques. Cette théorie propose en effet une théorie du traumatisme structurant :

– qui transcende la question du choix entre traumatisme réel ou traumatisme imaginaire (et, de ce fait, qui rend inutile l'abandon complet de la *neurotica* freudienne),

– qui transcende la question du choix entre traumatisme endogène ou traumatisme exogène,

– et enfin, ce qui n'est pas rien, qui offre la possibilité de conserver la théorie du traumatisme en deux temps, y compris dans les cas de traumatismes hyperprécoces qui nous intéressent, au premier chef, dans le champ de la psychiatrie et de la psychanalyse du très jeune enfant.

Notre lecture de la théorie de J. Laplanche consiste à comprendre que la construction de la pulsion se joue à deux, de manière interrelationnelle entre la mère et le bébé, et que c'est l'implantation dans la psyché de l'enfant des « messages énigmatiques inconscients » – émis par la mère à son propre insu – qui vont organiser ce que J. Laplanche désigne alors sous le terme d'« objets-source » de la pulsion, en tant que messages « compromis » d'abord indécodables et en attente de traduction ultérieure (l'énigme étant liée à l'impuissance traductive, et la séduction à la fascination qui s'attache toujours, peu ou prou, à cette situation d'impuissance, et donc de passivité traductrice).

Rien ne peut faire, en effet, qu'une mère qui allaite ne sache pas, dans le même temps, que, dans sa vie de femme, ses seins sont aussi des seins érotiques et pas seulement des seins alimentaires. Les soins de la mère à l'enfant sont donc réels mais ils véhiculent toujours des messages à teneur fantasmatique sexuelle qui vont venir greffer, de l'extérieur, dans le psychisme de l'enfant, les germes de son organisation pulsionnelle seconde, lesquels, quoique internes, ne seront ensuite activés que du dehors par la rencontre avec un nouvel événement interactif plus tardif et désormais susceptible d'être traduit et métabolisé, ce qui réactive alors la signification des premières inscriptions qui se trouvaient là, encore comme en jachère. Ce schéma s'avère d'une indiscutable originalité, avec comme clef de voûte le processus traductif qui renvoie à la « situation anthropologique fondamentale », soit à la rencontre entre l'adulte et le bébé qui se joue immanquablement sur fond de réciprocité et de dissymétrie[14].

À l'adolescence, c'est le corps de l'adolescent qui peut revêtir lui-même, parfois, la fonction de « signifiant énigmatique » pour l'adolescent et ce ne sont plus, alors, les soins maternels, mais ses propres fonctionnements corporels qui viennent réactiver chez lui cette situation de séduction originaire dont on sait la force d'attraction fondée sur des affects de fascination et d'effroi.

On assiste ainsi à une sorte d'intériorisation progressive de l'énigme chez les adolescents, l'énigme qui venait de la mère chez le bébé se trouvant alors devenir une énigme venant du corps même de l'adolescent.

Dans cette perspective, le surpoids à l'adolescence peut alors revêtir une double dimension : de réactivation de certains aspects de la relation mère-enfant archaïque et de défense envers l'énigme de la séduction originaire relancée, *in situ*, par le processus même de l'adolescence.

NOTES

1. Marcelli D., Braconnier A., « Psychopathologie des conduites centrées sur le corps », chap. « Le problème du corps chez l'adolescent » et

« Perturbations des conduites alimentaires : l'obésité », in *Abrégé de psychopathologie de l'adolescent*, Masson, 1992, p. 120-124 et 130-135.

2. Lebovici S., Diatkine R., Soulé M., *Nouveau traité de psychiatrie de l'enfant et de l'adolescent*, PUF, 2004.

3. McDougall J., « Un corps pour deux », in *Corps et histoire*, Les Belles Lettres, 1986, p. 9-43.

4. Corcos M., « Les interrelations précoces et les solutions addictives », in *Le Corps absent*, Dunod, 2000, p. 103-113.

5. Marcelli D., Braconnier A., *op. cit.*

6. Corcos M., *ibid.*

7. Corbeau J.-P., « Évolution des modes de vie et des trajectoires sociales d'obésité chez les jeunes enfants », *Enfance & Psy*, 27, 17-23, Érès, 2005.

8. Corcos M., *ibid.*

9. Bion W.R., *Aux sources de l'expérience* (1962), PUF, 1979.

10. Stern D.N., *Le Monde interpersonnel du nourrisson, Une perspective psychanalytique et développementale*, PUF, 1989.

11. Corcos M., *ibid.*

12. Corcos M., « La question du choix du symptôme », in *Le Corps absent, op. cit.*, p. 181-198.

13. Laplanche J., « La pulsion et son objet-source ; son destin dans le transfert », in *La Pulsion, pour quoi faire ?*, Débats, Documents, Recherches de l'Association psychanalytique de France, 1984, p. 9-24 ; « De la théorie de la séduction restreinte à la théorie de la séduction généralisée », *Études freudiennes*, 27, 1986, p. 7-25 ; *Nouveaux fondements pour la psychanalyse*, PUF, 1987.

14. « Entretien avec Jean Laplanche », réalisé par Alain Braconnier, *Le Carnet psy*, 70, p. 26-33, 2002.

2.

Le corps, régulateur des émotions ?

PHILIPPE JEAMMET

L'adolescence se présente comme un remarquable révélateur des contradictions dont l'être humain est porteur. Révélateur des contraintes dont nous héritons de l'enfance, mais aussi des modèles que le monde adulte offre en réponse aux attentes spécifiques des adolescents que les changements induits par la puberté font naître. L'adolescence illustre la mise à l'épreuve des limites et combien l'insécurité interne et une trop grande vulnérabilité rendent nécessaire l'étayage sur la réalité externe pour éviter la désorganisation qui menace. De même, l'évolution sociale actuelle, avec la liberté d'expression qu'elle permet et son questionnement des limites, agit comme un interrogateur qui met à l'épreuve les ressources personnelles du sujet, entrant ainsi en résonance avec la dynamique de l'adolescence et en redoublant les effets. Les plus vulnérables des adolescents sans limites contenantes suffisantes sont abandonnés à leurs contraintes émotionnelles et à leurs passages à l'acte.

La puberté est un facteur de vulnérabilisation de l'individu. À ce titre, elle peut servir de modèle à l'observation et à la compréhension des réponses aux menaces de désorganisation de la personnalité, et en particulier de tout ce qui entre dans le champ de la psychopathologie, mais plus largement de la difficulté à prendre soin de soi. Il existe pendant toute cette période une communauté d'enjeux qui fait de cet âge une période critique à risques spécifiques. Ces enjeux se situent dans la possibilité de voir ce qui est de l'ordre d'une vulnérabilité dans l'enfance faire place, dans l'adolescence et l'immédiate postadolescence, à des conduites pathogènes car susceptibles de réorganiser la personnalité autour d'elles et de figer le sujet dans la répétition de ces comportements que l'on peut alors qualifier de pathologiques. C'est cette capacité de fixation et d'organisation, particulièrement active à cet âge, qui en fait tout le risque, mais aussi, à l'inverse, tout l'atout possible.

L'apparition d'un symptôme ou d'un trouble du comportement ne signe pas nécessairement une pathologie avérée. Ils peuvent avoir une valeur adaptative s'ils ne s'installent pas durablement et n'entravent pas le développement de la personnalité, et en particulier n'empêchent pas les acquisitions propres à chaque âge, ni les intériorisations et les identifications, c'est-à-dire s'ils n'ont pas d'effets dénarcissisants qui altéreront l'estime de soi et la confiance en soi. S'ils ne sont donc pas nécessairement pathologiques, ils n'en demeurent pas moins toujours potentiellement pathogènes par leurs capacités d'autoentretien et même d'autorenforcement. Pathogènes en ce sens que ces conduites ont pour effet d'accroître la vulnérabilité du sujet en lui faisant courir des risques excessifs et en l'appauvrissant dans ses compétences et donc ses sources de valorisation dans un ou plusieurs des champs nécessaires à l'épanouissement de chacun : le soin apporté au corps, le développement des apprentissages et des compétences quel qu'en soit le domaine, et tout ce qui relève de la sociabilité. Le pathologique correspond à l'enfermement dans ces conduites pathogènes.

Les contraintes de la puberté sont liées aux conséquences des changements corporels : accession à un corps mature, c'est-à-dire apte à la sexualité et à la procréation faisant de la question de la distance relationnelle avec les adultes un enjeu majeur de l'adolescence. Elle implique une redistribution de l'espace et des rapports de pouvoir au sein du groupe entre les anciens et les jeunes devenus adultes. La puberté est une menace pour l'homéostasie du groupe. On peut comprendre que dès que les êtres humains se sont organisés en société ils aient eu peur de la menace de désorganisation que représentaient les jeunes devenus pubères et qu'ils se soient organisés pour conjurer cette menace notamment par les rites d'initiation. Mais ces contraintes sont aussi celles que rencontrent les animaux supérieurs. Les animaux sont programmés pour réagir à toute menace sur leur territoire par des émotions primaires destinées à assurer la préservation de celui-ci et par là même leur survie. Que les réactions soient de l'ordre de l'agressivité, de la fuite ou de l'offrande et de la soumission, elles sont destinées à éloigner la menace et à sauvegarder la vie. Compte tenu du nombre de gènes que nous avons en commun avec eux, il est logique que nous soyons programmés pour mettre en œuvre des réactions communes aux menaces sur la gestion du territoire générées par la puberté. C'est ce que nous montre l'observation de nos réponses aux menaces de cet ordre. Toute variation brutale de la distance relationnelle avec autrui est susceptible de déclencher des émotions primaires, basiques, dont nous ne choisissons ni la nature ni l'intensité. Elles s'imposent à nous dans un premier temps et nous ne pourrons exercer un contrôle a posteriori que si nous en avons les ressources nécessaires, autrement dit si nous gardons suffisamment de sécurité pour réfléchir, choisir et contrôler.

La spécificité humaine : la conscience réflexive

Mais le territoire humain ne se borne pas à la distance géographique. Il acquiert une dimension spécifique qui est celle de la représentation que le sujet se fait de lui-même et celle qu'il pense que les autres ont de lui. Cette dimension est rendue possible par ce qui à nos yeux spécifie l'humain, à savoir la capacité réflexive[1]. Si certains animaux sont capables d'une activité anticipatrice, l'être humain est le seul être vivant conscient d'avoir conscience de lui-même. Il le doit au développement extraordinaire des potentialités de son cerveau. Double activité réflexive que l'essor d'un langage de plus en plus symbolique et celui d'une civilisation où le sujet en tant que tel s'affirme de plus en plus dans son autonomie par rapport au groupe contribuent à autodévelopper. À partir d'une progression quantitative des potentialités du cerveau dans l'échelle animale est apparue une rupture qualitative avec cette activité réflexive. Elle a ouvert un espace potentiel dans le jeu des représentations mentales, autorisant un développement indéfini du champ des possibles qui est celui de l'imaginaire et de la créativité. C'est ce champ du virtuel qu'on appelle la psyché. Il n'a pas d'existence propre autre que ce jeu de virtualités. Mais ce dernier autorise un saut qualitatif qui confère à l'humain un regard sur lui-même. Deux conséquences majeures en découlent.

La première, c'est que l'humain est devenu structurellement un être addictif. La conscience qu'il a de lui-même le confronte inéluctablement à sa finitude, à ses limites, au fait qu'il ne puisse jamais avoir tout ce qu'il désire et à celui qu'il va mourir ; mais en même temps au fait qu'il peut toujours avoir plus et qu'il peut se donner à lui-même des satisfactions aux limites infinies. Il n'aura jamais tout et il peut toujours avoir plus. On retrouve les deux sources de l'addiction : la peur et l'envie, l'une renforçant l'autre, avec la possibilité de se combler par une interchangeabilité des objets désirés.

La deuxième, c'est que l'humain est également un être régulé par les valeurs qu'il se donne, notamment par l'intermédiaire de la culture à laquelle il appartient. Cette conscience réflexive lui ouvre une possibilité relative de contrôle de ses émotions, désirs et besoins. Mais ce dégagement partiel des contraintes instinctuelles se développe en le rendant dépendant d'un miroir dans lequel il peut se voir et reconnaître sa valeur. C'est le miroir du regard de la mère et des objets d'attachement sur lui, ce sera progressivement celui des valeurs et des convictions de sa culture et de ses groupes d'appartenance. Nul ne peut se passer de cette interrogation sur ce qu'il vaut, sur ses motivations, sur ce qui est bien, sur ce qui est mal. C'est la boussole qui le guide et qui se substitue pour partie à celle des instincts. Nul n'y échappe et ne pas avoir de valeurs est une valeur qui organise la vie et souvent d'une façon d'autant plus contraignante qu'elle est la seule et qu'on s'y agrippe d'autant plus fortement que sans elle il ne resterait plus rien à quoi s'accrocher et qui fasse sens. Par les valeurs et les croyances qu'elles suscitent, c'est le lien relationnel qui se développe à l'infini.

On peut ainsi considérer que l'équilibre du sujet humain, l'homéostasie de son territoire, sont assurés par deux voies distinctes mais en étroite relation l'une avec l'autre. D'une part une régulation émotionnelle très proche de celle à l'œuvre chez l'animal, reposant sur les bases chimiques de ses neuromédiateurs, liée aux composantes génétiques de son tempérament, dont l'expressivité a été modulée par ses expériences et ses rencontres avec l'environnement depuis sa naissance, qui s'impose à lui et dont il ne choisit ni la nature ni l'intensité. D'autre part une régulation par le jeu des représentations qui assurent le sentiment de sa valeur à ses yeux et aux yeux des autres. Deux voies donc bien différentes, l'une chimique, l'autre virtuelle, liée au jeu des représentations, mais qui retentissent fortement l'une sur l'autre. Ce qui explique qu'un même événement peut avoir un effet sur chacun radicalement différent, soit en raison du potentiel de réponse émotionnelle dont dispose le sujet, soit en fonction du sens qu'il revêt pour lui selon son histoire et sa culture. Les deux possibilités peuvent se potentialiser ou s'atténuer l'une l'autre.

Les deux voies d'organisation de la personnalité – l'une qu'on peut qualifier de constitutionnelle, purement biologique, reposant sur la chimie des neurotransmetteurs ; l'autre, bien sûr biologique par les supports neuronaux qui la rendent possible, mais qui génère un espace virtuel indéfini de jeux réflexifs de représentation, donnant naissance à la conscience de soi, qui correspond à l'espace dit psychique – ces deux voies n'existent que dans un échange constant avec l'environnement. De cet échange inscrit progressivement dans la mémoire, la conscience réflexive va permettre que naisse le sentiment d'une continuité d'être, matrice du sujet et de l'identité, et que se différencient un dedans et un dehors, un soi et un non-soi. Différenciation fragile, toujours menacée et qui a besoin de se soutenir d'une interaction constante entre le dedans et le dehors ; interaction sensorielle, et on sait les effets désorganisateurs sur l'identité et les activités hallucinatoires compensatrices qui peuvent surgir du fait de sa disparition, mais aussi interaction psychique par le jeu des représentations, tel que le dialogue intérieur, le travail d'écriture…

Cet espace virtuel qui permet l'émergence de notre sentiment de continuité, d'une permanence de notre être, repose avant tout sur l'acquisition de la confiance, confiance en soi en miroir de celle accordée à l'environnement habituel, construction entre celui-ci et l'individu (et plus spécifiquement les objets d'attachement). L'attachement sécure fonctionne comme une sorte de lestage du territoire de l'individu, une base de sécurité interne, de repli qui lui assure une stabilité suffisante et une relative indépendance à l'égard de l'environnement et de ses changements possibles. Cette base de sécurité se renforce des expériences positives et des images gratifiantes que le sujet recevra de l'environnement comme de sa conformité aux valeurs ambiantes. Mais elle demeure toujours potentiellement vulnérable, notamment quand une déception trop forte vient casser cette confiance : c'est le « traumatisme psychique » souvent lié à la défaillance des adultes censés soutenir cette confiance. Inversement, des « rencontres » fortes peuvent recréer les conditions de la confiance mais souvent au prix d'une dépendance qui traduit l'importance de la fonction réparatrice de cette rencontre dont la nécessité quasi vitale génère les conditions d'une forme d'addiction à cette relation ou à cette conviction salvatrice qui fait fonction de relation.

Les émotions : une menace interne potentielle

Comme l'animal, nous sommes programmés pour réagir à toute menace sur notre territoire. Réagir, c'est-à-dire mettre en œuvre des réponses actives dont le but est de préserver la vie de l'individu. Réactions déclenchées sous la contrainte d'émotions primaires dont encore une fois nous ne choisissons ni la nature ni l'intensité. Or ce qui différencie les êtres humains, c'est que les facteurs déclenchants de ces émotions, c'est-à-dire les sources de la menace, se sont considérablement complexifiés, mais aussi que la conscience qu'il en a autorise des possibilités de contrôle et donc de choix de la réponse.

Diversification des sources de la menace parce que celle-ci ne provient plus seulement du monde externe mais de l'intérieur même du sujet. Les émotions suscitées par le seul désir ou besoin de quelqu'un ou de quelque chose peuvent être ressenties comme un pouvoir de celui-ci ou de celle-ci sur nous, donc comme une menace potentielle. Tout objet de désir peut ainsi devenir un facteur de déséquilibre de l'homéostasie de l'individu, une menace pour son autonomie, et engendrer un sentiment d'impuissance proportionnel au pouvoir conféré à cet objet. Cela d'autant plus que les émotions suscitées sont plus fortes. Les émotions humaines ont ainsi cette propriété spécifique de pouvoir être en quelque sorte le cheval de Troie des autres en nous. Toute la vie quotidienne est imprégnée de cette potentialité qui ne prend une tournure dramatique que si la vulnérabilité de l'intéressé est telle que le désir est vécu comme une menace de débordement et de désorganisation. Mais elle contribue aussi aux charmes de la vie, amoureuse notamment. Comme toujours, ce sont les sujets les plus fragiles qui en feront les frais.

Selon le contexte, être ému par une pensée, un souvenir, la présence de quelqu'un, des propos, son attitude à notre égard peut être source de plaisir intense, d'élation, de gratitude, de bonheur… – la liste des sentiments positifs possibles est indéfinie. Dans ce cas, loin d'être une menace, les émotions suscitées peuvent renforcer la confiance en soi et le sentiment de sécurité. Mais ce qui est possible dans le positif l'est aussi dans le négatif. Cette valeur négative fait alors des émotions un ennemi interne : « Si tu me touches, tu me menaces. » Être ému devient alors synonyme de faiblesse. Par l'émotion, l'autre fait intrusion dans notre intimité et menace l'image que nous voulons avoir et donner de nous-même et au-delà peut faire craindre un effondrement. Ainsi, les émotions qui à l'origine sont là pour perpétuer la vie et protéger l'individu des menaces vécues de l'extérieur peuvent se transformer, du fait de la conscience que l'homme en a, en un ennemi de l'intérieur, comme de façon analogique les anticorps destinés à nous défendre des agresseurs extérieurs peuvent donner naissance aux maladies auto-immunes.

La destructivité : une réponse toujours possible à l'impuissance

Quoi qu'il en soit, que la menace vienne de l'extérieur ou de l'intérieur, son caractère menaçant est lié au risque d'impuissance face au danger présumé. Risque que les émotions primaires à but défensif qui surgissent sont censées conjurer par la mise en place de conduites très différentes, voire opposées, dans leurs expressions, qui vont de l'agression à la soumission à l'agresseur, mais qui ont en commun de redonner un rôle actif au sujet menacé. Être actifs face à la menace, y compris en faisant le mort ou l'autruche, voilà à quoi sont programmés les êtres vivants. L'homme n'échappe pas à cette règle. Mais à cette conduite qu'on peut qualifier d'instinctive, en tout cas en lien direct avec les émotions primaires déclenchées par la menace, fait écho par la conscience réflexive l'effet de ces conduites sur l'image que l'individu se fait de lui-même. Or ces réponses, quelles qu'elles soient, à partir du moment où elles existent, ont un effet positif sur cette image du sujet, parce qu'elles lui donnent le sentiment de redevenir acteur de sa vie, d'échapper à l'impuissance et de renforcer une identité incertaine, voire menacée. La sécurité que le sujet n'a pas, il la trouve dans l'effet de soulagement apporté par le comportement actif qui lui redonne la position d'agent de sa vie.

Ce type de comportement nous confronte à ce qui peut fonder le surinvestissement d'une cognition et au-delà aux raisons de l'émergence et de la disparition d'une croyance. Croyance d'apparition soudaine ou du moins rapide mais qui disparaîtra quand le sujet n'en aura plus besoin. Ainsi, des patientes anciennes anorexiques pourront dire, parfois après plus de dix ans d'évolution, qu'elles ne comprennent plus comment on peut être anorexique et que même si elles le voulaient elles ne pourraient plus l'être. Comme si ce qui était évident peu de temps auparavant cessait de l'être sans qu'on comprenne pourquoi. Comme certains ne comprennent plus les raisons qui avaient pu susciter un engagement, une croyance pour lesquels ils auraient pu sacrifier leur vie quelque temps auparavant. C'est toute la question du lien entre cognition et émotion qui est ainsi posée.

Ne peut-on pas y voir une forme d'agrippement comparable à celle de l'enfant apeuré à sa mère ? C'est la peur ou la menace qui donne sa force au comportement de l'enfant. Mais quand celui-ci se cramponne à la main de sa mère, il ne sent pas tant la peur qui a provoqué le geste que le soulagement de la sécurité retrouvée, parfois même accompagnée d'un plaisir lié plus à l'effet de contraste par rapport à l'état émotionnel antérieur qu'au souvenir précis de la cause de la peur. Le soulagement peut l'emporter sur toute autre émotion.

L'enfant peut croire de bonne foi qu'en se comportant ainsi « c'est son choix » et qu'il y trouve une sécurité bénéfique. Il ne perçoit pas que c'est une contrainte liée à la menace que représente pour le moi toute prise de distance à l'égard de son objet d'attachement, la mère. Bien sûr, la dimension de contrainte va resurgir rapidement dans la dépendance physique et psychique à la mère et conduire l'enfant à exercer une forme ou l'autre d'emprise sur la mère par l'insatisfaction, les plaintes, les caprices, comme il se sent en miroir sous l'emprise de sa mère. Si celle-ci laisse faire ou se fait complice d'une relation à laquelle elle trouve elle-même des bénéfices par la réassurance qu'elle lui apporte et l'importance qu'elle lui confère, le piège risque de se refermer, qui voit l'enfant s'opposer d'autant plus, d'une façon ou d'une autre, qu'il est plus dépendant de la présence et du regard maternel. C'est la problématique centrale des conduites addictives.

Abandonner les convictions qui nous rassurent, c'est du même ordre que lâcher la main de sa mère pour l'enfant qui a peur. Qu'est-ce qui est susceptible de susciter une telle adhésion à une pensée quelle qu'elle soit ? Le point commun, c'est toujours à nos yeux le défaut de ressources internes de sécurisation et ses conséquences : la nécessité de développer une relation d'emprise et de se cramponner à des éléments perceptivo-moteurs de la réalité externe ou à une conviction interne.

Détruire est toujours possible, à portée de main, et se situe hors du temps qui est ce qui nous échappe par excellence. Créer, réussir, aimer, c'est aléatoire puisque dépendant en partie de la réponse des autres, ceux auxquels on s'adresse. Ce n'est jamais acquis et a toujours une fin qui n'est pas celle qu'on a choisie, mais celle qui s'impose d'elle-même ou du fait des autres et qui rend la déception toujours possible sinon certaine. Détruire, c'est un rendez-vous avec l'éternité hors de toute contingence liée aux autres. Un instant de toute-puissance. Que ne sacrifierait-on pas pour se sentir puissant ? Ses potentialités, ses plaisirs possibles, son avenir et même sa vie, nous répondent ces adolescents qui s'abandonnent à la tentation de la destructivité.

Mais la destructivité n'est pas seulement physique et matérielle. Elle prend aussi le visage de toutes ces conduites, attitudes et croyances qui consistent à tenter d'effacer ou d'inverser les émotions qui pourraient nous rendre dépendants des autres : en se voulant plus fort que la peine en niant la souffrance, plus fort que la déception en revendiquant l'indifférence, à la limite plus fort que la mort en la choisissant.

Cynisme, misanthropie, dénigrement, refus de toutes valeurs sauf celle de la croyance à la justesse de cette position en sont également des manifestations possibles. Elles sont toujours le fait de sujets sensibles et même hypersensibles. N'est-ce pas tenter de retrouver l'attitude de bravade de notre enfance : « Même pas mal ! » ? Au fond, ce que je risque de perdre, je préfère penser que je n'en ai pas besoin. On ne maîtrise pas le bien-être, il nous échappe toujours, on peut penser maîtriser la destructivité quand on en est l'acteur et rechercher le risque pour ne pas être surpris d'en subir les effets sans l'avoir voulu.

On est là au cœur de la problématique adolescente et au-delà de ce qui fait une part du tragique de l'homme. L'être humain peut avoir peur de ce qu'il désire le plus et faire le contraire de ce qui le rendrait heureux par peur du risque de la déception. Est-ce un choix ? Je ne le pense pas. C'est à la fois une contrainte et une tentation de céder à cette contrainte et d'en faire sa force et sa revendication identitaire ; contrainte parce que c'est le moyen qui s'impose au sujet pour ne pas s'effondrer, pour se sentir exister et avoir encore un pouvoir d'action.

La destructivité peut devenir ainsi plus ou moins insidieusement la valeur référence qui peut griser l'être humain d'autant plus facilement qu'il a l'illusion d'en être le seul maître. Elle est en effet sans limites, à l'abri de la déception et de toute attente, contrairement à la créativité. En somme, la drogue humaine par excellence.

On est au cœur de la problématique narcissique avec ce qu'elle suppose d'insécurité, de manque de sources internes de plaisir, de ce que j'ai appelé « les assises narcissiques[2] », et par là même de dépendance aux objets externes. On retrouve les caractéristiques habituelles de cette relation : l'absence de confiance en l'autre comme en soi ; l'importance de l'attente à l'égard de ces objets et en miroir celle de la déception ;

l'oscillation entre l'idéalisation et le dénigrement ; une suggestibilité qui n'a d'égale que la capacité de refus et l'entêtement ; un hyperinvestissement des croyances ou à l'opposé un scepticisme et un dénigrement sans faille.

Comment dénouer le piège et ouvrir le lien ? C'est à ce double défi que sont confrontés les thérapeutes de ces patients. Comment les aider à retrouver une motivation à prendre soin d'eux et à accepter de s'ouvrir au plaisir ? Comment rendre tolérable cette motivation et éviter qu'elle ne soit perçue comme un facteur de déséquilibre interne, une perte de la sécurité narcissique que leur procurent leur conduite et leur croyance ? L'expérience montre que cette motivation naît difficilement spontanément et nécessite le détour par l'intérêt d'un autre ou de plusieurs à leur égard.

L'ensemble des troubles psychiatriques apparaît ainsi comme une réponse adaptative aux diverses menaces de débordement et d'impuissance éprouvées par ces sujets en apportant une forme de maîtrise par l'activité. Comportements et croyances acquièrent ainsi une fonction de maîtrise rassurante qui permet de comprendre que les abandonner peut être ressenti comme une menace de retrouver le malaise et les peurs qu'ils avaient contribué à réduire.

Les singularités alimentaires ou celles qui concernent les vêtements ou l'apparence corporelle, piercing ou tatouages, même si elles n'obéissent pas aux mêmes menaces de débordement du trouble que le comportement alimentaire, ont en commun de rassurer le sujet sur ses vécus d'impuissance et ses peurs, d'attirer l'attention sur lui tout en le confirmant dans sa différence avec les autres et de conforter ainsi son sentiment d'identité. Le besoin actuel des individus d'affirmer leur différence, favorisé par l'affaiblissement des valeurs communes dans nos sociétés libérales, assure à ces originalités alimentaires et autres extravagances un bel avenir.

NOTES

1. Damasio A., *L'Autre moi-même*, O. Jacob, 2011.
2. Jeammet P., *Pour nos ados soyons adultes*, Odile Jacob, 2008, p. 314.

3.

Faim de régimes

CATHERINE GRANGEARD

Selon le rapport de l'Agence nationale de sécurité sanitaire de l'alimentation, de l'environnement et du travail (ANSES) de novembre 2010 qui évalue les risques liés aux pratiques alimentaires d'amaigrissement, 30 % des adolescentes se trouvent trop grosses ; 47 % des jeunes filles de 11 à 14 ans souhaitent peser moins… Et selon l'Institut de veille sanitaire dans un rapport de 2006, 18 % des enfants âgés de 3 à 17 ans – 16 % des garçons, 19 % des filles – sont en surpoids ou obèses ; parmi eux, 3 % des garçons et 4 % des filles classés comme obèses. Même si une stabilisation a été observée récemment, la disproportion entre les 18 % de jeunes réellement concernés et les 30 % à 47 % qui ont le sentiment d'avoir à perdre du poids est flagrante et doit être une source de méditation.

La dictature de l'image du corps n'est pas seulement une construction individuelle. Elle est aussi un fait social, collectivement élaboré. L'idée de « se mettre au régime » s'impose à quiconque souhaite perdre du poids sans soulever aucune critique. Il s'agit d'interroger cette évidence. Alors que différents rapports, dont celui de l'ANSES de novembre 2010, attaquent cette fausse bonne idée, la population semble tout ignorer de cette contestation. Pourquoi un tel aveuglement ?

Est-il si agréable de se priver pour que tant d'adolescents, surtout des adolescentes, en passent par une restriction alimentaire volontaire ? Qu'en est-il du Sujet dans cette histoire de poids, dans l'histoire de chacun avec son propre poids ? Les psychanalystes devraient être bienvenus pour éclairer les obscurs ressorts psychiques sur lesquels ce goût des régimes s'enracine…

Le surpoids ne diminue pas uniquement en respectant les conseils de nutrition et d'activité sportive car des difficultés d'un autre ordre trouvent ainsi à s'exprimer en s'exposant par le corps. La pluridisciplinarité est utile dans tout ce qui se manifeste physiquement si les racines sont également psychiques. Traiter uniquement un comportement alimentaire anarchique ne peut atteindre l'objectif énoncé de régulation du poids si on en ignore le sens profond. L'intervention de psychanalystes est ici recommandée.

Une typologie des adolescents concernés est impossible à définir précisément.

On peut repérer quelques grands types de familles. Il y a celles où, depuis le plus jeune âge, la surveillance et la restriction sont des règles. « Se mettre au régime » est alors le signe d'une fidélité familiale, même si le régime est une des voies d'entrée dans la carrière du surpoids, puisque 70 à 95 % des régimes aboutissent à la reprise du poids antérieur à cinq ans, et souvent à son dépassement.

Pour d'autres adolescents, la fabrique de l'obésité commence par la quête d'idéal, l'idéal individuel de ressembler aux vedettes, aux mannequins décharnés, qui n'a rien à voir avec les idéaux d'un grand soir d'engagement et de changement social… L'IMC dépasse sa fonction médicale d'indice de masse corporelle. Il est devenu référent, outil de catégorisation et donc de stigmatisation. Ainsi certains jeunes tentent de perdre du poids pour appartenir à une catégorie socialement valorisée. Début 2013, une marque de vêtements pour jeunes gens a fait une campagne de publicité en proclamant qu'on ne trouvait pas dans ses magasins de taille au-dessus du 38… Une sélection s'opère alors entre ceux qui en sont et les autres. Une certaine fierté d'en être va y être associée.

En suivant des patients dans leurs rapports avec les régimes, j'ai pu mettre en évidence qu'une soif d'idéal était sous-jacente aux restrictions et à ces mises sous contrainte volontaires et répétitives[1]. Que ces régimes soient irréalistes à long terme paraît sans importance… Qu'ils soient totalitaires et tyranniques semble même rassurer. À l'adolescence, lorsque l'indépendance met à l'épreuve, se soumettre volontairement – apparemment – à un régime, suivre ses prescriptions, cela rassurerait, paradoxalement.

Enfin, il existe des adolescents, surtout des filles, qui rejettent les normes dominantes. Des bénéfices secondaires sont attendus. Lorsque la sexualité est à éviter, pour diverses raisons, s'enrober paraît aider à se dérober au désir supposé de l'autre. Certaines patientes avancent la sexualisation de l'époque qu'elles vivent comme outrancière. J'ai rencontré plusieurs adolescentes d'origine maghrébine qui disaient que des survêtements amples et un excès de poids aidaient à échapper aux problématiques complexes de rapports entre les sexes à la puberté. Parfois, le surpoids masque des événements personnels traumatiques, les abus sexuels notamment.

Sans régime ou régime sans ?

« Connaissez-vous un seul obèse qui n'ait pas fait de régimes ? » Cette question pourrait inciter à sourire. Mais venant de ce garçon très timide, l'interrogation m'interpelle.

« C'est vrai, si les régimes marchaient il n'y aurait plus personne en obésité puisqu'ils ont tous fait un régime... »

Quand sa sœur se met au régime, Kevin O.[2] lui emboîte le pas ; il veut plaire à une fille qui ne le remarque pas. Il se plaît à rêver : et s'il suffisait de perdre quelques kilos pour devenir plus sûr de soi ?

Kevin se nourrit de cet espoir. La déception est cuisante quand il doit se rendre à l'évidence. Le poids n'est pas le seul frein. Les autres lycéens devinent son désir et la demoiselle n'est pas tendre. Kevin O. se réfugie de nouveau dans les sucreries et les jeux vidéo. Comme il a toujours fait auparavant, comme sa sœur, comme tout le monde dans sa famille, il enfouit. Il ravale...

Ce qui a débloqué la situation ? Un secret de famille révélé au cours de la thérapie, lorsqu'un décès l'a rendu possible. Un réel poids s'envole alors. Non seulement pour Kevin, mais aussi pour toute la famille, élargie, qui vivait écrasée du poids de la honte d'un acte commis par un grand-père véritable tyran familial. Cette famille avait beau avoir quitté l'Algérie, la honte n'était pas restée sur la terre natale. Après la révélation, de nombreux changements de comportements ont été possibles. Au niveau alimentaire pour ce jeune patient, à d'autres niveaux pour son frère aîné, impliqué dans des histoires à répétition de délinquance, pour la famille entière, le fait de retrouver la mémoire a ouvert des possibilités moins destructrices individuellement.

Nous appartenons tous à une famille. Son histoire a des répercussions sur ses différents membres. Sur le plan alimentaire comme sur d'autres plans, il faut le souligner.

La McDomination

« Bonjour, il va falloir que je fasse quelque chose. J'ai 15 ans et ça fait bientôt dix ans que je fais des régimes. J'en peux plus… Rigueur, anarchie. C'est ma politique ! Je rigole parce que je vois pas quoi faire d'autre, mais au fond j'ai pas du tout envie de rire, au contraire même, ça m'amuse pas. Les autres nanas vont au McDo, au kebab et rentrent dans du 36. Pas de souci, elles disent. Pire, celles qui te prennent la tête parce que le 36 ne ferme plus et qu'elles se privent à mort : en trois jours c'est réglé. Elles te regardent avec une de ces têtes : "La pôv' !" ou elles pouffent et te balancent des crasses. J'en ai marre, vraiment marre. Je le cache bien derrière mon masque de marrante, mais le clown est triste. J'ai honte de moi. Les tentations sont si fortes. Et si j'ai lâché, je continue de plus belle. C'est la grande dégringolade. Jamais c'est soft. Et j'ai tout le temps peur, peur de pas y arriver, peur de pas tenir, peur qu'on se moque, peur même de changer ! Tu vois le genre, je sais pas où j'en suis. J'aime pas qu'on me regarde, je pense qu'on se moque de moi. Ou alors que les garçons vont me coincer, j'suis pas nette. Je m'isole de plus en plus, je dis que je ne veux surtout pas être de ceux qui subissent la McDomination, ça fait rigoler, mais je crois que je veux dire quelque chose en disant ça. »

Je le crois aussi ! Il y a beaucoup de Clo Z. ! De nombreuses jeunes filles souffrent des regards, des commentaires, des moqueries, et d'excès de désapprobation interne. Elles appellent souvent ça : surpoids. Est-ce rassurant de trouver quelque chose à nommer afin de ne pas souffrir dans le vide ? Se trouver trop grosse, chez des adolescentes, cela cache bien souvent d'autres difficultés : grandir, devenir une femme.

Pour certaines, la solution supposée de « se mettre au régime » devient un quasi-rite de passage.

Il était une fois...

« Ma mère raconte que j'avais toujours faim. Comme j'étais son premier bébé, elle dit qu'elle ne savait pas quoi faire. Elle m'a nourrie à la demande, mais qu'est-ce que ça veut dire ? Peut-être qu'elle répondait juste toujours avec le sein alors que je demandais plein d'autres choses... Réguler la faim... C'est mon combat. » Flo R. s'affirme très différente de sa mère, elle ne comprend pas comment elle peut être si grosse alors que sa mère est si fine. Elle ajoute en riant : « Pourtant, elle n'est pas bien maline ! »

Sa mère lui a raconté l'allaitement : « C'était génial. » « Elle en parle comme d'une vraie jouissance physique. Elle m'a raconté qu'elle avait les seins si pleins qu'ils débordaient et qu'elle attendait avec impatience que je me réveille pour la soulager. C'est bizarre comme ça me met mal à l'aise. Est-ce que c'était le besoin du bébé qui comptait ou le sien ? »

L'accordage entre la mère et l'enfant est plus difficile à trouver qu'il n'y paraît. La mère n'est pas coupable, il faut le redire. Néanmoins, côté bébé, ce qui se joue dans cette rencontre est essentiel. Si le bébé n'est pas repu, parce qu'il manque un peu de lait – oh, pas grand-chose souvent, vingt grammes... –, c'est la recherche effrénée d'un remplissage. Si la tension mammaire de la mère et sa psychologie, sans doute, font qu'elle impose son rythme à l'enfant, le voilà objet du désir de l'autre et cette expérience laisse des traces. Sont-elles indélébiles ? Si nous ne guérissons peut-être pas, la distanciation que procure la thérapie introduit de la souplesse. Et puis, c'est en prenant soin de la personne que se répare ce qui était en souffrance, depuis longtemps. Enfin, c'est en revisitant ce lointain passé que les lignes bougent un peu. Et ce peu, c'est énorme pour trouver le souffle d'une liberté jusqu'ici inéluctablement niée.

L'allaitement est une merveilleuse expérience. Il introduit un rapport de corps à corps dont il faut tenir compte. Cependant, le vécu de la mère et celui de l'enfant divergent. Le biberon est moins sensible que des seins, mais la personne qui le tient induira également, dès la naissance, bien autre chose au fait de se nourrir qu'une simple fonction de subsistance.

Le plaisir recherché, le refuge, les compensations sont autant d'éléments présents dans les paroles des patients qui ne comprennent pas leurs propres comportements vis-à-vis de la nourriture. D'un côté, ils veulent perdre du poids, de l'autre ils sont incapables de se comporter raisonnablement à certains moments. Ils veulent retrouver quelque chose d'autre qui est associé au fait de manger, remplir un certain vide qui est envahissant.

Des raisons pas raisonnables

Lucas C. est très heureux en famille. « Il n'y a pas de problème puisque tout le monde est gros. Ce sont les autres, dehors, qui nous font gros. » Sa sœur et lui subissent des remontrances à l'école, chez le médecin. Même bien intentionnées, justifiées, elles sont vexantes. Toujours est-il qu'à la maison, « Papa rassure tout le monde en disant qu'il faut bien mourir de quelque chose, qu'au moins ils se font plaisir »… S'il change, Lucas C. a peur de trahir son milieu familial, d'être encore plus seul. S'il continue… il souffre tellement de n'avoir pas d'amis. Les souffrances qu'il endure sont morales, il n'a aucun problème de santé pour le moment. Lucas C. est devenu un souffre-douleur. La nourriture est compensation, refuge. Physiquement, ce n'est qu'en sport qu'il ressent une gêne. Alors, il se fait exempter, le plus souvent possible. D'autant que le prof n'est pas un soutien. Il alimente même les moqueries par ses commentaires sur son faible niveau.

Flo R., Lucas C., Kevin O. ont peu de points communs, en dehors d'un IMC au-dessus de la norme, d'un appétit qui répond trop souvent à « des raisons pas raisonnables », comme dit Lucas. Avant d'être catalogués socialement selon leurs courbes de poids ou médicalement diagnostiqués, ce sont des enfants, des adolescents, avec une histoire, une famille…

Souvenons-nous de la madeleine de Proust : les aliments sont associés à quantité de souvenirs. Nous avons tous un rapport émotionnel à la nourriture. L'intensité des « raisons pas raisonnables » varie et l'excès peut mettre en danger. Le psychanalyste s'intéresse à ce qui ne se maîtrise pas facilement, ce qui met en échec les meilleures résolutions.

Si nous avons affaire à des personnes, l'histoire de chacun est à considérer, pas uniquement son assiette, ou son activité physique. Autrement dit, pas seulement le comportement, mais aussi le terreau, les raisons sous-jacentes. Dès lors, nous traitons avec le malade plutôt que de traiter uniquement la maladie. Si tant est qu'il s'agisse de malades et de maladie.

Les familles ont, outre leur histoire, des us et des coutumes. Indéniablement, nous recevons des personnes inscrites dans une lignée, ce que le nom symbolise. Ainsi nous pointons les transmissions intergénérationnelles, les fidélités qui s'ensuivent, jusqu'aux questions de trahison qu'un changement d'habitudes entraînerait. Parfois, à l'inverse, c'est le désir de se différencier, de se démarquer, de réussir à se forger une identité personnelle qui prévaut. Mais il y a toujours un certain positionnement à l'égard d'une norme intrafamiliale, qui pourrait (et devrait) s'interpréter. Le psychanalyste débusque ces éléments identitaires qui inscrivent une personne vis-à-vis de ce que la famille lui a transmis. Le déterminisme est à lire pour réussir à s'en démarquer lorsqu'il met en danger.

Le rapport au social, à l'idéal du moment a lui aussi des effets. Ce n'est pas parce que la personne est psychiquement construite en raison d'une histoire singulière qu'elle n'est pas aussi marquée par un milieu social, qui la dépasse.

Tout cela peut expliquer pourquoi tel ne peut être que gros et l'autre que maigre ! Alors que l'individu n'a aucun pouvoir sur sa taille, sur la couleur de sa peau, de ses cheveux, ses yeux…, il en a très tôt sur son poids. Réaffirmer ce pouvoir, c'est aider à ce qu'il soit compris[3].

Avancer ces notions, que ce soit avec les personnes en surpoids ou avec les soignants, c'est apporter de précieuses ouvertures aux prises en charge uniquement centrées sur ce qui est mis dans l'assiette. Puisque tous ne sont pas psychanalystes, je comprends que ce point ne soit pas abordé. Puisque je le suis, je regrette que cela le soit si peu. Il s'agit d'argumenter pour qu'une introduction des psychanalystes dans ces réseaux de prise en charge ne soit plus aussi exceptionnelle qu'actuellement. Alors nous quittons un affrontement, dogmatique, pour une collaboration autour de personnes en souffrance.

« Se mettre au régime », aller dans le sens de l'excès

Les conflits inconscients passent dans le corps à défaut d'une interprétation qui les dénoue. Saisir le sens (et le contresens apparent) du passage à l'acte (les « raisons pas raisonnables »), des compulsions alimentaires anarchiques et irrépressibles, même sous un régime fort, permet de s'en éloigner. « Si je savais être raisonnable, me contrôler, je serais alors dans l'équilibre. Moi, je fais tout excessivement. Trop manger ou trop pas ! » dit une jeune adolescente qui se promène toujours avec un « casse-croûte » dans son sac, de peur de manquer ; il lui semble que ressentir la faim la mettrait en péril, alors elle pare au danger. Elle n'a jamais été en situation de famine, précisons d'emblée. Son médecin essaie de lui montrer qu'elle se fourvoie dans la recherche d'un corps dont elle rêve alors qu'elle a une morphologie qui l'empêche d'accéder à ce type de silhouette. En fait, nous réussirons à comprendre qu'elle est la quatrième fille d'une famille où le père ne rêvait que de fils... Peut-être ne sera-t-elle jamais l'enfant qu'il aurait voulu avoir ! Il n'empêche que s'affamer lui est intenable physiquement. En tricotant ces différents éléments, une véritable colère émerge, bien salutaire puisqu'elle peut prendre de la distance tant à l'égard des attentes déçues de son père que de celles d'une société qui érige des normes de beauté féminine loin de son héritage génétique. Laisser tomber les velléités de régime autorise alors un mode alimentaire cohérent et permettant d'aller vers un poids de forme qui est singulier.

Rappelons encore et toujours que le recours aux régimes crée plus de problèmes qu'il n'en résout et que ce recours systématique chez les adolescents est déstructurant. Le trépied du régime est : privation, frustration et à terme transgression. La privation accentue les mouvements de balancier. C'est en soi une erreur ou, pire, une faute de jugement avec des conséquences gravissimes[4]. Pour se passer de régimes à l'avenir, essayons de saisir sur quoi ils reposent, tous. La conclusion de l'ANSES est qu'il n'y a pas de bons régimes. La seule solution, c'est de rééquilibrer son alimentation, définitivement. Il s'agit moins de perdre du poids que de trouver sa norme personnelle.

Parfois aussi, le travail à réaliser est d'admettre que l'idéal rêvé (encore faut-il comprendre par qui…) n'est pas accessible.

Le régime, c'est la punition après avoir cédé à la tentation. Un surmoi cruel vient imposer la diète parce qu'il y a eu démesure précédemment ; il s'agit de punir le péché capital de gourmandise. « Puisque c'est comme ça, c'est tout ce que tu mérites », se disait une jeune fille qui venait de « rater encore une fois ». Le régime est comme sévère et difficile à supporter et en même temps comme une bonne chose pour se protéger du risque de succomber aux tentations. C'est un garde-fou, une rambarde de sécurité. La culpabilité inconsciente y trouve de quoi s'alléger.

Le régime, c'est aussi une régression à une époque révolue où l'autre décidait de ce qu'il y avait à manger, en quelle quantité… L'enfant mange ce qui a été préparé, que ce soit dans sa famille, à la cantine… L'adolescent commence à préférer aller avec des camarades manger ailleurs, il choisit de plus en plus ses aliments. C'est le temps du « self ».

Ce n'est plus le cas dans les régimes. Une réelle ambivalence se manifeste entre régresser et avancer, et l'alimentation le traduit clairement.

Suivre un régime, c'est obéir. Suivre à la lettre les prescriptions, le licite et l'interdit, c'est encore plus impératif dans un régime alimentaire que dans une religion. Pourquoi les adolescents peuvent accepter cela ? Quand on ne se fait pas confiance, il paraît plus sûr de s'en remettre à quelqu'un à qui est attribuée cette compétence. Aveuglément parfois, comme quand le petit enfant ne doute pas encore de la toute-puissance de son parent pour chasser tous les problèmes. La sécurité est à ce prix, comme pour ceux qui se fourvoient dans une secte, par exemple.

Le cadre strict du régime enferme celui qui angoisse d'être libre, celui qui craint de devenir un hors-la-loi, car il subit des forces internes qu'il ne sait pas maîtriser. L'autorégulation qui n'est pas intériorisée cherche à s'appuyer sur l'extérieur, à s'étayer. Restreindre ses libertés est même alors rassurant.

Il est difficile de se passer de ce que l'on n'a pas reçu. La sécurité intérieure se construit et se recherche en permanence. P. Jeammet dit même que c'est la peur qui est le fondement de nos actes, ou plus exactement le besoin d'éloigner la peur et de retrouver la sécurité de base. Quand l'insécurité est intérieure, la peur est partout présente.

L'excès est un mode privilégié d'expression à l'adolescence et ses dérivés s'étendent, à défaut de s'entendre.

Enfin, le rapport interne/externe est visible à l'œil nu avec les personnes en fort surpoids. De même, le rapport à la loi est exposé par le corps. L'obésité se voit, elle est utile pour montrer quelque chose qui dépasse les limites. Ainsi, sans en dire un mot, la personne révèle d'elle ce qu'elle ne saurait exprimer symboliquement.

La démesure est une référence de l'adolescence.

Parce qu'il y a excès, il y a danger et jouissance. Excès de poids, qui se mesure, et impétuosité, qui ne se voit pas mais est aux commandes derrière des comportements qui peuvent être jugés comme incompréhensibles par la personne et son entourage. L'injustice est souvent évoquée derrière ce qui ressemble à un châtiment dans l'imaginaire. Ce « tout me profite » n'est pas considéré en termes neutres. D'autres auraient plus de chance… On se demande si c'est contre ce manque de chance qu'il s'agit de trouver remède. Le sentiment d'injustice empêche de modifier ce qui pourrait l'être afin de résoudre un problème. Injustice à être soi ?

La toute-puissance infantile bascule vers son envers, l'impuissance fondamentale et la détresse qui l'accompagne. Dans les questions d'obésité, les extrêmes jouent ensemble, souvent l'un contre l'autre.

Avant d'être gros, certains jeunes patients sont surtout extrêmes. Un peu pêle-mêle, car une typologie réduirait la diversité des causes sous-jacentes, dans le jeu des sept familles, certaines ont tiré la carte Peau d'âne… Le climat incestuel, bien réel, de certaines histoires de vie est indéniable. Être la préférée a un coût… Pour d'autres, ce seront des motifs phobiques qui feront se cacher sous une cuirasse l'adolescent aux prises avec la sexualité, l'adolescente effrayée par la pornographie ambiante qui refuse d'entrer sur le marché du sexe, la McDomination… Il s'agit de démêler les fils de l'histoire de chacun pour dénouer les pièges de la répétition qui conditionnent les comportements.

Des régimes draconiens

À Athènes, au VIIe siècle avant J.-C., Dracon se chargea de mettre par écrit le droit, pour le fixer, et de l'afficher sur des panneaux de bois dans la ville, afin qu'il puisse être connu de tous. Qu'y avait-il de si dur dans ces lois, pour que le langage s'en souvienne comme un modèle d'âpreté ? « Les plus petites fautes m'ont paru dignes de mort, disait le législateur, et je n'ai pu trouver d'autre punition pour les plus grandes. » Un voleur de fruit ou un oisif se voyaient punis de la peine capitale…

Suivre un régime *draconien* permet-il de se punir d'une faute ? La cruauté trouverait-elle là un instrument à sa mesure ? L'ambivalence s'exprime à ciel ouvert lors des régimes. Sous le prétexte, socialement accepté voire médicalement encouragé, d'atteindre un plus juste poids par rapport à une norme communément admise, le psychisme est un champ de bataille, une partie se déchaînant contre une autre. L'une veut le soumettre à la tentation, l'autre se doit d'y résister. Cette dernière serait noble et reçoit les encouragements collectifs, l'autre se cache dans les entrailles et secrètement tiraille…

Les adolescents sont encore plus en difficulté que les enfants et les adultes car ils ont pour coutume de rejeter les conseils et leurs habitudes les mènent vers des lieux de restauration où ce n'est pas l'équilibre alimentaire qui fait loi. Ceux en excès de poids ont bien sûr les mêmes étapes à traverser que les autres adolescents. Les difficultés se cumulent.

La société est sévère avec les obèses. La discrimination existe dès l'école. Les quolibets, le rejet, les tracas sont nombreux envers ces enfants trop gros selon le goût de l'époque. Les jeunes patients ne cessent de le répéter, en consultation comme ailleurs.

Nous ne savons que trop ce que les petites différences entraînent… Le mot français *régime* est intéressant pour ce parallèle entre le plan individuel et le social, le politique. Lorsqu'on entend « c'est un régime dur », on peut aussi bien parler de ce que l'on doit mettre dans son assiette, surtout d'ailleurs ce que l'on ne doit pas y mettre, que de ce à quoi (et à qui) il faut se soumettre, à une période donnée, dans tel pays. Ce recul permet une autre perspective.

À la jonction du social et de la psychopathologie

L'envie d'être belle, donc mince, fait adhérer aux régimes. S'il faut en passer par là, passons-en par là ! Et l'époque dicte l'idéal à atteindre, le corps à « posséder ».

« Ne pas vendre le piano, vendre l'envie du piano », martelait Edward Bernays[5], le père du marketing, qui ne manquait jamais de rappeler qu'il était le neveu de Sigmund Freud.

Ce que l'illustre oncle de E. Bernays a apporté à l'humanité, c'est une abolition de la frontière entre le normal et le pathologique. Freud a introduit la question du degré. Ainsi, l'excès est le problème. Retour à l'*hubris*…

Le poids est souvent l'arbre qui cache la forêt. Or cette personne insatisfaite de son état est ravie d'avancer, même dans l'obscurité, et elle adhère sans retenue aux promesses, y compris celles des « régimenteurs ». Les vendeurs de régimes ont bien compris et font tous des prouesses dans la promesse… L'idéal étant recherché, on en donne à revendre ! Et c'est un marché porteur.

Dire que la personne est ravie, c'est aussi signifier que dans son ravissement, elle n'est pas aux commandes, elle en est éloignée par des causes inconscientes qu'il s'agit de débusquer et d'autres raisons d'ordre social et politique à éclairer.

En janvier 2013, les économistes réunis à Davos ont tiré la sonnette d'alarme en sommant les responsables politiques de prendre des décisions. Ils auront sans doute plus de poids que les professionnels de la santé et de l'éducation, qui ont échoué à décider les députés français à empêcher les publicités vantant les produits gras et sucrés lors des programmes télévisés destinés à la jeunesse… Les adolescents se construisent dans une société qui leur lance un message paradoxal. La minceur la plus extrême, que les mannequins incarnent maladivement, est l'idéal à atteindre. L'hyperconsommation est encouragée et est la marque des jeunes gens bien insérés… Ce paradoxe social renforce l'ambivalence individuelle exacerbée dans cette étape de vie qu'est l'adolescence.

L'impact psychique est double. D'un côté, des raisons psychiques font agir et, de l'autre, les modifications du corps qui grossit ne sont pas sans effets psychiques. Intrinsèquement la souffrance psychique est en corrélation avec le réel du corps. Par ailleurs, le social entraîne des conséquences psychiques, des remaniements intrapsychiques en termes d'identification, d'activité fantasmatique, de représentation de soi… Des aggravations de tendances se constatent tous les jours dans l'autosabotage de certains jeunes. Quand nous tentons de changer de registre en thérapie, quand nous cherchons à passer du symptôme à la représentation, à lever le refoulement pour que l'inconscient devienne conscient, quand nous favorisons les investissements de libido dans la sublimation, quand nous favorisons le renoncement au principe de plaisir immédiat pour une articulation avec la réalité, nous visons un remaniement qui permette une évolution durable. Nous savons bien qu'être un support transitoire dans le processus est un point d'appui avant que les voies propres ne soient accessibles. Le transfert est un puissant levier. Ces exigences du travail psychique sont à expliquer aux différents intervenants dans le monde du traitement de l'obésité. Tous n'y sont pas opposés...

Un autre regard sur l'obésité

Une large pluridisciplinarité est souvent reconnue pour que les prises en charge soient utiles. Pour que cela soit effectif, l'approche théorique doit sortir d'un enfermement dans les domaines respectifs d'élaboration. Pour y arriver, le vocabulaire doit traduire à tous des notions étrangères. N'ayant pas tous les mêmes références, c'est compliqué au niveau de l'approche clinique, où le travail en équipes, en réseaux n'est pas négociable. On comprend qu'il serait plus simple de suivre des coaches ou des thérapies comportementales et cognitives. Dire qu'un inconscient détermine les actes qui vont à l'encontre de ce que la personne affirme désirer, c'est pour certains partenaires non vraisemblable – pas obligatoirement invraisemblable, ce qui introduirait de la polémique, mais jamais abordé auparavant. Pour beaucoup de professionnels dans les prises en charge de personnes en obésité, la distance n'est pas de ce ressort. Leurs explications tournent autour de déterminants encore inconnus agissant sur la dopamine ou des perturbateurs hormonaux… Après tout, ces facteurs interagissent aussi. Il faut tout de même savoir que certaines diététiciennes commencent à exercer sans avoir jamais abordé de notions psychanalytiques. Elles ne sont pas nécessairement contre, elles ne connaissent juste pas du tout.

« Spécialiste de l'oreille et de l'audition », c'est comme cela que m'appelait une petite rigolote boulotte, Aïcha Cd., qui s'est sentie complètement « paumée » quand sa mère a beaucoup maigri, rapidement, suite à une chirurgie bariatrique. Soudain, cette mère aimée obèse, à laquelle l'identification s'était faite, s'épanouit dans la quête d'un corps très différent et elle exprime ouvertement les souffrances vécues précédemment. Une bascule de repères, une véritable confusion, une détresse inattendue s'emparent de l'enfant qui ignorait ces aspects secrets de sa mère. Elle ne sait plus ce qui est vrai ou pas : « À quoi on peut se fier ? » Sa sécurité intérieure est atteinte. Dans ces circonstances, certaines adolescentes essaient de maigrir comme leur mère et s'infligent des régimes draconiens. En imitant leur mère dont l'estomac est réduit, elles s'affament sans succès durable. Maintenant que les opérations chirurgicales se multiplient, nous rencontrons de plus en plus un entourage décontenancé. C'est une nouvelle clinique qui concerne l'entourage des personnes longtemps en obésité. Les enfants et les adolescents sont particulièrement bouleversés lors de ces processus d'amaigrissement où le corps de leur parent change rapidement. Actuellement, il est rarissime que l'on pense à s'intéresser à ce que vit l'entourage dans ces moments.

Aïcha Cd. fut reçue dans ce contexte sur les conseils de la

diététicienne, elle-même débordée par la situation. Son monde s'écroulait. Elle se disait entre deux cultures, désormais. Pendant une douzaine d'années, il fallait faire avec l'excès de poids et maintenant il allait falloir faire sans. Comme ses parents avaient un autre pays d'origine que la France, le parallèle revenait sans cesse. Elle ne savait plus où elle en était. Voir sa mère si heureuse de maigrir, à toute vitesse, la paniquait totalement. Les questions autour de « À quoi aspire ma mère ? » dépassent bien évidemment la seule question de l'IMC…

« À qui se confier ? » L'adolescente s'amusait des mots… moi avec. Le langage sms des ados a le mérite d'ouvrir davantage les oreilles aux sonorités même s'il a l'inconvénient de faire fi de l'orthographe. Du même coup, les apports polysémiques sont favorisés, les ados font des trouvailles permanentes. Ils ont une oreille ouverte à ce que traverse la thérapie analytique.

Grâce au maniement des multiples sens des mots que nous avions d'entrée en commun, nous avons réussi à articuler différentes facettes de l'existence que sa mère dévoilait ouvertement. L'un n'annule pas l'autre. Plusieurs vérités coexistent. Cette thérapie par la parole n'est pas une psychanalyse dans son sens premier. C'est pourquoi Aïcha Cd. sut donner cette appellation qui convient parfaitement à ce que nous avons mené conjointement. Nous le savons, ce sont toujours les patients qui nous choisissent. Écouter sur quoi repose le régime qu'elle s'impose, décrypter le dessous des cartes pour les redistribuer… Cette jeune fille aimait écrire et durant la thérapie elle réussit à mettre en mots et en musique ses propres maux, elle produit des slams dans son lycée. Ce qui revalorise largement son narcissisme et lui procure une nouvelle insertion dans le groupe de ses pairs.

La tyrannie du régime

Aucun des jeunes reçus en consultation ne cherche à suivre un régime parce qu'il serait bon pour lui. Ils cherchent juste à maigrir. Ils en passent par n'importe quel régime qui promet un résultat rapide. Ils adhèrent au plus offrant. C'est une histoire de marketing… ou de transfert.

Dans son livre *À chacun son vrai poids*, Jean-Michel Lecerf insiste sur le bon sens, il essaie d'aider à retrouver la raison, on ne peut que le suivre sur ce terrain car ses préconisations sont judicieuses et prometteuses d'un équilibre à long terme. Mais… certains ne les suivront pas car *des raisons pas raisonnables* sont aux commandes.

Les oscillations de comportement témoignent qu'aux commandes se succèdent principe de plaisir et principe de réalité. Un au-delà du principe de plaisir est recherché et fait basculer dans du mortifère. La désarticulation peut être momentanée à l'adolescence ou s'installer.

Les psychanalystes apportent quelque chose d'indispensable à tous ceux qui ne travaillent qu'avec le conscient. J'ajouterai leur propre inconscient, et pas seulement celui des personnes à soigner. Un contre-transfert négatif règne chez de nombreux soignants. Or comment bien traiter quelqu'un que l'on considère comme un mauvais patient ? « Nous ne les aimons pas », comme Alain de Mijolla[6] le disait des patients alcooliques.

Travailler le contre-transfert négatif est nécessaire. Dès qu'une personne en obésité entre dans le cabinet, le médecin sait que ses confrères ont été précédemment mis en échec. Il a peur d'être le prochain sur la liste, ce que personne n'aime…

Alors peut-être aussi ceux qui ne s'aiment pas vont « choisir » des symptômes qui les font être rejetés. C'est encore une piste pour comprendre l'obésité. Piste sur laquelle nous invitons à s'engager, tellement les effets des mauvais traitements sont nombreux et délétères... Seuls quelques travaux existent[7]. Or écouter les personnes en obésité laisse perplexe sur le sadisme des soignants[8], et autres acteurs sociaux, à l'égard de ces personnes vulnérables.

Les exemples cités montrent des caractères bien différents, des structures psychiques et des histoires de vie aussi. Nous pourrions les multiplier. Aïcha Cd. me disait que dans toutes les séries B, on s'intéresse à la psychologie des personnages ; il existe pourtant des consultations où aucune question n'est posée en dehors de ce qu'elle mettait dans son assiette. Elle soulignait avec pertinence que les régimes sur Internet des stars des régimes, des deuxièmes rôles aussi, ignorent qui est le client... Effectivement, les questions posées sur les sites de régime ne concernent que les mensurations, pas la personnalité. Le marché de la minceur se chiffre en milliards d'euros, cinq en France en 2011 selon *Le Figaro*. Alors, on peut parler de clients plus que de patients pour ces entreprises.

L'obésité nous mène à l'intersection du social et du psychique. La clinique est le seul moyen de s'entendre avec les autres disciplines. Revenons au sens étymologique : *kliné*, s'incliner au chevet du malade et non le dominer du haut de notre savoir. Avec les autres intervenants autour d'une personne en obésité, nous sommes mis en demeure de quitter le jargon, le dialecte, pour un langage compréhensible par les non-initiés, qu'ils soient patients ou partenaires de prises en charge.

Lorsque le corps se charge, lourdement et avec souffrance, de l'indicible, traduire l'expression corporelle en mots ouvre à autre chose que de la répétition, du yoyo. Après, ensuite, les ordonnances médicales peuvent être respectées et suivies d'effets salvateurs. Mais rappelons qu'un jeu entre l'exhibition et l'introjection, entre extérioriser et intérioriser est en œuvre, il se met en acte, et il s'agit de l'entendre pour le quitter. Extraire une blessure intime est nécessaire pour l'abandonner. C'est ce rapport entre inconscient et conscient qui se montre dans le corps trop gros et ses aléas…

Le pourcentage des travaux des psychanalystes ramenés aux millions de personnes en surpoids et en obésité est assez affligeant. Il dit par lui-même combien le sujet les préoccupe… ! Aborder cette question par la seule boulimie ne correspond pas à la réalité. Si ce symptôme n'amène pas dans les cabinets de psychanalyste en première intention, pouvons-nous nous déplacer, comme pour d'autres symptômes ?

Fléau social, le régime est un problème de santé publique. L'idée de régime, on l'a vu, vient en tête dès qu'il s'agit de perdre du poids. C'est devenu l'épicentre alors que le taux d'échec est énorme, 70 à 95 % à cinq ans selon les études. La reprise de poids accompagne ce rebond. Une expression est même consacrée à cela : l'effet yoyo. C'est dire l'importance de ce phénomène.

Trop de personnes suivent un régime, plus que celles qui sont concernées par un excès de poids. Les raisons se situent autant sur un plan socioculturel que sur un autre strictement individuel et parfois psychopathologique, en tout cas ces raisons sont inscrites dans une histoire personnelle.

À l'adolescence, un des troubles majeurs de notre époque est le trouble du comportement alimentaire qu'il convient de resituer à la lumière des éléments précédents. Les prises en charge pluridisciplinaires sont de rigueur, et je plaide pour la place des psychanalystes.

NOTES

1. Grangeard C., *Comprendre l'obésité, Une question de personne, un problème de société*, Albin Michel, 2012.

2. Les cas sont ici présentés avec un prénom et l'initiale d'un nom de famille pour insister sur le fait qu'un individu se définit par cette inscription dans une lignée familiale. Nous-mêmes, ici, nous sommes dans cette ligne, d'Anna O., de Madame K., fille de la psychanalyse de Sigmund Freud.

3. En lisant le dernier livre du médecin nutritionniste Jean-Michel Lecerf, *À chacun son vrai poids, La santé avant tout*, Odile Jacob, 2013, j'ai été saisie de sa façon de présenter ses cas, avec le prénom, des initiales du nom de famille. C'est intéressant de voir qu'il ne l'a pas fait exprès (je l'ai interrogé sur ce point), il ne cherchait pas (consciemment) à montrer la transmission intergénérationnelle mais, nous autres psychanalystes, nous pouvons en saisir toute la pertinence et le relever.

4. Rapport de l'Agence nationale de sécurité sanitaire de l'alimentation, de l'environnement et du travail, groupe de travail présidé par J.-M. Lecerf, *Évaluation des risques liés aux pratiques alimentaires d'amaigrissement*, novembre 2010.

5. Liveright H., *Propaganda*, New York, 1928.

6. Mijolla A. de, *Pour une psychanalyse de l'alcoolisme*, Payot, 1973.

7. Ceux des sociologues T. de Saint Pol, *Le Corps désirable*, PUF, 2010 ; J.-P. Poulain, *Sociologie de l'obésité*, PUF, 2009 ; J.-F. Amadieu, *DRH, le livre noir*, Le Seuil, 2013.

8. Voir la thèse de médecine de P. Mestoudjian, *Que recommandent les médecins généralistes à leurs patients en surpoids et obèses ? Approche des représentations de l'obésité et des patients qui en souffrent chez les médecins généralistes, Étude transversale à Paris*, université Paris VI-Pierre-et-Marie-Curie, 2012. Voir aussi Grangeard C., « Le poids des représentations : transfert et contre-transfert en chirurgie bariatrique », *Obésité*, 4, 2007.

II.

L'environnement et le socius

4.

Corpulence et poids de l'image

FRANÇOIS BECK ET FLORENCE MAILLOCHON

Jamais sans doute dans l'histoire de l'humanité l'idéal du corps élancé n'a été aussi fort et jamais le nombre de personnes échappant à ce modèle n'a été aussi important[1]. La préoccupation concernant les problèmes de poids est omniprésente et constitue une composante cruciale du rapport au corps et de l'image de soi. De surcroît, les transformations physiques induites par le processus de puberté placent le corps au cœur de la problématique adolescente[2]. Au-delà de la question du rapport au corps et de la représentation de sa propre corpulence, la surveillance épidémiologique de l'indice de masse corporelle (IMC) et du surpoids est devenue une préoccupation majeure de santé publique en France comme au niveau international. En effet, le surpoids et l'obésité ont de lourdes conséquences en termes somatiques mais aussi sur des aspects psychologiques et sociaux[3]. À l'inverse le déficit pondéral n'est pas sans risque pour la santé, en particulier lorsqu'il est associé à des troubles alimentaires tels que l'anorexie ou la boulimie.

Il s'agit donc de proposer un état des lieux de la situation pondérale des adolescents et de la mettre en regard de leur perception de leur propre corps. Au cours de l'adolescence, les attendus corporels des filles et des garçons se différencient fortement : les filles redoutent majoritairement d'être trop grosses, les garçons de ne pas être assez costauds. L'incorporation de ces normes corporelles sexuellement différenciées ne se fait pas sans difficulté et ne confronte pas les adolescents et les adolescentes aux mêmes problèmes. Pour tous cependant, l'insatisfaction à l'égard de leur propre image est en effet susceptible d'engendrer une détresse psychologique pouvant elle-même entraîner une anxiété et des épisodes dépressifs, ou encore des troubles des comportements alimentaires[4].

Surpoids et obésité à l'adolescence : une certaine stabilité dans l'évolution observée en France

La surveillance épidémiologique internationale, bien qu'encore parcellaire, montre que l'obésité infantile, comme celle des adultes, a augmenté globalement dans le monde et en Europe depuis 1990[5]. Elle s'avère toujours surreprésentée dans les milieux socio-économiques défavorisés[6]. Cette évolution semble à la fois liée à des changements d'habitudes alimentaires et à des modes de vie de plus en plus sédentaires[7].

Parmi les adolescents, la prévalence de l'obésité oscille, selon les enquêtes, entre 1 % et 4 %[8]. Après avoir énormément augmenté entre 1980 et 2000, le nombre d'enfants et d'adolescents en surpoids et en situation d'obésité a connu une stabilisation récente montrée dans plusieurs études françaises[9], ainsi que dans un certain nombre de pays développés[10], avec une situation française assez favorable par rapport aux autres pays occidentaux et notamment aux États-Unis[11]. L'enquête *Health Behaviors in School-ages Children* (HBSC) menée en 2006 puis en 2010 auprès d'un échantillon représentatif de collégiens permet à la fois d'explorer les questions du poids et du rapport au corps en France[12].

Sans évolution majeure depuis la dernière enquête réalisée

en 2006, la prévalence du surpoids[13] est estimée à 11 % parmi les collégiens (13 % pour les garçons contre 8 % pour les filles). L'obésité qui concerne 1,4 % des collégiens apparaît également significativement plus élevée chez les garçons (1,9 %) que chez les filles (0,9 %). Malgré ces premiers signes encourageants, ces chiffres restent élevés, même s'ils figurent parmi les plus faibles au niveau international, comme le montre l'enquête HBSC, menée à l'identique dans 39 pays, majoritairement européens[14]. Concernant le surpoids et l'obésité des garçons, la France occupe la 33e position sur 39 pays parmi les élèves de 11 ans, et la 34e parmi les élèves de 15 ans ; pour les filles : la 38e parmi les élèves de 11 ans et la 28e parmi les élèves de 15 ans. La plus haute prévalence du surpoids est observée aux États-Unis (allant de 22 % parmi les filles de 13 ans à 34 % parmi les garçons de 15 ans) et la plus basse est retrouvée selon l'âge et le sexe en Suisse, en Angleterre, au Danemark, en Russie et en Lituanie (avec des chiffres oscillant entre 5 et 10 %). Dans une grande majorité des pays, la prévalence du surpoids apparaît plus élevée chez les garçons que chez les filles. Même si c'est également le cas en France, les adolescents à partir de 13 ans sont moins fréquemment en surpoids par rapport à leurs homologues internationaux que ne le sont les adolescentes françaises du même âge.

La construction sexuelle du poids : des représentations et comportements marqués par le genre

À l'opposé de la question du surpoids, la prévalence de l'insuffisance pondérale nécessite également une attention particulière surtout chez les filles dans la mesure où elles se lancent plus facilement que les garçons dans une démarche de contrôle du poids. Elle concerne 4,7 % des collégiens, avec une proportion significativement plus importante chez les filles (6,2 %) que chez les garçons (3,3 %). La minceur concerne 1,8 % des collégiens avec, encore une fois, une proportion plus élevée chez les filles (2,3 % contre 1,3 %).

À partir de l'adolescence, la proportion de jeunes femmes en déficit pondéral apparaît, à tout âge, plus importante que celle des jeunes hommes[15], traduisant à proprement parler l'incorporation dans les corps de l'idéal de minceur particulièrement prégnant chez les femmes. Celles-ci apparaissent toujours plus minces en moyenne que ceux-là, même si elles redoutent davantage que les garçons de ne pas l'être.

Plus de la moitié des collégiens jugent avoir un corps « à peu près au bon poids », sans évolution significative depuis 2006. Ce résultat concerne davantage les garçons. En effet, pratiquement une fille sur trois ayant un poids normal ou insuffisant trouve son corps « un peu » voire « beaucoup trop gros ». Cela est confirmé par les données de la littérature qui indiquent que le vécu corporel diffère selon le sexe, sachant que les filles sont plus souvent que les garçons insatisfaites de leur poids et de leur apparence physique[16].

Dans la plupart des pays, tout comme en France, l'enquête HBSC indique que les filles présentent plus souvent que les garçons une insatisfaction corporelle à 13 et à 15 ans, et cette insatisfaction augmente avec l'âge. À l'échelle internationale, les pays avec la plus grande insatisfaction corporelle sont l'Allemagne et la Slovénie, et ceux avec la plus basse sont la Macédoine, la Russie, l'Ukraine et l'Arménie. La France se situe dans le deuxième tiers du classement, c'est-à-dire que les adolescents français sont plutôt plus satisfaits de leur corps que la plupart de leurs homologues européens.

Dans l'ensemble, les collégiens semblent avoir une image de leur corps qui concorde avec leur statut pondéral. En effet,

74 % des collégiens en surpoids (obésité exclue) se trouvent « un peu », voire « beaucoup trop gros ». De plus, 88 % des collégiens obèses se jugent « un peu », voire « beaucoup trop gros ». En revanche, près d'un quart des jeunes de poids normal ou insuffisant (23 %) expriment une insatisfaction par rapport à leur corps, qu'ils jugent « un peu », voire « beaucoup trop gros ». Cette tendance est deux fois plus fréquente chez les filles (31 %) que chez les garçons (16 %).

Dans une autre étude menée en 2001, 45 % des filles de 18 ans se trouvaient trop grosses et seulement 6 % d'entre elles se trouvaient trop maigres (contre 22 % des garçons) alors que 22 % des filles étaient identifiées comme maigres (contre seulement 8 % des garçons), illustrant bien le décalage entre la réalité et les attentes des adolescents en matière de corpulence[17], d'une part, et les différences de genre, d'autre part.

Au-delà du statut pondéral lui-même, l'insatisfaction corporelle mérite une attention particulière parce qu'elle peut conduire au développement de pratiques à risque (restriction alimentaire, consommation tabagique dans l'optique d'une réduction de l'appétit, pratique de sport à outrance, conduites de purges…), en particulier parmi les filles[18].

L'insatisfaction corporelle s'accompagne généralement d'un contrôle accru de la consommation alimentaire, même si celle-ci devient une norme plus générale. Dans une enquête française menée auprès des élèves de troisième en 2004, les filles apparaissent plus préoccupées par leur poids que les garçons : 32 % d'entre elles se pèsent au moins une fois par semaine, tandis que c'est le cas d'à peine moitié moins des garçons (15 %)[19]. Un collégien sur trois déclare par ailleurs faire un régime ou avoir besoin de perdre du poids. Là encore, la proportion de filles est plus élevée (37 % contre 23 %) et ce d'autant plus que l'âge s'élève, avec, en classe de troisième, près d'une collégienne sur deux concernée.

La France se situe parmi les pays avec les plus bas niveaux de proportion d'élèves déclarant suivre un régime (dans le tiers inférieur). Les pays où la pratique du régime est la plus fréquente sont le Danemark et les États-Unis, et ceux où cette pratique est la moins fréquente sont la Turquie et les Pays-Bas. À 13 et 15 ans, les filles déclarent pratiquer un régime plus fréquemment que les garçons dans tous les pays, et à 11 ans dans la plupart des pays. La pratique du régime diminue avec l'âge chez les garçons alors qu'elle augmente chez les filles, et va de pair avec l'insatisfaction à l'égard de leur corps.

Si les restrictions alimentaires sont généralement motivées par un réel embonpoint, elles sont aussi souvent complètement déconnectées du poids réel des jeunes. Ainsi, parmi les collégiens déclarant un poids normal ou inférieur à la moyenne, 31 % des filles et 16 % des garçons font tout de même un régime. Le contrôle de l'alimentaire est davantage lié à la représentation que les jeunes se font de leur corps qu'à sa corpulence. Il témoigne de l'incorporation des normes sociales de minceur en vigueur, en particulier pour les filles, dès le plus jeune âge, comme le soulignent les conclusions du récent rapport d'expertise publié par l'Agence nationale de sécurité sanitaire de l'alimentation, de l'environnement et du travail (ANSES), or les régimes amaigrissants chez les jeunes ne sont pas sans risque tant au niveau physique que psychologique[20].

L'insatisfaction corporelle est souvent liée à des troubles du comportement alimentaire. Ceux-ci apparaissent toucher davantage les filles que les garçons. Des enquêtes américaines reposant sur les critères du DSM évaluent que l'anorexie mentale toucherait 1 % des femmes et 0,3 % des hommes, tandis que la boulimie nerveuse concernerait 1,5 % des femmes et 0,5 % des hommes[21]. À l'adolescence, l'anorexie mentale toucherait 0,3 % des jeunes sans distinction selon le sexe, mais les formes subsyndromiques concerneraient 1,5 % des filles contre seulement 0,1 % des garçons, tandis que la boulimie nerveuse concernerait 1,3 % des femmes et 0,5 % des hommes[22]. La frénésie alimentaire (*binge eating disorder*) concernerait pour sa part 1,6 % des adolescents américains (4,1 % si l'on tient compte des comportements subsyndromiques[23]).

Il convient enfin de souligner que les études épidémiologiques menées en France comme à l'étranger n'étayent pas la notion fréquemment entendue dans les médias d'augmentation de la fréquence, voire d'une véritable épidémie de l'anorexie mentale[24]. En revanche, plusieurs études mettent en évidence un taux de prise en charge de l'ordre de 50 % qui invite à une réflexion sur l'organisation du repérage et de la réponse sanitaire face aux troubles des comportements alimentaires et à l'anorexie mentale en particulier[25].

Surpoids et sédentarité : le poids des contraintes sociales

L'obésité est présente dans toutes les catégories socioprofessionnelles, mais elle est inégalement répartie : elle est inversement proportionnelle au niveau social d'une part et au niveau d'éducation d'autre part. En population adolescente comme parmi les jeunes adultes, les enquêtes montrent que le surpoids et la maigreur se révèlent nettement plus répandus parmi les jeunes sortis précocement du système scolaire. Ainsi, la dernière enquête triennale auprès des classes de troisième menée en 2004 montre que, si 12 % des élèves scolarisés en classe de troisième ont un problème de surpoids, la proportion d'enfants en surpoids dont le père est cadre supérieur n'est que de un sur dix, contre plus du double pour les fils d'ouvriers non qualifiés. De même, la proportion de jeunes touchés par l'obésité (4 % pour l'ensemble des élèves) dépasse à peine 1 % parmi les enfants de cadres, tandis qu'elle atteint 6 % parmi les enfants d'ouvriers[26].

Ces différences s'expliquent en partie par des modes de vie dans lesquels l'équilibre alimentaire est précaire et la sédentarité parfois très présente, avec notamment des temps passés devant les écrans qui peuvent s'avérer très longs. Si les garçons passent plus de temps que les filles à regarder la télévision ou à utiliser l'ordinateur (6,1 heures contre 4,9 heures pour les filles à 11-15 ans, l'écart entre garçons et filles s'expliquant par le temps passé à jouer à des jeux vidéo[27]), c'est encore plus le cas au sein des familles les moins favorisées. Par ailleurs, la consommation alimentaire diffère fortement d'un milieu à l'autre pour des raisons culturelles et économiques. La consommation quotidienne de fruits et légumes est nettement moins courante à mesure que le statut socio-économique diminue. Les pouvoirs publics en charge de l'éducation à la santé et de la prévention des troubles et dysfonctionnements alimentaires essaient donc de plus en plus d'intégrer ces paramètres dans leurs messages d'information, d'autant qu'au cours de la dernière décennie, les inégalités sociales en matière de surpoids et d'obésité se sont creusées.

La réponse des pouvoirs publics : les adolescents au cœur du Programme national nutrition santé

Face à ces constats, les pouvoirs publics en charge des politiques de santé publique préconisent, depuis plusieurs années, certaines mesures ciblées sur les adolescents. La promotion d'une alimentation favorable à la santé et la lutte contre l'obésité constituent ainsi un des objectifs centraux dans plusieurs plans de santé publique : le Programme national nutrition santé (PNNS) et le Plan obésité. Plusieurs actions privilégiant une approche pluridisciplinaire ont ainsi été engagées, ciblant des populations parmi lesquelles les enfants et les adolescents. Un réseau de prise en charge de l'obésité infantile a par ailleurs été mis en place en 2003. Plusieurs autres mesures ont été prises sur le plan national : en 2001, le ministère de l'Éducation a publié un guide de la composition des repas servis en restauration scolaire et de la sécurité des aliments[28], puis en 2005, les distributeurs automatiques de nourriture et de boisson ont été interdits dans l'enceinte scolaire. La publicité sur les biens alimentaires fait également l'objet d'une réglementation (2007) permettant d'y associer systématiquement des messages de promotion de la santé.

Pour contribuer à ces objectifs, les pouvoirs publics ont réalisé un guide nutrition pour les adolescents, distribué chaque année aux élèves de cinquième[29] et un guide sur la nutrition des enfants et adolescents destiné aux parents[30]. Ces guides abordent la question de la nutrition de façon globale, en se fondant sur l'incitation à atteindre neuf repères de consommation, dont la prise de fruits et légumes au moins cinq fois par jour et la limitation de produits et boissons sucrés. Des conseils relatifs au rythme des repas et à leur composition sont également fournis. L'importance du petit déjeuner est notamment mise en avant, à la fois pour son apport en calcium, en énergie, et pour limiter le grignotage, en particulier d'aliments gras et sucrés. En effet, la prévalence du surpoids est significativement plus élevée chez les adolescents qui ne consomment pas un petit déjeuner tous les jours par rapport à ceux qui en prennent un quotidiennement[31].

Afin d'éviter d'accroître les inégalités sociales de santé qui se révèlent particulièrement fortes sur les questions de nutrition et d'activité physique[32], des brochures adaptées aux différents profils des jeunes et tentant de tenir compte des différentes situations sociales ont été diffusées à partir de 2004 dans le cadre du PNNS. Des actions ponctuelles ont également été mises en œuvre avec pour objectif de changer les comportements des jeunes, avec un suivi de l'évolution des indices de masse corporelle. C'est par exemple le cas de l'étude relative à l'intervention auprès des collégiens, centrée sur l'activité physique et la sédentarité (ICAPS). Cette initiative récente intègre plusieurs niveaux et types d'actions, à la fois auprès des jeunes, au niveau du soutien social et de l'environnement. L'ancrage en milieu scolaire facilite l'accès à tous les jeunes dans une perspective de prise en compte des inégalités de santé. La mobilisation d'un large partenariat apparaît comme une des clés de la réussite pour favoriser l'activité physique au sein des milieux de vie. Ainsi, une intervention a toutes les chances d'être efficace si elle s'inscrit d'emblée dans une approche socio-écologique qui a montré son efficacité non seulement pour réduire le surpoids, l'obésité et la sédentarité, mais également les inégalités sociales sur ces différents indicateurs au sein des participants au programme[33]. Cette expérience a donné lieu à la rédaction d'un guide[34] afin d'en faciliter la transposition dans d'autres lieux et d'autres contextes.

En définitive, les études récentes permettent de mettre en évidence une position française favorable pour le surpoids et l'obésité, mais relativement médiocre pour le rapport au corps. La situation des jeunes connaissant une situation sociale défavorable doit faire l'objet d'une attention particulière des pouvoirs publics comme des acteurs de terrain.

NOTES

1. Saint Pol T. de, *Le Corps désirable, Hommes et femmes face à leur poids*, PUF, 2010.

2. Birraux A., *Le Corps adolescent*, Bayard, 2004.

3. Goldfield G., Moore C., Henderson K. *et al.*, « The relation between weight-based teasing and psychological adjustment in adolescents », *Paediatrics & Child Health*, 15, 2010. Fox C.L., Farrow C.V., « Global and physical self-esteem and body dissatisfaction as mediators of the relationship between weight status and being a victim of bullying », *J. Adolesc.*, 32, 2009. Griffiths L.J., Parsons T.J., Hill A.J., « Self-esteem and quality of life in obese children and adolescents : a systematic review », *Int. J. Pediatr. Obes.*, 5, 2010. Williams J., Wake M., Hesketh K., Maher E., Waters E., « Health-related quality of life of overweight and obese children », *JAMA*, 2005. Hayden-Wade H.A., Stein R.I., Ghaderi A. *et al.*, « Prevalence, Characteristics, and Correlates of Teasing Experiences among Overweight Children *vs* Non-overweight Peers », *Obesity Research*, 13, 2005.

4. Laure P., Binsinger C., Ambard M.F., Girault S., « Perception de la corpulence, régime alimentaire, estime de soi et anxiété chez les préadolescents », *Cah. Nutr. Diét.*, 40, 2005. Beck F., Maillochon M., Richard J.-B., « Conduites alimentaires perturbées des jeunes : entre facteurs sociaux et détresse psychologique », *Agora*, n° 63 (1), 2013.

5. Cattaneo A., Monasta L., Stamatakis E., Lioret S., Castetbon K., Frenken F., Manios Y., Moschonis G., Savva S., Zaborskis A., Rito A.I., Nanu M., Vignerová J., Caroli M., Ludvigsson J., Koch F.S., Serra-Majem L., Szponar L., Van Lenthe F., Brug J., « Overweight and obesity in infants and pre-school children in the European Union : a review of existing data », *Obes. Rev.*, 11 (5), 2010.

6. Shrewsbury V., Wardle J., « Socioeconomic status and adiposity in childhood : a systematic review of cross-sectional studies 1990-2005 », *Obesity*, 1 (2), 2008. Due P., Damsgaard M.T., Rasmussen M., Holstein B.E., Wardle J., Merlo J. *et al.*, « Socioeconomic position, macroeconomic environment and overweight among adolescents in 35 countries », *Int. J. Obes.*, 33 (10), 2009.

7. Haug E., Rasmussen M., Samdal O., Iannotti R., Kelly C., Borraccino A. *et al.*, « Overweight in school-aged children and its

relationship with demographic and lifestyle factors : results from the WHO-Collaborative Health Behaviour in School-aged Children (HBSC) study », *Int. J. Public Health*, 54, suppl. 2, 2009.

8. Jouret B., Dupuy M., Beck F., « Image de soi et poids », in Godeau E., Arnaud C., Navarro F. (dir.), *La Santé des collégiens en France 2010*, INPES, 2012. Agence française de sécurité sanitaire des aliments, *Étude individuelle nationale des consommations alimentaires 2 (INCA 2) 2006-2007*, Afssa, 2009. Guignon N., *La Santé des adolescents scolarisés en classe de troisième en 2003-2004, Premiers résultats, Études et résultats*, DREES (283), 2007.

9. Lioret S., Touvier M., Dubuisson C., Dufour A., Calamassi-Tran G., Lafay L. *et al.* « Trends in child overweight rates and energy intake in France from 1999 to 2007 : relationships with socioeconomic status », *Obesity*, 17 (5), 2009. Salanave B., Peneau S., Rolland-Cachera M.F., Hercberg S., Castetbon K., « Stabilization of overweight prevalence in French children between 2000 and 2007 », *Int. J. Pediatr. Obes.*, 4 (2), 2009. Peneau S., Salanave B., Maillard-Teyssier L., Rolland-Cachera M.F., Vergnaud A.C., Mejean C. *et al.*, « Prevalence of overweight in 6- to 15-year-old children in central/western France from 1996 to 2006 : trends towards stabilization », *Int. J. Obes.*, 33 (4), 2009.

10. Olds T., Maher C., Zumin S., Péneau S., Lioret S., Castetbon K., Bellisle F., de Wilde J., Hohepa M., Maddison R., Lissner L., Sjöberg A., Zimmermann M., Aeberli I., Ogden C., Flegal K., Summerbell C., « Evidence that the prevalence of childhood overweight is plateauing : data from nine countries », *Int. J. Pediatr. Obes.*, 6 (5-6), 2011. Singh A.S., Mulder C., Twisk J.W., van Mechelen W., Chinapaw M.J., « Tracking of childhood overweight into adulthood : a systematic review of the literature », *Obes. Rev.*, 9, 2008.

11. Currie C. *et al.*, éds, « Social determinants of health and well-being among young people. Health Behaviour in School-aged Children (HBSC) study : international report from the 2009/2010 survey », Copenhague, WHO Regional Office for Europe, n° 6, 2012.

12. Jouret *et al.*, art. cit., 2012.

13. Il faut souligner d'emblée que les données de cette étude sont basées sur des données déclaratives, moins fiables que des mesures objectives. En effet, il était demandé aux collégiens d'indiquer leur poids et leur taille : « *Combien pèses-tu (sans vêtements) ?* » et « *Combien mesures-tu (sans chaussures) ?* ». À partir des informations recueillies, l'IMC était

calculé selon la formule standard : IMC = poids (kg)/taille (m) au carré. Le surpoids et l'obésité ont été définis selon les références internationales de l'*International Obesity Task Force* (IOTF) établies en fonction du sexe et de l'âge. Voir Cole T.J., Bellizzi M.C., Flegal K.M., Dietz W.H., « Establishing a standard definition for child overweight and obesity worldwide : international survey », *BMJ*, 320 (7244), 2000.

14. Currie *et al.*, art. cit., 2012.

15. Beck *et al.*, art. cit., 2013.

16. Parnot L., Rousseau A., Benazet M., Faure B., Lenhoret E., Sanchez A., Chabrol H., « Comparaison du vécu corporel en fonction du genre chez l'adolescent et le jeune adulte », *Journal de thérapie comportementale et cognitive*, 16 (2), 2006.

17. Beck F., Legleye S., Peretti-Watel P., « Santé, mode de vie et usages de drogues à 18 ans », ESCAPAD 2001, OFDT, 2002.

18. Beck *et al.*, art. cit., 2013.

19. Guignon N., *op. cit.*

20. Agence nationale de sécurité sanitaire de l'alimentation, de l'environnement et du travail, *Évaluation des risques liés aux pratiques alimentaires d'amaigrissement, Rapport d'expertise collective*, novembre 2010.

21. Hudson J.I., Hiripi E., Pope H.G. *et al.*, « The prevalence and correlates of eating disorders in the national comorbidity survey replication », *Biological Psychiatry*, n° 3, vol. LXI, février 2007.

22. Swanson S.A., Crow S.J., Le Grange D. *et al.*, « Prevalence and correlates of eating disorders in adolescents, Results from the national comorbidity survey replication adolescent supplement », *Archives General Psychiatry*, n° 7, vol. LXVIII, juillet 2011.

23. *Ibid.*

24. Roux H., Chapelon E., Godart N., « Épidémiologie de l'anorexie mentale : revue de la littérature », *L'Encéphale*, 39 (2), 2013. Beck *et al.*, art. cit., 2013.

25. Roux *et al.*, art. cit., 2013.

26. Guignon N., *op. cit.*

27. Currie C., Gabhainn S.N., Godeau E., Roberts C., Smith R., Currie D. *et al.*, *Inequalities in Young People's Health. HBSC International Report from the 2005/2006 Survey*, World Health Organization Regional Office for Europe, Copenhague, 2008.

28. www.education.gouv.fr/bo/2001/special9/som.htm

29. Ministère de la Santé et de la Protection sociale, Afssa, InVS,

Assurance maladie, INPES, *Le Guide nutrition pour les ados*, INPES, 2004.

30. Ministère de la Santé et de la Protection sociale, Afssa, Assurance maladie, INPES, *Le Guide nutrition des enfants et ados pour tous les parents, La santé en mangeant et en bougeant*, INPES, 2004.

31. Jouret B., Dupuy M., Escalon E., « Habitudes alimentaires », in Godeau E., Arnaud C., Navarro F. (dir.), *La Santé des collégiens en France 2010*, INPES, 2012. Dupuy M., Godeau E., Vignes C., Ahluwalia N., « Socio-demographic and lifestyle factors associated with overweight in a representative sample of 11-15 year olds in France : Results from the WHO-Collaborative Health Behaviour in School-aged Children (HBSC) cross-sectional study », *BMC Public Health*, 11, 2011. Haug *et al.*, art. cit., 2009.

32. Casey R., Chaix B., Weber C., Schweitzer B., Charreire H., Salze P., Badariotti D., Banos A., Oppert J.-M., Simon C., « Spatial accessibility to physical activity facilities and to food outlets and overweight in French youth », *International Journal of Obesity*, publication en ligne, 7 février 2012.

33. Simon C., Wagner A., DiVita C., Rauscher E., Klein-Platat C., Arveiler D., Schweitzer B., Triby E., « Intervention centred on adolescents' physical activity and sedentary behaviour (ICAPS): Concept and 6-month results », *International Journal of Obesity*, vol. XXVIII, n° S3, novembre 2004.

34. www.inpes.sante.fr/icaps/default.asp.

5.

Obésité et société : une rencontre diabolique

JEAN-PIERRE LEBRUN

Comment s'articulent les modifications sociétales qui nous emportent et la singularité subjective qui y donne prise, au point de produire surcharge pondérale et obésité jusqu'à en faire « un mal planétaire[1] » ?

Quand le sujet a pu, enfant, échapper à ce qu'exige de lui le fait d'être parlant, d'être un parlêtre comme aimait à le dire Lacan, c'est à son corps qu'il laisse la charge de cette exigence, ce qui ne manque pas de le faire trinquer. Mais il ne s'agit pas d'entendre cette thèse comme renvoyant à la seule responsabilité d'un sujet qui n'arriverait pas à contrôler ses désirs, simplement parce que est tout aussi déterminante la façon dont le discours sociétal actuel s'est débarrassé de prendre cette exigence sous sa responsabilité.

Je ne renverrai donc pas à un exemple clinique, parce que ce qui suit ne peut que renvoyer le praticien au cas par cas comme cela s'avère toujours nécessaire dans la clinique un tant soit peu attentive à la singularité du sujet. Mais cela n'est pas une raison pour ne pas s'intéresser à la façon dont l'évolution générale de la société affecte les sujets jusqu'à parfois engendrer la pathologie spécifique à laquelle nous nous intéressons ici.

Deux modalités de satisfaction chez l'humain

Reprenons une évidence pourtant souvent méconnue : ce qui spécifie l'humanité, c'est le langage. Nous sommes les seuls animaux parlants. Parler permet de rendre présent ce qui est absent – ainsi, évoquer tel personnage, d'une certaine manière, le fait venir – mais cette capacité qui nous définit se paie d'un prix fort : tout ce qui nous est présent est à jamais frappé par l'absence et toute satisfaction qui se voudrait complète, adéquate, saturante est définitivement perdue, marquée d'un impossible.

Pour Lacan, comme pour Freud, l'entrée dans le langage implique une perte irréductible et, par là même, une négativation de la jouissance. Cette jouissance primordiale ne sera dès lors jamais plus que « supposée » dans l'après-coup. À la suite de Freud, Lacan l'appellera la Chose. La Chose aura occupé la place de cette jouissance présumée et devenue inaccessible, mais dont néanmoins chacun gardera la trace. La négativation ne sera donc pas totalement réalisée, il y aura un reste. Mais une barrière est établie pour protéger le sujet de l'attrait que pourrait exercer sur lui l'appel de ladite jouissance. C'est la barrière de l'interdit de l'inceste. Cet interdit vient protéger le sujet de la proximité d'avec la Chose, l'objet de l'inceste, la jouissance mortifère.

Donc, du fait même d'être des animaux parlants et d'avoir dû intégrer la perte, deux modalités de satisfaction différentes sont éprouvées par l'enfant et se présenteront au sujet : d'un côté, une satisfaction saturante, comme celle qui a été assurée immédiatement par la mère lorsque, de par sa seule présence et les soins qu'elle prodiguait à l'enfant, elle apaisait chez lui les tensions ; de l'autre, une satisfaction grâce à un objet, toujours de substitution, donc une satisfaction fondamentalement insatisfaisante, puisque, du fait de participer au monde du langage, elle est d'emblée vouée à passer par la représentation, à n'être que médiatisée par la parole.

On comprend ainsi comment mère et père ont depuis longtemps servi à polariser présence et absence : c'était plutôt la charge de la mère de soutenir la présence, et celle du père l'absence, puisque précisément, celui-ci n'existe que dans le langage. Père n'existe pas dans le règne animal, même s'il y a du géniteur. Pour qu'il y ait du père, il faut les mots.

Il ne s'agit pas d'enfermer la mère dans le registre de la présence et de confiner le père au pôle de l'absence. Nous pouvons néanmoins saisir pourquoi et comment ces polarités maternelle et paternelle ont fonctionné pendant des siècles dans le discours sociétal comme repères culturels au service de l'humanisation. Elles ont constitué la manière dont s'appréhendait la dialectique de la présence et de l'absence. Nous devons prendre la mesure de la modalité selon laquelle cela est aujourd'hui subverti par l'évolution sociale.

La modalité de satisfaction immédiate est incompatible avec l'humanisation, parce que « impossible » du fait même du langage, tant ce dernier contamine l'ensemble de notre façon d'exister, ou plutôt constitue cette façon même d'être. Mais cela n'empêche pas que chacun conserve en lui la trace de ce que cette jouissance primordiale a dû être perdue pour mettre en place le langage : c'est ce point de réel irreprésentable – cet ombilic langagier – qui peut, dans les cas où la désillusion n'a pas vraiment opéré, où l'absence ne s'est pas suffisamment inscrite, ne pas cesser de faire attraction.

Ces deux modalités de jouissance vont néanmoins habiter les façons différentes dont nous cherchons la satisfaction. Le passage par la parole nous introduit à une satisfaction commune, banale, où le sujet s'est fait à ce que l'objet ne pourra pas le satisfaire entièrement. Alors qu'à l'inverse, c'est une satisfaction bien plus exigeante qui peut être recherchée, qui se trouvera alors tributaire de la présence réelle de l'objet : il ne sera pas supportable que celui-ci puisse venir à manquer. C'est ce qui constituera, par exemple, le modèle de ce que nous appelons l'addiction, que nous rencontrons de plus en plus fréquemment, quel que soit l'objet investi.

On peut donc bien percevoir que c'est en fonction de la manière dont s'est inscrite la perte de la jouissance commune entre la mère et l'enfant, que s'est organisée la modalité de satisfaction préférentielle du sujet. Et que dans les cas où cette perte ne s'est pas suffisamment inscrite, le sujet reste tributaire de l'exigence, pouvant aller jusqu'au ravage, de cette satisfaction à la prétention exorbitante. Ce seront alors des moments d'alternance de rapprochement ou d'éloignement d'avec l'objet qui vont se succéder et organiser son existence.

L'être parlant est ainsi toujours divisé entre deux jouissances : une supposée saturante qui dépend d'un objet réel et une jouissance limitée dépendant d'une instance symbolique et passant par la médiation du langage.

Ce que vise l'éducation

Tout se passe donc pour l'enfant comme s'il lui fallait construire une barrière – Freud parlait d'*édification de digues* – entre ces deux jouissances, pour que la plus exigeante quant à la satisfaction ne revienne pas sans cesse parasiter celle qu'a mise en place le langage et qui fait sa condition. Celui pour qui cette digue n'aurait pas été construite restera livré à ses exigences pulsionnelles et sera comme sans recours à leur égard ; et nous pouvons penser que ce sont sans doute des sujets ainsi soumis à ce qu'il faut alors appeler le ravage que nous voyons de plus en plus souvent aujourd'hui. En revanche, la nécessité de construire cette digue ne doit pas faire oublier que c'est à cette force pulsionnelle que se nourrit le désir du sujet, même si, pour que ce dernier se constitue, il s'agit toujours d'intégrer la limite.

Il y aura donc toujours une certaine compétition entre ces deux modalités de satisfaction, mais, en fin de compte, c'est la prévalence de la jouissance compatible avec le désir qui doit être assurée pour le sujet.

Il est aussi important d'entendre que l'édification de ces digues qui permettront une certaine contention de l'exigence pulsionnelle – une *certaine*, car le sujet restera toujours divisé entre les deux jouissances –, si elle est d'emblée au programme génétique de l'enfant, doit le plus souvent être renforcée par l'éducation, la tâche de celle-ci étant de lui *imprimer une forme plus nette et plus profonde*, comme l'écrivait Freud : « Devant l'enfant de la civilisation, on éprouve le sentiment que l'édification de ces digues est l'œuvre de l'éducation et il est certain que l'éducation y contribue largement. En réalité, cette évolution est organiquement déterminée, héréditairement fixée et peut à l'occasion s'effectuer sans le moindre concours de l'éducation. L'éducation reste entièrement dans le domaine qui lui a été assigné, lorsqu'elle se borne à suivre les lignes tracées organiquement et à leur imprimer une forme plus nette et plus profonde[2]. » C'est donc à l'éducation de venir renforcer la construction de ces digues qui devront permettre à l'enfant devenu adulte de ne plus être livré à ses exigences pulsionnelles. C'est à cet endroit précis que certains sont aujourd'hui en difficulté.

L'évolution du social subvertit l'éducation

L'empreinte de ce qu'exige la condition d'êtres parlants – la construction de ces digues ou l'interdiction de l'inceste – n'est plus au programme de la même façon qu'hier dans notre monde postmoderne néolibéral. C'est à cet endroit précis qu'a opéré une transformation en profondeur de l'équilibre des forces en présence.

Pour schématiser, c'est l'influence respective et mutuelle des quatre partenaires en jeu dans la donne – la mère, le père, l'enfant et le discours sociétal – qui a été subvertie : c'est la transmission de notre condition d'être de langage qui est en panne, et l'humanisation en crise.

De par la péremption du patriarcat, l'autorité qui va de pair avec la place du père chargé d'aider à inscrire l'absence est désormais plutôt malvenue. Admettre la prévalence de sa place rappelle trop ce que l'on a dû quitter pour permettre l'avancée démocratique, jusques et y compris l'égalité hommes-femmes dans l'éducation et le principe de l'autorité devenue désormais parentale. Mais le père concret de la famille nucléaire s'en retrouve souvent sans légitimité pour assurer son « travail ». Et la démocratie n'arrive pas à la lui restituer, toute à l'ouvrage qu'elle est pour déceler et effacer partout où faire se peut les traces de l'ordre patriarcal et donc de l'inégalité.

La mère, qui est la première à devoir soutenir que l'enfant renonce à la jouissance privilégiée qu'il a partagée avec elle, ne s'aperçoit pas que cette exigence s'est étiolée, et qu'en plus, bien souvent, elle ne peut plus compter sur l'intervention du père pour la soutenir, pas plus que sur le discours sociétal pour lui rappeler que ce renoncement est pourtant toujours au programme.

Le discours sociétal qui s'est laissé entièrement remodeler par le néolibéralisme fournit chaque jour au sujet des objets supplémentaires – gadgets qui aspirent son désir plus qu'ils ne l'inspirent – qui l'empêchent d'éprouver et d'intégrer que la jouissance saturante est impossible, qu'elle n'est pas son destin. A contrario, c'est à prétendre à l'objet enfin satisfaisant que travaille l'offre de la consommation-consolation. Pour le dire encore autrement, ce dont le néolibéralisme prétend se débarrasser, c'est précisément du langage, et donc de ce qu'il implique.

L'enfant, pour qui c'est toujours un travail de renoncer à la satisfaction pulsionnelle immédiate, se retrouve dès lors sans autres de la génération précédente pour l'aider dans cette tâche. Il est comme laissé à lui-même à un âge précoce, abandonné à l'intérieur même de sa famille, sans pouvoir encore prendre appui sur d'autres pour l'intériorisation de ces digues qui lui seront pourtant indispensables pour pouvoir construire son désir.

L'oralité comme premier champ relationnel

Le premier champ d'interaction mère-enfant est celui de l'oralité. C'est donc dans ce champ que peut être éprouvée cette modalité de jouissance totale que nous venons d'évoquer. C'est dans la sphère de l'oralité que peut le mieux se donner l'illusion de la satisfaction totale. Tout est fait pour laisser entendre qu'à ce tout début de l'existence, la mère est en mesure d'apporter à l'enfant exactement ce qui lui convient, et que celui-ci pourrait recevoir d'elle exactement ce dont il aurait besoin.

L'oralité est donc le berceau de l'échange affectif et est le plus susceptible de laisser entendre une possible adéquation entre ce qui est attendu et ce qui est obtenu. Pourtant, il n'est pas difficile de percevoir que cela n'est qu'un leurre tant pour la mère qui – d'être elle-même déjà soumise à la parole, témoigne de l'insatisfaction qui se retrouve au cœur de la jouissance langagière – que pour l'enfant qui, dans son programme génétique doit déjà intégrer qu'il est programmé pour se déprogrammer de tout instinct qui lui donnerait accès à l'objet adéquat.

S'ensuit que l'oralité est à la fois le champ où la jouissance saturante est le plus près d'être atteinte et le champ où la parole devra émerger, où la jouissance propre aux êtres parlants que nous sommes devra se constituer. La bouche qui mange est aussi la bouche qui parle. Et c'est de leur distinction que dépendra le destin du sujet pour la possibilité de mettre en place une jouissance compatible avec le désir.

Il n'empêche que le statut particulier de l'oralité, sa prévalence au début de l'existence constitue le meilleur moyen de laisser s'entretenir l'illusion d'une relation qui pourrait se confiner à répondre à une attente de l'objet adéquat, autrement dit à contourner ce qu'exige la condition langagière.

Une rencontre diabolique

Tout est là pour que dans le champ de l'oralité se fasse une rencontre diabolique. Diabolique, c'est-à-dire visant l'inverse du symbolique, comme dans le pacte faustien. En ce sens qu'il favorisera la confusion entre la bouche qui parle et la bouche qui mange, via la collusion qu'il va permettre entre un sujet qui n'a pas vraiment pu inscrire la perte et une offre sociale qui ne fera que lui fournir de plus en plus d'invitations à contourner cette exigence.

La rencontre implique un jeune sujet pour qui la construction de cette digue n'a pas été suffisamment consolidée, et qui, de ce fait, résiste difficilement à la pression de l'exigence pulsionnelle, laquelle au contraire continue d'attendre une satisfaction saturante, et une offre de plus en plus démesurée d'objets susceptibles de le combler oralement, autrement dit de le distraire du travail psychique à accomplir pour l'amener à intégrer ce qu'exige le fait d'être parlant.

Bernard Stiegler parle de « capitalisme pulsionnel » pour désigner cette inflation de jouissance pulsionnelle. Il est en effet évident que c'est à cet endroit que les industries agro-alimentaires peuvent aux fins d'accroître leurs profits ne faire qu'entériner cette inflation de l'offre, même si c'est sous la protection d'une prétendue réflexion éthique.

En 2012, chaque Américain boit 178 litres de sodas sucrés, contre 85 litres en 1970 et 135 en 1980. Il y a quarante ans, l'unique format de boisson était de 20 centilitres, aujourd'hui le plus petit verre en fait 35 et le plus grand presque 1 litre !

Les exemples éloquents ne manquent pas : l'objectif de maintenir « une stratégie de flux tendu » convenant particulièrement bien à tuer dans l'œuf toute tentative de prise de distance à ce propos. Une nouvelle fois, c'est l'immédiat qui fait la règle, le « tout tout de suite », et c'est la mentalisation qui est court-circuitée.

C'est alors que le corps trinque, c'est lui qui devient le lieu où se fait l'évitement de ce que parler exige, c'est lui qui n'est pas aidé à mettre des digues, d'où l'appel au travail de conditionnement qui doit alors être fait avec de tels sujets pour qui la parole restera le plus souvent lettre morte. Mais c'est aussi – repérons-le à l'œuvre – en éprouvant la limite dans le réel du corps que se cherche l'inscription de la limite.

Deux voies à l'humanisation

Il ne s'agit pas de prendre cette évolution comme le résultat d'une déliquescence. Il faut entendre que nous sommes désormais face à deux mondes différents : hier, le symbolique avait son poids reconnu ; aujourd'hui, il s'agit encore de le faire advenir. Et c'est d'ailleurs à cet endroit que le travail de Lacan fraye une voie nouvelle : en passant de la primauté du signifiant, via le Nom-du-Père occupant la place de l'exception, à l'obligation d'intégrer la nomination, laquelle noue borroméennement les trois registres du Réel, de l'Imaginaire et du Symbolique mis sur le même pied.

Nous sommes donc de ce fait face un travail psychique qui, jusqu'à il y a peu, était porté par le discours sociétal mais qui, aujourd'hui, n'a plus de repères pour être mis en place, ou qui les a récusés au nom de la légitimité de l'immédiat. Cela laisse les soignants face à des jeunes qui n'ont pas les assises suffisantes pour avoir construit ces digues et qui ont dès lors été abandonnés, comme livrés à leur seule pulsionnalité, sans la possibilité de cette mise à distance qui permet de construire un désir.

Pour ce qui est du traitement de l'obésité, il est devenu impossible de ne pas se soucier des moyens concrets, des « *nudges* », des coups de pouce dans la bonne direction[3] – de la pesée régulière à l'apprentissage de la limite dans les fast-foods, en passant par la fourchette vibrante et autres gadgets – à mettre à disposition de ces jeunes pour qu'ils puissent progressivement réintégrer des contraintes auxquelles ils ont pu échapper ou mettre en place des limites psychiques qui pourront les soulager de ne pouvoir s'y référer que dans le réel du corps. Je suis toujours surpris que certains collègues dénigrent ce type d'approche ; il est pourtant évident qu'il est le seul en ce cas à donner des moyens concrets, ce qui ne veut pas dire que tout cela ne doit pas être repris dans l'histoire du sujet.

Le discours sociétal néolibéral et le caractère inflationniste de l'offre qu'il propose n'ont d'autre effet que de surstimuler la possibilité de jouissance saturante au détriment de celle compatible avec le désir ; ils en viennent ainsi à déplacer l'axe de ce qui constitue la division désir-jouissance. Le fait que cela se joue dans le champ de l'oralité n'étant que plus propice à mettre de ce fait le sujet à l'abri autant du sexuel que du langagier. Inutile de penser que cette rencontre diabolique finira par spontanément s'apaiser, tant les ingrédients en jeu sont ce qu'il y a de meilleur pour s'entretenir mutuellement et se développer au-delà même des seules générations concernées.

Gageons que, dans un tel contexte sociétal, la fin de l'obésité entendue comme un vrai problème de santé publique n'est pas encore au programme de demain.

NOTES

1. Selon le titre d'un article particulièrement éclairant de B. Bréville paru en septembre 2012 dans *Le Monde diplomatique* : « Obésité, mal planétaire », septembre 2012.

2. Freud S., *Trois essais sur la théorie sexuelle* (1905), Gallimard, 1987, p. 100.

3. Oboron F., « Le "paternalisme libéral", oxymore ou avenir de l'État-providence ? », *Esprit*, juillet 2013.

6.

Trajectoires de poids

ARNAUD BASDEVANT

Dans cet ouvrage consacré au poids du corps à l'adolescence, ma contribution est *un* point de vue sur les déterminants et les conséquences de l'« excès de poids », devenu une préoccupation partagée par un grand nombre de nos concitoyens, envahissant l'espace médiatique et questionnant les responsables de santé publique. Mon propos sera centré sur la trajectoire complexe du processus d'acquisition et de maintien de l'« excès de poids », sans focalisation spécifique sur l'adolescence. J'aborderai la question à partir de ma position de clinicien chercheur.

Avant d'aborder ce processus, dans une partie préliminaire seront discutées les définitions de l'excès de poids donc de l'obésité et la confusion qui en résulte.

Qui définit l'excès ?

Si la médecine s'est emparée des questions d'excès de poids, la société n'est pas en reste. À côté des définitions de santé publique de l'obésité, il en est d'autres, celles de la société, de l'opinion, de l'individu. La corpulence est soumise au jugement personnel et collectif. La définition individuelle de l'excès de poids est largement influencée par des références culturelles. La norme de corpulence conditionne les regards et les actions et réactions vis-à-vis de l'excès de poids. Il est intéressant de retracer le chemin qui a conduit à inscrire l'obésité dans le champ de la médecine.

Émergence de l'obésité en santé publique

Hippocrate observe que l'obésité entraîne un « risque accru de mort subite », Gallien établit une description raisonnée de la «*polysarkia*». Mais c'est à l'approche positiviste de l'état pathologique en tant que *dégradation d'un état parfait* (dont on peut définir la norme) que l'on doit la notion de norme pondérale au début du XIXe siècle, à partir des travaux d'Adolphe Quetelet. En charge d'analyser les caractéristiques anthropométriques des conscrits écossais, ce médecin statisticien et mathématicien définit le « poids idéal » à partir d'une formule désormais célèbre qui porte son nom, l'indice de masse corporelle (le *body mass index* des Anglo-Saxons), conçu pour exprimer la corpulence en fonction de la taille (IMC : rapport du poids en kilos sur le carré de la taille en centimètres). Cette approche quantitative de la norme et donc de l'anormalité est fondée sur la distribution statistique (c'est l'époque de Gauss) et rejoint la notion d'« homme moyen ». Elle sera reprise à partir de 1950 par les compagnies d'assurances pour définir des facteurs de risque qui interviennent pour fixer les niveaux de prime. Sont ainsi identifiés le tabagisme, l'hypercholestérolémie, l'hypertension artérielle, le diabète... et l'obésité.

La Metropolitan Life Insurance Company définit ainsi des seuils d'indice de masse corporelle : l'obésité correspond à un IMC > 30 ; l'obésité sévère à un IMC > 40[1]. L'obésité restera longtemps marginale parmi les facteurs de risque, car sa prévalence est faible et sa contribution modeste à la morbi-mortalité, comparée à celle de l'hypertension, du tabac ou du diabète. L'absence de médicaments et de bases physiopathologiques contribuera à un désintérêt médical certain.

La situation va évoluer dans les années 1990. Il apparaît alors que l'obésité déborde largement les États-Unis pour atteindre la Grande-Bretagne, l'Europe puis les pays émergents, dont le Brésil et la Chine. Actuellement, le pays qui connaît la plus forte progression de l'obésité est le Mexique. L'Organisation mondiale de la santé estime alors la prévalence de l'obésité à 7 % de la population mondiale, soit 400 millions de personnes, ce chiffre devant atteindre 12 % en 2020. Dans cette même période, l'impact de l'obésité sur la morbi-mortalité et les dépenses de santé et leurs conséquences médico-économiques sont mieux identifiés et les progrès de la recherche vont donner à cette pathologie sa crédibilité scientifique.

Au-delà de cette augmentation de prévalence, les autorités de santé constatent que l'obésité joue un rôle central dans le développement d'une série de maladies chroniques, avant tout le diabète non insulinodépendant, l'hypertension artérielle et les maladies cardio-vasculaires, mais aussi certains cancers, maladies respiratoires et articulaires sources de handicap. S'ajoute le retentissement psychologique et social, le tout générant des coûts directs et indirects conséquents. Ces constats conduisent l'OMS à publier en 1997 un rapport intitulé *Obesity : The Global Epidemic*, dont le retentissement sera considérable et qui marque véritablement l'entrée de l'obésité dans le champ de la médecine moderne[2]. L'obésité cesse d'être une simple mésaventure de la société fast-food pour devenir une préoccupation de santé publique mondiale. C'est ainsi que l'obésité est entrée dans le champ de la médecine actuelle.

Perspectives médicales et non médicales

Mais la perspective médicale est loin de résumer la notion d'excès de poids. Ce n'est pas l'objet de cet article, ni sa compétence, de rappeler l'histoire de la représentation du corps, notamment à travers les représentations artistiques. Mais il importe de considérer qu'en dehors de ces définitions populationnelles et médicales de l'excès de poids, il en est d'autres, celles de telle communauté, de l'opinion, de la pression médiatique, des points de vue individuels et collectifs. La particularité de notre époque est que ces représentations, ces normes sociales, se confrontent, s'ajustent parfois aux prétendues normes médicales, et ce non pour le meilleur. L'obésité est une des rares situations « médicales » soumises au jugement personnel et collectif. Il n'est pas d'avis profane sur le niveau « idéal » de glycémie ou de pression artérielle. Chacun a un avis personnel sur la corpulence, chacun a son opinion sur le poids « idéal ». Chaque groupe construit sa norme de corpulence. Cette norme conditionne une éventuelle décision de perdre du poids. Ce qui se passe actuellement, c'est une utilisation inconsidérée des références médicales, alors même que celles-ci sont mal interprétées (en particulier par les médecins eux-mêmes). L'exemple le plus frappant est l'utilisation de l'IMC comme l'alpha et l'oméga de la norme pondérale dans le grand public et les médias (cf. « Calculer votre IMC » sur Internet). L'IMC a été conçu pour caractériser des groupes et non des personnes, car sa valeur prédictive individuelle a des limites ; il n'est pas licite d'infliger la même référence pondérale à chacun car pour un même IMC, les risques pour la santé diffèrent grandement d'un individu à l'autre et d'une population à l'autre selon de nombreux autres paramètres. Un excès de poids voire une authentique obésité définis selon les critères populationnels peuvent être parfaitement tolérés sur le plan somatique et psychologique et ne pas relever de la médecine. La minceur n'est pas une garantie de bonne santé et la rondeur n'est pas synonyme de maladie, loin s'en faut.

L'utilisation inappropriée des seuils de l'IMC enferme le discours et la pensée dans le cadre arbitraire du « poids idéal théorique ». C'est une dérive médicale, mais c'est également une dérive non médicale. Car cette tendance à normer est envahissante. Le discours « médical » médiatique s'imprègne de la pression sociale autour de la minceur et finit par l'intégrer. Il ne s'agit plus seulement d'agir sur l'« obésité maladie » mais de prôner la minceur universelle et de mettre tout le monde au régime. Ainsi, certaines personnes non obèses au sens médical souhaitent atteindre un poids inférieur pour se conformer à ces références « médicales » qui contribuent à la construction d'une image « idéale ». D'où la surmédicalisation des problèmes de « surpoids ». D'où la surmédiatisation actuelle de l'obésité. D'où une certaine confusion, car le milieu médical, l'individu, les médias, la société, en utilisant la même expression « excès de poids », se réfèrent à des notions différentes voire opposées.

La société s'empare d'une « norme » qui visait à définir des *populations* à risque pour l'appliquer de manière abusive et inadaptée à l'individu, stigmatisant tour à tour l'aliment, l'alimentation, le mangeur et le système alimentaire. Cette dérive de la médicalisation de la corpulence n'est pas sans risque. L'incitation à restreindre durablement l'alimentation pour contrôler le poids peut, dans certaines circonstances, en particulier dans des périodes de fragilité psychologique, en particulier à l'adolescence, générer désordres du comportement alimentaire, stigmatisation sociale, voire inconvénients pour la santé.

Le cercle vicieux de la restriction a fait l'objet de nombreuses études et communications ces dernières années. La séquence est connue : restriction-désinhibition, interdit-transgression. Soumis à l'injonction « consommez soyez mince », le mangeur moderne a de quoi « craquer », et c'est ce qu'il fait. Le pas vers le développement de comportements alimentaires compulsifs est souvent franchi. Plus globalement, la « lutte contre l'obésité » peut renforcer la pression sociale autour de la minceur et aboutir, en caricaturant les conseils alimentaires, à une véritable stigmatisation de la « rondeur » et à une tendance à considérer l'homme moderne comme un délinquant nutritionnel. On peut, par ailleurs, rappeler la décision de certaines compagnies aériennes de faire payer un second siège aux passagers à forte corpulence. Peut-on reprocher un manque de logique de la part du directeur financier de la compagnie ? Certainement pas selon sa perspective financière : c'est un nouveau marché ! Mais observons la dérive sociétale. Subrepticement, la « personne » obèse est devenue un « volume à transporter », le client est passé du statut de personne à celui de marchandise. Un éditorialiste politique défendait le point de vue des transporteurs : « distinguer dans notre vie collective ceux qui sont 100 % victimes d'un handicap et ceux qui peuvent avoir une part de responsabilité. Il y a des obèses qui le sont à leur corps défendant. C'est génétique, c'est une maladie. Ils ne peuvent pas faire autrement. Et puis il y a ceux qui payent le prix de comportements dérégulés ; d'un manque de volonté, d'un manque de violence qu'on se fait à soi-même pour son personnage, pour que son corps ne crée pas des problèmes à la collectivité, notamment dans les transports en commun ». Jean-François Amadieu, de l'université Paris-I, a remarquablement décrit ce processus de stigmatisation des personnes obèses, et d'autres sociologues, comme Claude Fischler et Jean-Pierre Poulain, en ont analysé les origines. Il participe d'une vision normative et économique de la société, de la santé, d'une segmentation sur des caractéristiques physiques qui méritent, au-delà de l'indignation, une réflexion collective et l'affirmation de choix de santé publique. Cette question qu'illustre de manière caricaturale le domaine de l'obésité concerne en réalité toutes les maladies chroniques liées aux comportements et à l'environnement. Plaidoyer pour une réflexion éthique sur cet enjeu majeur pour l'avenir du système de soins.

Comment se constitue et s'aggrave l'excès de poids ?

Venons-en à l'analyse de l'histoire naturelle d'un processus de prise de poids. Comment se constitue une prise de poids, éventuellement excessive au regard de la santé ou de l'image de soi, et comment tend-elle à s'aggraver et à se maintenir ?

Avant d'entrer dans le détail de ce processus, rappelons que la majorité des personnes prennent et reperdent du poids, maintenant leur poids à un niveau de référence – on a d'ailleurs pu parler de « pondérostat ». La dérive du poids par rapport au poids habituel pour une personne donnée traduit l'incapacité du système physiologique de contrôle de la composition corporelle à faire face à une pression biologique, comportementale ou environnementale. Le fait marquant, c'est la tendance à l'aggravation et à la persistance de cette prise de poids chez certaines personnes. L'excès de poids se constitue en plusieurs phases : une phase initiale de prise de poids, une phase d'aggravation et de passage à la chronicité avec apparition progressive de complications et une phase de résistance aux traitements. C'est ce processus d'aggravation qui va nous intéresser car il relève d'une intrication de facteurs et l'on verra que le comportement génère du biologique et qu'en retour le biologique peut déterminer les comportements.

Dans la phase initiale de constitution de l'obésité, le rôle des facteurs comportementaux et environnementaux est, dans la grande majorité des cas, premier. L'explosion épidémiologique de l'obésité au cours des dernières décennies témoigne du rôle des évolutions des modes de vie dans la genèse de ce problème. Excès d'apport alimentaire et sédentarité jouent un rôle déterminant : comportements personnels (troubles du comportement alimentaire, sensibilité aux stimuli sensoriels, etc.), difficultés psychologiques, rôle du micro-environnement (« niche écologique » : habitudes familiales, culture, conditions de travail, école) et facteurs socio-économiques (stress social, système alimentaire, urbanisation, etc.). Ces facteurs auront un impact d'autant plus important qu'existe une prédisposition biologique, génétique ou épigénétique : à l'évidence, il existe des différences individuelles de vulnérabilité aux effets de l'environnement « obésogène ».

Le rôle de l'évolution du système alimentaire, de la production à la distribution, a été particulièrement étudié. Des facteurs tels que la disponibilité des aliments, leur prix, la taille des portions, la densité calorique des aliments et des boissons, et bien d'autres paramètres, sont considérés comme déterminants dans l'augmentation des apports énergétiques, de même que la remise en cause des apprentissages et des conditionnements alimentaires sous l'effet de la pression publicitaire ou de l'évolution des relations familiales et sociales. La diminution de la dépense énergétique due à la sédentarité accrue liée à l'urbanisation, à la réduction du travail physique et à une moindre nécessité de thermogenèse (température de l'habitat, vêtements, etc.) intervient également.

Il faut ajouter l'identification récente de facteurs « non caloriques » dans le développement de l'obésité, par exemple le rôle de la flore intestinale, des polluants, des troubles du sommeil, entre autres. L'influence des facteurs sociaux paraît également importante, même s'il reste difficile d'en situer les voies.

Dans tous les pays « occidentaux », l'obésité est plus fréquente dans les populations vulnérables sur le plan social et économique. Ainsi, en France, la fréquence de l'obésité atteint 18 % dans les foyers dont les revenus sont inférieurs à 900 € par mois et 5 % dans les foyers dont les revenus dépassent 5 300 €. Certaines populations migrantes sont particulièrement atteintes. On a pu dire que l'obésité est une maladie des personnes vulnérables sur le plan économique et social dans les sociétés d'abondance ou en transition économique. Mais s'agit-il d'un effet spécifique ou d'un exemple, parmi de nombreux autres, des inégalités sociales de santé ? Dans ce modèle bio-psycho-social sont intriqués de multiples déterminants, certains individuels, d'autres sociétaux.

Au-delà de cette phase de constitution de la prise de poids durant laquelle l'efficacité préventive est maximale, la situation tend à s'installer dans la durée. Elle s'aggrave en raison du développement d'anomalies organiques du tissu graisseux qui, pour des raisons biologiques, devient de plus en plus résistant aux traitements. Sous l'effet de facteurs comportementaux et environnementaux vont se produire des anomalies biologiques des organes impliqués dans le métabolisme énergétique, en premier lieu le tissu adipeux, mais également des anomalies des structures centrales. La physiopathologie se complexifie et s'ouvre vers la notion de pathologie d'organe (c'est-à-dire des anomalies anatomiques, biologiques et fonctionnelles du tissu adipeux qui devient inflammatoire et se fibrose, modifie sa cellularité et produit des substances diverses) à retentissement systémique (c'est-à-dire entraînant par la production de substances véhiculées par le sang des anomalies dans l'ensemble de l'organisme[3]). Au fil du temps apparaissent donc des anomalies du tissu graisseux, des perturbations du dialogue inter-organes (en particulier entre le tissu adipeux, le système digestif et le système nerveux central) qui aboutissent au développement de résistances biologiques à la perte de poids. Tout se passe comme si le « nouveau » poids, celui qui marque l'obésité, était « défendu » par des forces biologiques s'opposant au retour au poids initial. Autrement dit, ce qui était une variation réversible de la corpulence est devenu progressivement une authentique maladie du système de régulation de la réserve énergétique, c'est-à-dire de la masse adipeuse et de ses alliés dans le maintien du poids.

Les complications de la maladie apparaissent. À ce stade que l'on peut appeler « obésité maladie », les facteurs comportementaux et environnementaux continuent à agir et aggravent les facteurs biologiques pour rendre le traitement de plus en plus difficile : comment réduire sa consommation alimentaire dans un monde qui incite à la consommation, comment reprendre une activité physique quand le coût économique de l'activité physique ne fait qu'augmenter, comment supporter des contraintes comportementales de plus en plus exigeantes du fait de l'aggravation biologique de la maladie ? Il n'est pas surprenant, dans ces conditions, qu'un patient sur dix évolue vers le stade d'obésité sévère marqué par des complications pénibles et à fort impact sur les dépenses de santé.

L'obésité s'inscrit ainsi dans le cadre des maladies liées aux comportements et à l'environnement et conduisant à une pathologie d'organe à retentissement systémique. Il est très difficile d'appréhender un phénomène aussi complexe et dynamique car la recherche porte rarement sur les événements initiaux de la prise de poids : les sujets sont généralement étudiés au stade de surpoids ou d'obésité, donc à un stade avancé du processus[4].

Tel est brièvement et schématiquement résumé le processus évolutif. En prenant en compte une hypothèse défendue notamment par les auteurs canadiens, l'obésité peut être considérée comme une adaptation aux évolutions des modes de vie et de l'environnement. Une notion de physiologie énergétique permet de le comprendre. Une prise de poids est liée pour deux tiers à une augmentation de la masse grasse et pour un tiers à celle de la masse maigre (muscles et autres organes). Or la dépense énergétique d'un individu augmente avec la masse maigre : un sujet obèse dépense plus d'énergie qu'un sujet non obèse car il a plus de masse maigre. Un même sujet dépense 2 400 calories par jour indépendamment de toute activité physique quand il est mince et 3 500 calories par jour s'il est en excès de poids majeur. Devenir obèse augmente les besoins d'énergie, il est normal de manger plus quand on est obèse : quel meilleur moyen pour s'adapter à une société qui incite à la consommation tout en réduisant la dépense énergétique liée à l'activité physique ! Comme le souligne Canguilhem, « la maladie est un effort de la nature en l'homme pour obtenir un nouvel équilibre ». Devenir obèse serait-il une adaptation bienvenue à l'évolution des modes de vie ? La réponse pourrait être positive… si l'excès durable de masse grasse n'entraînait des conséquences pour la santé[5].

Un processus chronique évolutif, des situations individuelles éminemment variables

Cette description schématique du processus conduisant à l'excès de poids et à sa persistance, qui s'inscrit dans le temps et mêle des facteurs d'ordres différents – biologiques, psychologiques, comportementaux, sociaux et environnementaux –, conduit à penser la prise de poids et ses éventuelles dérives comme une situation éminemment variable selon les individus, et évolutive. La contribution respective des facteurs et leur chronologie ne sont pas les mêmes chez chacun : certaines prises de poids dépendent avant tout de la génétique, d'autres de facteurs psychologiques, d'autres encore de facteurs sociaux, même si l'intrication des facteurs est la règle. En outre, l'excès de poids, l'obésité se développent et s'organisent sur des années : analyser une situation ponctuellement n'a pas de sens. Il faut analyser la trajectoire et identifier le stade évolutif où se trouve la personne à un temps donné, qui ne reflète qu'un temps de cette dynamique du processus.

Considérons l'évolution du comportement alimentaire à travers un exemple clinique certes caricatural mais illustratif. Des troubles du comportement alimentaire de type compulsif liés à des causes psychologiques (dépression, anxiété, troubles de l'image de soi ou autres) entraînant une augmentation des apports alimentaires peuvent être pathogéniques au stade initial de la prise de poids et jugés déterminants dans l'excès d'apport calorique parce qu'ils contribuent à la constitution au long cours d'anomalies organiques du tissu adipeux et de son dialogue avec le système nerveux central. Mais l'augmentation des apports alimentaires de la personne devenue obèse par rapport à une personne non obèse peut être considérée comme adaptative pour les raisons biologiques que nous avons décrites plus haut. Si cette personne est soumise à un régime très restrictif, la survenue de troubles alimentaires compulsifs peut être perçue comme iatrogène, liée à une intolérance à une contrainte excessive sur la prise alimentaire.

Tout cela conduit au constat que les facteurs psychologiques ou autres via le comportement génèrent des anomalies biologiques et que réciproquement les anomalies biologiques peuvent être sources de désordres comportementaux en réalité adaptatifs. C'est le modèle connu des maladies chroniques liées aux comportements et à l'environnement.

L'excès de poids et l'obésité qui peut en résulter sont liés à la transition nutritionnelle, aux évolutions des modes de vie, aux comportements et à l'environnement. L'avancée des connaissances remet en cause l'idée simpliste qui faisait de l'obésité une simple conséquence de la « gloutonnerie ». Les conceptions physiopathologiques se complexifient. Des déterminants interagissent selon des modalités variables, des déterminants biologiques, comportementaux, économiques et environnementaux qui se renforcent les uns les autres. D'abord dépendante de facteurs comportementaux dont l'impact sera d'autant plus important qu'il existe une prédisposition génétique, l'obésité devient une maladie du tissu adipeux retentissant sur le reste de l'organisme et ayant tendance à la chronicisation.

L'analyse de sa physiopathologie et de ses déterminants doit intégrer cette dimension évolutive et donc distinguer les facteurs d'initiation, de maintien, d'aggravation et de résistance dans le temps. Les éléments déterminant la prise de poids sont bien souvent différents de ceux qui permettent au surpoids de persister et de ne pas régresser facilement.

Tout le problème clinique sera de tenter de reconnaître pour chaque patient quels sont les facteurs et les mécanismes qui paraissent prédominer et quelle signification ils ont (pathogénique, iatrogénique, adaptative) dans la trajectoire de la personne.

NOTES

1. Basdevant A., Bouillot J.-L., Tounian P., Clément K., Oppert J.-M., *Traité de médecine et chirurgie de l'obésité*, Médecine Sciences, 2012.

2. Organisation mondiale de la santé, *Obesity : Preventing and Managing the Global Epidemic, Report of a WHO Consultation on Obesity*, Genève, 1997 (WHO/NUT/NCD/98.1), 1998.

3. Basdevant A., Bouillot J.-L., Tounian P., Clément K., Oppert J.-M., *op. cit.*

4. Sorensen T.I.A., « Challenges in the study of causation of obesity », *Proc. Nut. Soc.*, 2008, 1-12.

5. Charles M.-A., Eschwege E., Basdevant A., « Monitoring the obesity epidemic in France : the Obepi surveys 1997-2006 », *Obesity*, 16, 9, septembre 2008. OPEPS : www.senat.fr/rap/r05-008/r05-008.html. CDC : www.cdc.gov.nccddphp/dnpa/obesity/economic.

7.

François Rabelais, orfèvre du gros

JEAN-YVES LE FOURN

L'obésité à l'adolescence est, tout comme chez l'enfant, un problème de santé publique sur le plan des conséquences tant physiques que psychologiques. Le « gros[1] » est trop souvent stigmatisé dans notre société, il subit un processus de discréditation avec dépréciation, le regard ironique voire méprisant des autres entraînant des comportements de honte, de repli, de crainte de la rencontre.

Alexis, 16 ans, vient consulter au centre Oreste pour des attitudes d'insolence envers ses professeurs, surtout son professeur d'EPS qu'il a traité de « connard à petite bite » en réponse, dit-il, à « Bouge ton cul ».

Lors du premier rendez-vous, je suis surpris par son surpoids, à la limite de l'obésité pathologique (IMC de 36). Personne ne m'a signalé cet état de surpoids, ni la médecine scolaire, ni ses parents à la prise de rendez-vous. D'emblée, Alexis me parle de son comportement au lycée mais pas de son poids, ne semblant pas gêné. Il ne paraît pas honteux de son corps et en est plutôt fier. Il dit de lui : « Je suis gros de tout et de partout. Les autres sont ridicules avec leur corps. » Et même : « Il vaut mieux être gros, car comme ça, on aura un jour besoin d'un gros sexe. » J'ai été surpris par cette déclaration, car j'ai perçu dans son regard une ambiguïté, « fierté » et « mensonge » à la fois, car il décrivait sa vie sociale comme pauvre.

Alexis voyait tout en gros et en trop, était habité de fantasmes de « grosseur », de taille de sexe et de « bouffe », se vantant d'être le seul de sa classe à manger trois kebabs à midi.

Sa « fierté » m'évoqua les représentations de Luther[2], et surtout celles de Rabelais, ses personnages de légende. Il était une fois le gros… Comment le gros était-il perçu aux XVe et XVIe siècles ? Comment une mythologie s'est-elle transmise jusqu'à Alexis ?

À propos du docteur François Rabelais

De la biographie de François Rabelais, toujours controversée car prise entre la réalité et la légende, nous ne retiendrons que ce qui a été à peu près vérifié par les historiens.

Né à Chinon, aux alentours de 1490, Rabelais nous fournit une première trace objective de son existence en 1519. À cette époque, il est moine à Fontenay-le-Comte, et s'intéressant à toutes les sciences ainsi qu'au latin, au grec, bref aux humanités, il apprend beaucoup et devient un véritable érudit. Plus tard, devenu moine bénédictin, il émigre au prieuré de Ligugé, dont il garde un souvenir ému, puisque à son Gargantua il fait boire du vin de Ligugé et dévorer les salades du prieuré.

Le 16 septembre 1530, Rabelais se fait inscrire sur le registre de la faculté de médecine de Montpellier. Il se fait connaître de sa nouvelle ville par ses aphorismes hippocratiques et son parcours théâtral. Fin 1532, les premiers livres consacrés à Pantagruel et Gargantua paraissent ; les éditions et rééditions vont se succéder. En 1535, il prend le titre de « médecin du grand hospital dudict Lyon », l'Hôtel-Dieu.

Après avoir suivi à Rome le cardinal Jean du Bellay, il revient en France quand ce dernier est nommé lieutenant général par le roi François Ier.

Ce n'est que le 22 mai 1537 qu'il est enfin reconnu comme docteur en médecine à Montpellier, alors qu'il se targuait de posséder ce titre depuis de nombreuses années, notamment auprès du pape Paul III.

De cette époque à la fin de ses jours, il cumule cette double fonction de médecin et de religieux. Pendant tout ce temps, les éditions de *Gargantua* et de *Pantagruel* se succèdent sous son pseudonyme Alcofribas Nasier. Ce n'est qu'en 1546 qu'il révèle pour la première fois au grand jour son véritable nom : François Rabelais.

À la fin de sa vie, la légende gagnant du terrain, certaines mauvaises langues confondirent délibérément l'auteur et ses héros, et l'on commença à dénigrer violemment Rabelais pour son cynisme, sa gloutonnerie… son « trop ».

1553 est la date probable de sa mort, aussi incertaine que celle de sa naissance.

De tout cela, retenons que Rabelais fut un expert de la médecine, de la psychologie et des sciences humaines du gros, du temps où le *DSM-5* n'existait heureusement pas.

De nos jours

Aujourd'hui on parle plutôt du « gros » que du « gras » ? Dès lors ne se trompe-t-on pas de combat ? Il serait peut-être souhaitable de lutter contre le gras et non contre le gros… Depuis quelques années, un combat légitime est mené pour lutter contre les effets « désastreux » du surpoids et de l'obésité sur la santé. Mais s'est-on suffisamment interrogé sur les représentations imaginaires et sociales du gros, du fort, lors des différentes campagnes de prévention contre l'obésité oubliant le gras ?

Cette lutte contre l'obésité et le surpoids a débuté au sein de notre société d'abondance et de consommation, et non au sein des pays en voie de développement, là où le gros a encore un rôle imaginaire et symbolique de sage, de puissant, de riche. Il en allait de même avec nos notables du XIXe siècle, médecins de famille, ou des bourgeois dont Balzac, rond lui-même, a su nous parler, notamment à travers César Birotteau, commerçant bourgeois bedonnant.

Mais, très tôt, le gros a aussi renvoyé imaginairement à une image féminine de rondeur et de mollesse avec la sexualité en anamorphose. Le gros ne pouvait être aussi bon mâle « baiseur » que le maigre.

Impératifs médicaux et représentations imaginaires et sociales du gros et de l'être gros s'opposent en permanence et l'ambiguïté persiste toujours de nos jours.

François Rabelais fut maître du trop[3], de l'excès, de l'inflation, et les monstres que sont Gargantua, Pantagruel, Gargamelle restent pour nous les figures d'un temps où le trop, le gros, rimaient avec le bon, le sain. Un temps où une certaine lecture d'Épicure régnait en maître dans les esprits, alors que l'homme mourait souvent de faim.

De son vivant, il semble cependant que l'on ait retenu de Rabelais l'habile médecin, le savant linguiste, l'homme de foi, plus que l'écrivain. Ce n'est qu'avec le temps que Rabelais, l'homme de lettres et de sciences, est devenu ce pantagruéliste épicurien, ce farfelu identifié à Pantagruel, Panurge ou Gargantua, personnages hauts en couleur, sortes de fous, personnifications mêmes de l'excès, de la jouissance, du trop de bouffe, de vin, de sexe, de vie. Farfelus, ces héros le sont au sens étymologique : dès 1546, l'adjectif, proche à l'origine du latin *follis*, qui donnera le français « fou », désigne le « dodu », le « gros », le « gras »... Heureux et jouisseurs. Ainsi, Frère Jean dans *Le Tiers Livre* (chap. XXVIII) établit la « liste des couillons » : couillon fanfreluché, couillon frelaté, couillon farfelu...

En son temps et ses livres, le moine-médecin François Rabelais définissait donc le bien-portant par le Trop et le Gras. Qui était gras était en bonne santé. Cette représentation imaginaire perdura bien au-delà du XVIe siècle : au début du XXe siècle, le notable riche et bien-portant était encore défini comme un homme au ventre rebondi et à la calvitie bénédictine. Nous étions loin alors, très loin de l'image actuelle du cadre dynamique, masculin ou féminin, présenté avec une taille fine et svelte, sportif et en quête d'une éternelle jeunesse.

Rabelais et l'enfant ou la question du « sexe et norme »

Dès la naissance, Rabelais voyait l'enfant comme un géant pour qui tout était « trop ». Gargantua est ainsi né par l'oreille (comme Athéna par le crâne de son père Zeus ou Dionysos sorti de sa cuisse) suite à une grossesse qui dura onze mois : « Lorsqu'il (Grandgousier) épousa Gargamelle, lorsqu'il eut atteint l'âge viril, belle gouge et de bonne trogne, ils firent ensemble la bête à deux dos, se frottant joyeusement leur lard, si bien qu'elle devint grosse d'un beau-fils dont elle accoucha le onzième mois. »

Pour pouvoir avoir un enfant, Gargamelle mangea, dévora de grandes platées de tripes et but beaucoup : « On avait fait tirer trois cent soixante-sept mille et quatorze de ces bœufs gros [...] pour faire bien mieux descendre le vin. » Ce qui fait s'interroger sur sa rondeur : « Ô la belle matière fécale qui devait boursoufler en elle ! »

Après le temps de la grossesse vient celui de la naissance de Gargantua ; le processus de remplissage, tant imaginaire que symbolique, se poursuit avec le gavage de celui-ci : « Aussitôt qu'il fut né, il ne cria pas comme les autres enfants : mies ! mies ! mies ! mais à haute voix : À boire ! À boire ! » Comme les enfants de l'époque, il est enfermé et emmailloté jusqu'à l'âge de 22 mois. Mais voilà, né géant, il faut pour le nourrir près de dix-huit mille vaches, mille quatre cents pipes de lait. Il se retrouve rapidement pourvu de dix-huit mentons. Le corps, dans sa conjecture de prolifération (rondeur, grosseur...) est glorifié, car il est la marque, l'empreinte d'un signifiant majeur en ces temps de famine, celui de « bonne santé ».

À 22 mois, notre héros quitte le statut de nourrisson pour être habillé et l'on fait de lui un adulte en réduction, toute relative puisqu'il s'agit d'un géant. Dès l'âge de 3 ans, il est alimenté mais aussi éduqué « librement ». Entre 3 et 5 ans, il s'élève comme un « petit animal » qui boit, mange et se livre à une sexualité précoce, mais aussi jouit de la saleté, traduisant une analité aussi forte que l'oralité. De ce temps-là, Gargantua gardera le plaisir de manger, de dévorer, de « tuer » symboliquement des pères ou le père : « De trois à cinq ans, Gargantua fut nourri et élevé de façon convenable par ordre de son père ; il passa le temps comme les petits enfants de son pays, c'est-à-dire à boire, à manger, à dormir, boire et manger. »

Tout est géant chez Gargantua. Son alimentation, tout comme son appétit sexuel. Sa braguette est de dimension considérable, plus de seize aunes de long, soit presque vingt mètres ! Au chapitre « De l'adolescence de Gargantua », on apprend qu'il « tastonnait ses gouvernantes cen dessus dessous, cen devant derrière [...] et desja commençoit exercer sa braguette […] mon dressouvoir, ma petite andouille vermicelle […], ma petite couille bredouille. Elle est à moy… »

On voit, à travers ce bref parcours, l'imbrication classique entre alimentation et identité, alimentation et sexualité. De tout temps, cela fut vrai, mais Rabelais et son pantagruélisme témoignent d'une philosophie à visage humain, où le plaisir est là comme opérateur central de changement, loin d'une nutrition à prétention objective, scientifique, souvent déshumanisée.

Les pantagruélistes répètent sans cesse : « Vivez joyeux », mais si l'adage est simple, il est impossible à vivre en permanence, car Éros ne peut exister sans Thanatos.

Gargantua est un héros freudien ; on ne peut séparer le problème de manger de celui de la sexualité, thème rencontré chez Freud dès ses études sur l'hystérie.

Pourtant, n'y a-t-il pas à trop manger (ou d'ailleurs pas assez) une volonté de supprimer, de barrer toute activité sexuelle, de rendre le corps asexué ?

Freud remarque que « l'activité sexuelle dans la phase cannibalique n'est pas séparée de l'ingestion des aliments […]. Les deux activités ont le même objet, prototype de ce que sera plus tard l'identification[4] ». Dans la relation orale cannibalique décrite par K. Abraham, il existe trois dimensions : « l'amour sous la forme de prendre en soi l'objet aimé, la destruction qui accompagne son incorporation, et la conservation et l'appropriation des qualités du dit objet[5] ». Dans le cadre de l'obésité, il y a un échec dans cette relation orale, où l'incorporation se fait, à mon avis, sans destruction, et avec une conservation inconsciente « totale » de l'objet aimé.

La clinique psychanalytique nous engage à ne jamais oublier les aspects symboliques et imaginaires de l'alimentation en général et de l'aliment en particulier, qu'il soit solide ou liquide, cru ou cuit[6]..., et à ne pas retenir de manière simpliste les aspects scientifiques ou plutôt scientistes des bienfaits de tel ou tel aliment.

Que n'a-t-on dit, au gré des modes et des époques, de ce qui était bon ou mauvais, à manger ou à boire, pour la femme enceinte, pour l'enfant, que n'a-t-on dit du bon ou mauvais cholestérol, etc., alors que l'histoire de l'homme nous démontre en permanence que son lien avec l'aliment a un étroit rapport avec les interdits fondamentaux ? Ainsi, dans le Lévitique, prohibitions alimentaires et sexuelles sont liées, car il s'agit de respecter le monde, ou plus exactement l'ordre du monde : « Tu ne feras cuire un chevreau dans le lait de ta mère. » On repère, en fond de décor, la prohibition de l'inceste, mais aussi cet incontournable aliment comme socle de l'identité, le lait...

Le lien homme-aliment est fragile et complexe, et il convient, dans le trop mais aussi dans le pas-assez de l'alimentation, de toujours se poser la question de ce que manger veut dire, exprimer, signifier. L'aliment est également un langage, une parole, un élément du lien à l'autre, et non un simple amalgame de molécules chimiques.

Pantagruel et Alexis, le garçon d'aujourd'hui, ont en commun, malgré les siècles de différence, leur sexe masculin et aussi une « vision » et un besoin de lien social et de rencontre avec l'autre. Cette question du lien social « auquel tout homme s'identifie à l'excès[7] », comme l'écrit Pascal Quignard, est très importante à l'adolescence car elle conditionne la future vie d'adulte.

À notre époque de trop d'individualisme, de moi-je, le lien social à l'adolescence a tendance à se déliter, et le trop devient un moins de lien à l'autre. Le trop n'est plus la traduction de l'humanisme – trop de jeux vidéo, trop de sms, trop de bouffe, etc. Du temps de Rabelais, le trop était une conduite pour rencontrer l'autre et partager des joies et des plaisirs.

De nos jours, le trop – de poids, de plaisir et ses « interdits » de jouissance – me semble être une empreinte, une trace d'une probable mortification du lien social à l'adolescence, avec son cortège de symptômes dépressifs et d'angoisse. Si l'obésité est un « fléau » authentique de santé publique, nécessitant des actions de prévention et de soins, il n'en est pas moins opportun pour toute action de prévention de dialectiser entre la réalité et l'imaginaire, en se servant, dans l'histoire de l'alimentation, de toutes les représentations qui ont accompagné le gros dans notre mythologie[8] et notre culture au cours des siècles.

En oubliant l'histoire, on risque de dissoudre le sujet au détriment de comportements à réduire, de le priver de donner un sens à son trop de poids, surtout au temps de l'adolescence et de ses tentatives de résoudre ses énigmes : l'énigme de la sexualité et de la rencontre de l'autre, l'énigme de la mort, ainsi que celle de ses origines et de son devenir.

Le trop de poids à l'adolescence permet de se cacher, d'éviter la rencontre en ayant honte. Pour permettre à l'adolescent(e) de « rencontrer » son corps, il convient d'abord qu'on l'aide à en parler. Si le corps est parlé, une action préventive ou curative sera dès lors possible.

Il n'y a pas de honte à avoir de son corps, mais pour cela il faut accepter de recevoir la parole des adolescent(e)s en surpoids, voie incontournable à la réussite de toute action thérapeutique.

NOTES

1. Mon propos concerne uniquement le gros masculin, la question de la « grosse » étant tout autre, tant sur le plan de la réalité que de l'imaginaire.

2. Christin O., « Luther, obèse et fier de l'être », *L'Histoire*, n° 391, septembre 2013.

3. Le Fourn J.-Y., « Rabelais ou l'apologie du trop – Trop de poids trop de quoi ? », *Enfances et Psy*, n° 27, 2005.

4. Freud S., *Trois essais sur la théorie de la sexualité* (1905), Gallimard, 1962.

5. Abraham K., *Développement de la libido, formation du caractère, Œuvres complètes*, t. II, Payot, 1973.

6. Lévi-Strauss C., *Le Cru et le Cuit*, Plon, 1964.

7. Quignard P., *Vie secrète*, Gallimard, 1999.

8. Barthes R., *Œuvres complètes, Lecture de Brillat-Savarin*, t. III, Le Seuil.

III.

Clinique du corps du sujet

8.

Le poids du regard de l'autre

ANNIE BIRRAUX

« Ce que peut le corps », ou les vicissitudes de la construction de l'objet

Le poids du corps n'est pas seulement un élément mesurable par une pesée. Le titre de notre colloque évoque la difficulté à assumer le corps que l'on habite et suggère un conflit incarné et l'insistance d'éprouvés menaçant le sentiment d'existence. On ne choisit pas son corps, et si les rêves infantiles s'emploient à le modifier, l'adolescence impose sa réalité irréversible et la contrainte de le faire sien, de l'intégrer psychiquement. Rappeler que ce travail se fait dans la reviviscence des conflits œdipiens est banal, mais ce truisme ne doit pas nous faire oublier que ce que la puberté révèle est déjà là, consigné dans cette mémoire du corps qu'est « son image inconsciente ». Il est en effet des situations qui compromettent l'appropriation du corps propre dès les premiers âges. Ces situations sont rarement biologiques et relèvent de la manière dont le nourrisson a pu se constituer, dans le regard maternel, comme objet différencié et unique hôte de son enveloppe de chair. Elles dépendent des conditions de son entrée dans le monde, qui impliquent l'adulte et sa disponibilité psychique à accueillir les exigences du nourrisson et à s'accorder à elles.

J'aborderai le malaise du corps adolescent à travers le symptôme du surpoids et de l'obésité non médicale. Alors que les médias tendent à cibler les facteurs sociaux et culturels de l'obésité, mon propos ciblera, lui, ce que peut devenir le corps humain à partir des vicissitudes de l'identification primaire et de la différenciation moi/objet. C'est en rappelant les moments successivement structurants de l'intégration des limites et de la conquête de l'identité que je pointerai ses ratages, en m'attachant, dans ce travail, sans nécessairement la rappeler, à la fonction narcissisante du regard de l'autre dans la construction du sujet. Ce regard est une métaphore qui subsume l'adéquation des réponses de l'extérieur aux besoins de l'enfant et à son individuation et ce qu'elles induisent dans son rapport à l'oralité en confortant ou conflictualisant son sentiment d'existence. Mon hypothèse est que le corps obèse ne peut renoncer à l'identité première qu'il a construite sur l'éprouvé d'une jouissance orale dans une relation de symbiose narcissique. Celle-là, qui compromet l'intégration dedans/dehors et la différenciation concomitante de l'objet, est la valeur refuge d'une histoire qui porte le sceau de l'insatisfaction de la demande d'amour.

Parce que l'impact de la puberté réactualise les relations archaïques[1] en même temps qu'il redonne au corps une place première qui le contraint à un travail d'intégration de la génitalité, on constate chez tous les adolescents une reviviscence de l'intrication entre libido objectale et libido narcissique. Tout se passe comme si le narcissisme relevait, à l'adolescence, des gratifications des relations objectales. Menacés, dans leur nouveau corps, par la peur de perdre l'estime de soi et pour échapper à des éprouvés angoissants et dévalorisants, tous les adolescents usent classiquement de mécanismes de défense qui réinvestissent régressivement et transitoirement des modes prégénitaux de satisfaction, les confortant dans des sensations connues et maîtrisées et évitant les angoisses de la métamorphose. Ce sont des tentatives d'autocréation d'un corps imaginaire idéal. La plupart des stratégies défensives privilégient, à la qualité du sentiment d'existence, la conformité à des standards érigés en canons esthétiques, comme si « l'éprouvé du corps » était dépendant des exigences de l'environnement, de celles de l'autre et de son jugement. Néanmoins, même si l'idéal est au service du narcissisme, ces mouvements sont, eux, au service d'un travail d'appropriation du corps.

Or ce qui frappe chez beaucoup d'adolescents obèses, c'est qu'ils renouent avec des recherches de satisfaction de ces premiers âges où le sentiment d'existence passe par la sensation physique d'être repu, au détriment de ce qui témoigne de la différenciation de l'objet. La non-domestication de la pulsion orale a précédé la puberté et si ce débordement apaise des angoisses archaïques, c'est bien l'impact pubertaire qui l'actualise, attestant que la sensation d'être gavé protège des conflits liés à la rencontre de l'objet.

Ce que je propose ici est un parcours de l'histoire du corps obèse inventoriant les outils qui nous permettent de comprendre pourquoi l'adolescent s'installe dans un corps qu'il n'habite pas, et qui, imaginairement, ne lui appartient pas (puisqu'il ne détient pas les clés de son bien-être). Je reviens sur les notions d'image inconsciente du corps et d'identification primaire qui à mon sens peuvent éclairer le concept de prévention. Mais je voudrais faire un préalable sur le contexte historique dans lequel a été admise l'hypothèse d'un corps « psychisé », soustrayant au Créateur le dualisme corps/psyché pour l'introduire à l'intérieur de l'humain. Si les accointances du corps avec le Malin ne font plus religion, nous sommes loin d'un consensus sur ce qu'est le corps, sur l'appropriation psychique du corps biologique et sur les vicissitudes corporelles de la conquête identitaire.

L'avènement du corps érotique

L'unité psychosomatique du vivant humain ne doit pas faire perdre de vue le fait qu'il existe une rupture épistémologique qui dissocie, désarticule le corps de la psyché, l'instinct du désir. Le corps humain n'est pas réductible à l'ordre du biologique. Il n'est pas, non plus, une création de la psyché et de ses fantasmes. Il est à la croisée de deux ordres, le biologique et le psychique, lesquels résistent à un amalgame de synthèse en ce sens que leurs principes (ou déterminants) respectifs sont distincts et dissemblables.

La philosophie a tenté de résoudre ce paradoxe, mais c'est la psychanalyse, avec la notion de corps érotique ou d'image inconsciente du corps, qui est parvenue à en proposer une solution compatible avec le statut du sujet humain. Néanmoins, le « nul ne sait ce que peut le corps[2] » de Spinoza demeure, sinon une contre-vérité, en tout cas une question encore d'actualité si l'on recense les multiples théories supposées donner les clés de la maîtrise du corps.

L'Histoire témoigne du fait que le dualisme soma/psyché s'est tardivement affranchi de ses références à un Dieu créateur. La matérialité du corps et de ses passions dont les religions se sont toujours méfiées, a commercé, pendant des siècles, avec une ou des instances qui font toutes référence à un ordre suprême (que cela soit l'appareil de l'âme, l'esprit, voire « la substance »). La raison est l'esclave d'une affectivité qui, elle, est suspecte et quasi démoniaque, sauf que ce clivage peut opportunément s'effacer lorsque les intérêts de l'esprit transcendent ceux du corps. Mais même si à partir du XIXe siècle, le corps livre progressivement le mystère de son humanisation, il n'est pas pour autant indemne de tentatives de réappropriation mystique. Idéologies, fantasmes et illusion valent souvent religion et si la pensée n'a pas pu s'affranchir du ciel pendant des siècles, le monde contemporain nous rappelle que, débarrassé de Dieu, le corps est à la merci d'autres puissances. Il semble plus facile d'exiler les forces obscures et passionnelles qui menacent l'unité du sujet en des sphères esthétiques ou, en tout cas aujourd'hui, marchandes, que de reconnaître sa pulsionnalité.

Plus d'un siècle après Spinoza, Maine de Biran (1766-1824), en proposant les notions de corps organisé et de corps pensant, semblait avoir suspendu cette référence à un principe d'essence supérieure, et laissait pressentir, sinon « le corps érotique » des psychanalystes, en tout cas la notion d'intégration psychique du corps biologique. En insistant sur les notions d'effort, de travail que doit fournir le sujet pour intégrer le corps instinctuel et la vie organique qui lui sont donnés, il suggérait une capacité intrinsèque du corps à produire du psychisme. Mais ses travaux teintés d'un stoïcisme chrétien sont demeurés suspects d'une intentionnalité peu laïque. Il faudra donc attendre la fin du XIXe siècle pour qu'une conception de l'homme s'affranchisse scientifiquement de sa dette céleste. Il faudra la révolution psychanalytique pour que l'on reconnaisse à l'humain le pouvoir de prendre possession d'un corps qui sera, du fait de son histoire singulière, le porte-parole de son désir.

L'humain ou de l'instinct à la pulsion

On aurait pu attendre de Freud qu'il donne à la psychanalyse la théorie qui manquait au corps des philosophes. La notion de conversion chez l'hystérique, qui apparaît dans ses premiers travaux, pouvait le laisser prévoir. Ce ne fut pas le cas. La théorie freudienne du corps est la théorie de la pulsion, qui se révèle être essentiellement une théorie biologique. Selon Freud, « ce concept, limite hypothétique entre le psychique et l'organique[3] », « obscur[4] », qui ne nous est connu « que par ses buts[5] » a une source, « à l'intérieur du corps[6] », et cette source est « un processus somatique dans un organe ou une partie du corps[7] ». Si bien que « l'étude des sources pulsionnelles n'appartient plus à la psychologie[8] ». Et si, dans *Le Moi et le Ça*, Freud définit le moi comme « dérivé de sensations corporelles, pouvant être considéré comme une projection mentale de la surface du corps[9] », ce n'est pas, non plus, dans un souci de faire une théorie du corps : le sujet de l'article n'est pas celui-là, puisqu'il concerne la séparation du moi et du ça. On notera tout de même que si la notion de projection obscurcit la définition de Freud, corps et moi ont un destin commun.

On ne trouve donc pas chez Freud de théorie du corps. Ce sont les postfreudiens qui s'y sont attelés, sans doute en raison de ce que nécessitait, pour cela, une pratique clinique hors champ de la névrose – maladies somatiques (Fain, Marty, Braunschweig), psychoses (Pankow, Dolto) ou états limites. Ces auteurs ont proposé d'appréhender non plus le corps des organes, mais le corps subjectif, habité, et qui entre en relation affective avec l'autre. Dans ces pathologies, la clinique témoigne d'une relation fragile au corps. Ces théoriciens ont proposé deux notions qui relaient le dualisme initial corps/esprit, en le circonscrivant à l'intérieur de la personne : le corps physique, ou celui de l'anatomie et de la physiologie, et le corps érogène ou érotique, celui qui s'engage affectivement et activement en relation avec lui-même ou avec autrui. Il a cependant fallu, à mon sens, attendre l'œuvre de Jean Laplanche pour que soit levée une partie de l'énigme quant à l'origine du psychisme ou de « ce que peut le corps ». Laplanche inscrit l'émergence de la psyché (ou de l'appareil de l'âme) dans la théorisation de la « Situation anthropologique fondamentale » en convoquant l'autre, adulte, sexué, séducteur, en capacité de proposer au nourrisson des modalités de satisfactions sensorielles qui autorisent celui-ci à se sentir auteur de son plaisir et propriétaire de son corps. Ce corps érotisé par l'autre, adulte sexué, recèle ainsi les signifiants qui font lien entre le besoin et le désir, l'instinct et la pulsion. La sexualité, non comme fonction reproductrice, mais comme organisatrice des logiques de satisfaction, devient le chef d'orchestre du destin de la personne.

L'image inconsciente du corps

Ce corps érotique est théorisé sous des appellations différentes selon les auteurs, de l'image du corps (Schilder, Pankow, Dolto) au moi-peau (Anzieu), en passant par le corps érogène (École de psychosomatique de Paris). La notion d'image inconsciente du corps semble résumer au mieux ce qu'est l'histoire de son appropriation et de la différenciation moi/objet. Introduite par Schilder et largement reprise après lui dans la clinique et la littérature psychanalytiques, elle réfère à l'inscription inconsciente du travail d'intégration, soit de psychisation[10] du corps organique, et d'appropriation de ses limites. L'image du corps résume la représentation intégrée (inscrite à l'intérieur de soi comme un programme fonctionnel) des traces récentes et anciennes, enfouies et sédimentées, des « moments » qui ont contribué à construire le corps tel qu'aujourd'hui il est habité par le sujet et tel qu'il s'engage dans la relation à son environnement : corps pacifié et aimé ou corps maltraité, agressé, mutilé ; corps maîtrisé ou aliéné, corps affamé des anorexiques, corps lesté des obèses, corps habité par l'autre des psychotiques. Ces « moments » sont, au sens physique du terme, des interactions entre un contexte épigénétique et la réactivité affective singulière du sujet, qui ont suscité un éprouvé de danger et secondairement l'émergence d'une défense atténuant la menace. C'est l'image du corps qui détient les secrets de l'économie affective de l'enfance et de ses éventuels mystères. Elle peut révéler les moments traumatiques où se sont noués des déterminismes liés au sexuel, qui orientent les modalités d'être au monde du sujet. L'image du corps est ainsi, à l'instar d'un logiciel (idéal) qui permet d'avoir accès à de multiples données, une carte mémoire qui programme, à notre insu, la manière dont nous vivons au quotidien la relation à notre corps, qu'il soit silencieux ou souffrant, et celle dont nous nous engageons dans notre relation aux autres et à l'environnement. L'image du corps que Françoise Dolto définit comme étant « à chaque instant, pour un être humain, la représentation immanente inconsciente où se source son désir[11] », c'est l'outil de la communication interhumaine, mais un outil dont la fabrication du moule a été antérieure à l'apparition du langage. Cette image du corps n'est accessible que dans ce qui échappe à la raison, ce que Pankow avait perçu dans son travail avec les psychotiques autour du modelage. Elle nous est accessible au cours de la cure dans les mots qui véhiculent le transfert, et quelquefois dans la création artistique, la peinture en particulier (pensons aux travaux d'Anzieu sur Bacon, ou à la peinture impulsive et urgente de Basquiat). Elle résume pour chaque individu l'histoire des liens singuliers entre corps et psyché, entre le sujet et l'autre, soit celle des identifications. Elle est en quelque sorte l'emblème inconscient de l'identité.

Le corps érotique dont l'image du corps résume l'organisation et les potentialités se construit donc dans la relation de dépendance à l'adulte sexué qui lui procure ses soins. Pour Freud, c'est par l'étayage de la pulsion sur la fonction physiologique que le bébé découvre que la bouche ne lui sert pas seulement à se nourrir, mais à sucer, à mordiller, à déchirer, à mordre, et qu'elle est un organe de plaisir en même temps que de différenciation interne/externe (M. Klein) et d'appropriation de l'objet. Ainsi découvre-t-il progressivement les ressources de jouissance que lui réservent ses fonctions physiologiques dont il subvertira le but final en contrepartie d'une prime de plaisir. Pour Freud, la sexualité au sens large du terme est une conquête du nourrisson qui dérive les buts de l'instinct en substituant à la recherche de la satisfaction du besoin celle du plaisir d'organe.

Or, pour Laplanche, la « vérité de l'étayage réside dans la séduction via les messages "compromis" qu'elle génère[12] ». L'auteur récuse la position passive de l'adulte étayant, et propose que ce qui anime l'enfant et subvertit l'instinct, c'est la sexualité de l'adulte, intromise dans le nourrisson par les soins qu'on lui donne, vecteurs de fantasmes, et par la communication langagière. Non pas que l'équipement du corps de l'enfant ne puisse, sans cet autre, percevoir le monde, éprouver des sensations et d'une certaine façon « penser » ses réactions, mais l'humanisation de son activité cérébrale et l'émergence d'une conduite affranchie des conditionnements instinctifs dépendent de cette intromission du sexuel de l'autre, de ses modèles singuliers de recherche de satisfaction et de plaisir dont les messages sont à traduire par un nourrisson qui ne possède pas le code de ceux-ci et est donc confronté à une énigme. Le nourrisson advenu au monde (à la différence de son statut *in utero*) serait-il totalement tributaire de la sexualité de l'autre ? On peut mettre au crédit de la traduction qu'elle laisse à l'enfant un degré de liberté et d'autocréation d'une sexualité propre, mais en tout état de cause, le fait qu'il n'a pas la maîtrise des situations a pour conséquence que son état de bien-être dépend de l'adulte. Il ne dispose pas de mots et ne peut s'opposer à cet autre, à ses conduites et à ses maladresses. Son espace de liberté dépendant des ressources de son équipement physiologique et de ses capacités d'expression qui peuvent être délibérément ignorées par l'adulte, la rencontre et l'appropriation du corps qui résultera de la qualité de celle-ci ne sont pas écrites. Elles peuvent s'opérer sur un malentendu quant à la qualité du plaisir partagé, qui en est pourtant la condition fondamentale. Même si l'observation des nourrissons nous permet de penser que ceux-ci sont aptes à exprimer activement leur malaise relationnel et à se désaccorder affectivement, l'importance de ces tout premiers moments qui qualifient « la forme la plus originaire du lien affectif à l'objet[13] », et qu'on désigne comme identification primaire, n'est sans doute pas suffisamment prise en compte dans l'étiologie des obésités pathologiques.

Or ce mode primitif de constitution du sujet ne saurait être obéré. On sait en effet que c'est lors de la reviviscence pubertaire de relations archaïques au cours desquelles s'est dessinée la construction de l'objet et se sont déjà profilées les grandes lignes de la personnification, que se stabilisent l'identification et les relations à l'objet. Les vicissitudes de ces moments où « l'investissement d'objet et l'identification ne sont peut-être pas à distinguer l'une de l'autre[14] » sont déterminantes dans les infirmités de l'appropriation du corps.

L'identification adolescente

C'est un autre truisme de rappeler que l'adolescence n'est pas une seconde naissance et qu'en aucun cas l'adolescent ne peut s'affranchir de son histoire infantile. Le corps adolescent, impacté par l'instinct sexuel, porte en lui la trace et la détermination des événements qui ont émaillé son développement antérieur.

À travers les étapes de la première individuation et de la séparation du corps maternel, puis celle des premières identifications de l'œdipe prégénital, le sujet est censé s'être séparé de sa mère, différencié, même si ses limites sont encore accrochées aux imagos parentales. Rappelons à ce propos les travaux de Winnicott sur l'espace transitionnel et ses avatars. Le travail d'identification connaît ensuite le repos de la latence, puis la poussée hormonale de la puberté remet brusquement en question cette séparation/autonomisation. Non seulement les transformations physiques annoncées, néanmoins inconnues, réactivent les conflits œdipiens, mais la dangerosité incestueuse de ceux-ci ravive des modes de fonctionnement archaïques inscrits dans l'image inconsciente du corps. L'arrivée de l'instinct sexuel génital est certes précédée d'une fantasmatisation de ce qu'est la sexualité adulte, mais il y a loin de la mise en représentation à l'appropriation de la fonction. L'intégration du corps a eu une histoire infantile, et si la puberté enjoint à l'adolescent de faire sienne cette fonction nouvelle et d'assumer sa réalité sexuée, elle n'efface pas ce savoir inscrit dans son image du corps, dont les traces sont, pour l'adolescent obèse, celles d'un éprouvé d'existence associé à l'oralité, mais dans une indifférenciation moi/objet et dans la fusion des libidos narcissique et objectale.

Les identifications adolescentes doivent conclure cet

itinéraire qu'est la conquête d'une « identité ». Les premières identifications œdipiennes déstabilisées par les représentations et les affects qui accompagnent la poussée instinctuelle génitale vont être besognés sous la pression, entre autres, du moi et de l'idéal du moi. Ces identifications ne peuvent se soustraire à l'environnemental et au culturel. « Se sentir comme » ou « ressembler à », quand on devient pubère, est un effort psychique essentiellement mû par le désir d'accrocher l'estime de soi aux regards des autres : on ne peut ignorer « les messages infinis, reflétant les attitudes des parents, adressés au corps de l'enfant et à sa psyché[15] ». Le problème de l'adolescent, c'est que la sexualisation des imagos parentales induit leur rejet par l'adolescent, soulevant un conflit d'identification qui fragilise l'identité. Le contexte de l'identification première « connue comme la manifestation la plus précoce d'une liaison de sentiment à une autre personne[16] », « dont les effets seront généraux et durables[17] », devient alors un site refuge.

L'intégration des limites du corps propre et l'éprouvé de séparation du corps maternel sont dépendants de cette identification première, mais celle-ci n'est pas a priori un mouvement unilatéral. Bien que l'on puisse noter son caractère quasi « érotomaniaque » en ce sens que le nourrisson est « amoureux » de l'amour qui lui est porté, mais non de l'objet, la qualité de ce creuset initial de l'émergence de la différenciation moi/objet dépendra de la possibilité maternelle de désinvestir le narcissisme du lien primitif[18] pour faire advenir une relation d'objet.

Ce qui fait trace dans l'image inconsciente du corps des adolescents obèses, c'est le plaisir passif d'avoir été aimé, reconnu, élu, sans conditions, ce qui, dans le langage de la pulsion orale, sera interprété dans la conviction que le sentiment d'existence est dépendant de la disponibilité du sein, sans contrepartie.

Les égarements du corps pubère

Sous le regard de l'autre

Le corps adolescent fascine et trouble : il a été immortalisé par les plus grands, de Caravage à Balthus, comme l'icône d'une sensualité naissante. La littérature s'est aussi penchée sur ce moment critique où il quitte les tendres mirages de l'enfance pour accoster aux rives sexuelles du monde adulte. « Nous naissons pour ainsi dire deux fois, disait déjà Rousseau, l'une pour exister, l'autre pour vivre… » Et n'ignorant rien de cette période critique, il prévenait : « Cette orageuse révolution s'annonce par le murmure des passions naissantes[19]. » Or ces passions naissantes dont dépendent les satisfactions de la libido objectale sont menaçantes pour le narcissisme de l'adolescent.

Cela me permet de formuler l'hypothèse qu'en deçà des ruses de l'éprouvé d'angoisse de castration se profile chez l'adolescent la peur liée aux sensations qui accompagnent les changements du corps et ravivent les sensations primitives et le désaide. L'adolescent a peur[20]. Cela ne soulève pas un débat entre peur et angoisse, mais tend à souligner simplement qu'aux sensations nouvelles d'un corps qui change morphologiquement se conjuguent les effets que la sexualité imprime sur les relations avec soi-même et avec autrui, qui entraînent un désarroi parfois non représentable. Ces sensations sont inaccessibles à la levée du refoulement parce que inscrites dans l'inconscient enclavé[21]. La sexualisation de la pensée entraîne des changements de la représentation de soi et de l'environnement dont l'adolescent mesure les effets à l'aune de son narcissisme. Faute de pouvoir le conforter dans un contexte où les relations objectales sont menaçantes parce que incestueuses, et parce que aucun espace intermédiaire ne se propose, les repères sécurisants qui balisaient l'enfance sont alors à réinvestir.

L'obésité interroge sur cette régression qui passe par la recherche de sensations sécurisantes, comme si la compulsion orale et la satiété qui en résulte rappelaient à l'adolescent les temps premiers de l'identification, sorte de paradis perdu dans lequel il était à lui-même son propre idéal, illusionné dans l'estime de sa valeur par la sensation de réplétion. Cet espace de l'identification primaire fait taire la conflictualité entre le souci de sa valeur et le regard de l'autre, puisque celui-ci est forcément gratifiant lorsqu'il est associé à la sensation d'être non seulement rassasié mais saturé.

Le corps obèse

Quand le consultant lui demanda son nom, il répondit qu'on l'appelait Bouboule. Ce jeune adolescent pesait plus de 100 kilos à 15 ans, pour une taille moyenne. Il disait qu'il était né comme ça, gros bébé, et ses parents ne le contredisaient pas. On pressentait d'ailleurs chez eux une ambivalence étrange, mêlant la fierté d'avoir engendré ce phénomène, et l'inconfort quant à son devenir, étant donné les problèmes qu'il rencontrait. Bouboule, en effet, devait changer d'établissement scolaire : monter trois étages pour atteindre sa salle de classe lui était devenu impossible – en tout cas, cela lui demandait un tel effort qu'il arrivait régulièrement en retard et la direction du collège avait, sur la recommandation de l'infirmière scolaire, convoqué les parents pour que quelque chose soit fait. Il était aussi moqué par les élèves, et quand on lui demandait ce qu'il ferait plus tard, il répondait en regardant ses parents : « Peut-être que je pourrai rien faire à cause de mon poids. »

Quand on lui demanda aussi pourquoi il n'avait jamais accepté de se soumettre à un régime, il chercha encore le regard de sa mère, qui répondit pour lui qu'il avait toujours été gros mangeur, que c'était un peu de famille, que c'était difficile de priver un enfant, et que le médecin avait dit quand il avait 12 ans que ça passerait avec la puberté, quand il grandirait. Quand on insista pour savoir ce que lui, intimement, en pensait, après avoir attendu que sa mère réponde, il exprima en fait le motif de sa consultation : « Pour que je sois normal, parce que je suis trop gros. »

Dans les entretiens suivants, il ne dit pas grand-chose. Bouboule était un nom qu'il s'était approprié. D'évidence, ce garçon souffrait, mais avait pris le parti de la dérision. De son histoire d'enfant unique, il ne pouvait pas dire grand-chose, sinon qu'il n'était pas malheureux, qu'il avait tout ce qu'il voulait. Il aimait les animaux et son père lui avait acheté chien, chat et autres compagnons dont il finissait par se séparer, parce que ça énervait sa mère. Il donnait l'impression, à 15 ans, d'évoluer dans une sphère où les intérêts se résumaient à ceux du premier âge. Quand le consultant lui demanda comment il se voyait, il répondit immédiatement : « Ce n'est pas ma faute. »

Comme dans nombre de cas d'obésité[22] se cumulaient chez cet adolescent une immense passivité, une inactivité de longue date et une hyperphagie que sa mère paraissait déplorer, mais à laquelle elle n'avait jamais pu s'opposer. Dans ce milieu modeste, la nourriture ne se rationnait pas : la restriction alimentaire a, dans les milieux populaires, un avant-goût de famine. Mais ce qui frappait le plus était cet accrochage du jeune au regard de sa mère, comme s'il était encore accroché à son sein : pas d'espace transitionnel, pas d'objet autre que cet objet partiel qui faisait encore partie de lui.

Ces signes caricaturaux d'une relation fusionnelle orale furent mis en évidence dans les entretiens ultérieurs lorsque madame put dire, à mots comptés, l'angoisse qui avait été la sienne lorsqu'elle était rentrée chez elle après l'accouchement et qu'elle ne savait pas comment faire avec cet enfant qu'elle avait pourtant désiré. Il pleurait beaucoup et ne se calmait qu'avec un biberon. Très vite, elle l'avait suralimenté. Il ne trouvait le sommeil que repu. Elle en avait rajouté en valeurs nutritives et l'enfant n'avait pas posé de problèmes au cours des premières années. C'était un enfant enrobé mais un bel enfant, bien qu'il fût très exigeant, paresseux quant à l'apprentissage de la propreté, et qu'il eût marché assez tard. Madame décrivait un enfant timide et peureux lorsqu'elle dut l'inscrire à l'école. Elle le rassurait en garnissant son cartable de viennoiseries pour les récréations, mais quand il rentrait il était toujours affamé.

Aux signes premiers de la puberté, deux ans avant cette consultation, les choses s'étaient gâtées, et même avaient explosé. Il était devenu extrêmement sensible aux comportements de ses pairs, et en même temps très projectif, n'évoquant pas un instant la nécessité de se prendre en charge, refusant les régimes que le médecin proposait, et attribuant aux autres les raisons d'un malaise grandissant qu'il niait : l'éloignement des copains dont il ne pouvait plus partager les jeux, les quolibets incessants des filles. Bouboule ne trouvait plus son compte dans un monde qui n'avait plus sur lui les yeux de sa mère, mais n'était pas en mesure d'investir un autre objet.

Bien qu'il eût un regard vif, il avait des intérêts intellectuels limités. Madame parlait de difficultés scolaires depuis la sixième, parce qu'il y avait des matières qui ne l'intéressaient pas et des professeurs qui le ridiculisaient. Il n'était cependant pas sans aptitudes dans le registre sensoriel : madame expliqua qu'il aimait la cuisine, qu'il s'était aussi, un temps, passionné pour la fabrication de parfums, qu'il cueillait des fleurs pour faire des assemblages et des macérations, et qu'il avait abandonné ce plaisir parce qu'un copain lui avait dit que c'était « des trucs de gonzesse ». En dehors de ces intérêts, qui cependant ne le mobilisaient plus beaucoup, il regardait beaucoup les émissions pour enfants à la télé et, depuis quelque temps, à plusieurs reprises il avait tenté furtivement de regarder des émissions pornographiques. Mais à cette allusion de sa mère, l'adolescent devint, en paroles, extrêmement agressif et, tout en cherchant à la démentir, il l'accusa de ne pas le « lâcher », d'être « toujours sur son dos » et de l'empêcher de sortir, ce qui sidéra les parents. Le père, qu'on n'avait pas entendu jusque-là, et que l'on n'entendrait plus parce qu'il ne répondit plus aux demandes d'entretien, confirma que probablement par honte de lui-même vis-à-vis des copains, il ne supportait plus les relations avec les jeunes de son âge. Son fils n'avait jamais aimé le sport, mais il ne l'accompagnait même plus sur les stades le dimanche parce que « c'était nul ». Monsieur signait probablement ainsi l'aveu de sa propre disqualification et de son impuissance.

Cette histoire condense, sur le plan descriptif, beaucoup des caractéristiques que l'on rencontre dans les obésités communes de l'adolescence, bien qu'il soit aujourd'hui impossible de parler de l'obésité en général. La question a très peu été travaillée, longtemps couplée à l'anorexie, et elle aurait sans doute été longtemps laissée pour compte si elle n'était devenue, depuis quelques décennies, un vrai problème de santé publique. La description ne suffit cependant pas à penser prévention et prise en charge.

Psychopathologie de l'obésité

Il n'y a pas une étiologie unique de l'obésité commune : elle est multifactorielle. Néanmoins, on peut soutenir l'hypothèse qu'à l'adolescence elle soit liée à la résurgence des relations primitives, sous le signe hédoniste d'un évitement de l'insatisfaction et de la souffrance, au cours desquelles se différencient le moi et l'objet.

« La corrélation profonde et intime entre identité et identification[23] », telle qu'elle existe dans les temps archaïques de la constitution de l'objet et de la différenciation des espaces externe et interne, et qui se trouve réactualisée à l'adolescence du fait de la fusion nouvelle entre libido narcissique et libido objectale, a pour conséquence que tout déficit de l'une retentit sur le niveau de l'autre. La sauvegarde narcissique de l'adolescent est ainsi conséquente de la qualité des relations objectales dont il a tellement besoin, bien qu'elles puissent lui faire courir des risques quant à l'estime de sa propre valeur.

Or on constate chez beaucoup d'adolescents en surpoids ou obèses un déficit de confiance et d'estime de soi, attribué à l'image qu'ils suscitent, à la sexualisation du corps et aux conflits d'identification qui surgissent, mais ce déficit semble chez certains lié à une indifférenciation moi/objet que la puberté fait flamber et rend plus dramatique. L'histoire de ces patients est en effet émaillée d'indices qui donnent à penser leurs difficultés anciennes à s'approprier leur corps détaché du sein maternel, difficultés dont la fixation orale a été le premier symptôme, mais qui sont conséquentes de la place qui leur est attribuée dans le fantasme maternel.

Il est évident que, lorsque la sexualité leur tombe dessus – et ce, en raison de leur fragilité narcissique antérieure –, l'intégration du corps sexué, qui nécessiterait la résolution des conflits d'identification dans le registre génital, apparaît comme trop menaçante. Le réinvestissement des relations archaïques orales – pour peu qu'elles aient laissé place à des objets transitionnels – est la seule issue à ces conflits identitaires dont dépend la stabilisation de l'image du corps et l'estime de soi. Cette régression est l'issue quasi obligée de situations qui ont indûment prolongé la fusion narcissique des premiers temps. L'adolescent obèse ou en surpoids n'a pas pu faire céder cette aliénation des origines et y a même trouvé du confort, au point qu'au moment où la dangerosité de la sexualité génitale le menace, l'image inconsciente du corps lui propose les solutions d'un apaisement de ses tensions. Ce n'est pas une affaire mécanique, car dans ce modèle il y a le désir inconscient de tenter de maintenir ou de retrouver une estime de soi liée à des éprouvés archaïques lorsque la satisfaction orale (le ventre plein) assurait le nourrisson de son sentiment d'existence. Mais ce n'est qu'un aspect des choses : Bouboule et sa mère vivaient en fait une idylle que rien n'avait pu entamer et ce rien recouvre les habitudes alimentaires du milieu social, la modestie intellectuelle de la famille et l'histoire infantile des deux parents, tout cela dans un climat de grande frustration. Elle résume surtout l'investissement par la mère de ce bébé, désiré, objet pour elle d'une réparation narcissique. Au cours du suivi de Bouboule qu'on appelait désormais de son prénom, André, madame confia au consultant, entre deux sanglots muets, qu'elle avait perdu un enfant avant André. Il ne fut pas possible de revenir sur cet événement secret, vraisemblablement ignoré du père, hors mariage, mais qui permettait de comprendre ses difficultés à imaginer le désinvestissement de ce lien de nourrissage qui lui garantissait, à elle, sa propre existence de mère. L'histoire, en effet, témoignait non seulement de sa fierté visible d'avoir un fils vivant, gros mangeur, mais donnait du sens à sa relation fusionnelle. André, pris dans un lien incestuel évident, était d'abord un objet narcissique pour cette maman dépressive qui avait, adolescente, fait plusieurs tentatives de suicide.

La prise en charge psychothérapique d'André fut longue, extrêmement intéressante sur le plan technique mais aussi sur le plan humain, dans la mesure où l'équipe de soins, qui l'avait beaucoup investi, assista à sa métamorphose. À la thérapie à laquelle il était adhésivement fidèle furent associés à des époques différentes des ateliers divers. C'est dans un atelier de psychomotricité que son changement fut le plus manifeste, comme si cet espace était celui d'une élaboration dont les éléments lui étaient fournis ailleurs. Il prenait des initiatives, se montrait moins pusillanime, et cherchait la conversation. André, au cours de sa prise en charge, pendant laquelle il perdit progressivement du poids, s'est orienté vers une école de cuisine.

En conclusion, on peut dire que si l'obésité adolescente est multifactorielle, la clinique nous oblige à prendre en compte chez nos patients une organisation psychique qui, bien que non généralisable, porte en elle les caractéristiques de fixations orales précoces et de fragilité de l'intégration de la différenciation moi/objet. J'ai souhaité rappeler les temps forts de la construction de l'objet-corps en m'attardant sur l'identification primaire et les traces de celle-ci dans l'image inconsciente du corps « psychisé ». L'adolescent a eu en effet une histoire infantile que la puberté n'efface pas et qui peut au contraire faire obstacle à son élaboration.

Ce qui caractérise la plupart des adolescents en surpoids ou obèses relève à la fois de la non-intériorisation des processus de séparation-individuation et du déficit narcissique qui lui est en partie conséquent. C'est aux travaux d'Évelyne Kestemberg que je fais référence pour comprendre la reviviscence régressive de ces relations archaïques au moment où la sexualité devrait imposer une coloration génitale de « la corrélation entre identité et identification[24] ».

J'ai évoqué l'histoire de Bouboule/André parce que, en ce qui concerne la prévention des obésités de l'adolescence, nous ne pouvons ignorer la fonction maternelle précoce et l'incidence que l'enfant a sur le narcissisme de la mère, même si le travail psychique d'adolescence est supposé en dégager l'enfant. C'est la puberté qui fait éclore l'obésité, mais c'est sans doute « la mère en l'obèse » qui est à prendre en charge, mère souvent dépressive silencieuse, qui l'ignore même parfois et tient la tête hors de l'eau grâce à l'investissement narcissique de l'enfant. Habiter son corps est un enjeu pour l'adolescent, mais les données de son histoire sont d'abord, pour le clinicien, dans les fantasmes maternels.

Comme en témoignent les travaux sur le sujet, la question thérapeutique des obésités morbides suscite bien des débats. Si la place des psychanalystes, même dans les services de chirurgie, apparaît comme une nécessité, il n'en est pas de même de la prévention et de l'accompagnement des enfants à risque, et sur ce point le chemin à parcourir est encore, pour les responsables de santé publique, à débroussailler.

NOTES

1. Kestemberg É., « L'identité et l'identification chez les adolescents », *Psychiatrie de l'enfant*, 5, 2, 1962, p. 441-522.
2. Spinoza B., *L'Éthique, Nature et origine de l'esprit*, Œuvres complètes, Gallimard, 1954.
3. Freud S., *Minutes (IV) de la Société psychanalytique de Vienne* (1912-1915), Gallimard, 1983.
4. Freud S., « Pulsions et destin de pulsions », *Métapsychologie* (1915), PUF, 1991.
5. *Ibid.*
6. Freud S., *Nouvelles conférences d'introduction à la psychanalyse* (1933), Gallimard, 1989.
7. Freud S., « Pulsions et destin de pulsions », art. cit.
8. *Ibid.*
9. Freud S., *Le Moi et le Ça* (1923), PUF, 1981.
10. La psychisation du corps est l'intériorisation, sous la forme de

représentations conscientes et inconscientes, de ce que l'on est et de ce que l'on vaut. Estime de soi et sentiment d'existence témoignent de cette opération qui échappe en partie à la personne, puisqu'elle est initialement induite par l'investissement de l'autre. La psychisation est primaire et secondaire. Elle concerne d'abord l'appropriation de ses éprouvés, sensoriels et affectifs, différenciés de ceux de l'autre, et contribue à l'intériorisation de ses limites, puis à leur sexualisation. Elle est vectorisée par la recherche de plaisir. C'est la notion d'image du corps qui résume ce travail psychique.

11. Dolto F., *L'Image inconsciente du corps*, Le Seuil, 1984.

12. Laplanche J., *Problématiques II, Castration et symbolisations*, PUF, 2009.

13. Freud S., *Psychologie des foules et analyse du moi* (1921), Payot, 1981.

14. Freud S., *Le Moi et le Ça*, *op. cit.*

15. Stoller R.J., *The Transexual Experiment*, Hogarth Press, 1975, p. 80. Cité par Paulo Carvalho Ribeiro in « Identification passive, genre et séduction originaire », *Psychiatrie française*, déc. 2007.

16. Freud S., *Psychologie des foules et analyse du moi*, *op. cit.*

17. Freud S., *Le Moi et le Ça*, *op. cit.*

18. Guyomard D., *L'Effet-mère*, « Petite bibliothèque de psychanalyse », PUF, 2009.

19. Rousseau J.-J., *Émile ou de l'éducation* (1762), Garnier/Flammarion, 1966, p. 273-274.

20. Il ne s'agit pas de « désexualiser » les éprouvés adolescents en évoquant la peur plutôt que l'angoisse, mais la reviviscence des éprouvés infantiles laisse penser que l'adolescent est mû par des forces obscures qui ne sont pas sous-tendues par des représentations quelles qu'elles soient, sauf celles, sensorielles, instinctives, du danger, et que ces éprouvés ne sont pas accessibles à la levée du refoulement. Delumeau ne disait-il pas que sans la peur l'homme n'aurait pas survécu ? La peur est probablement la sensation la plus animale de l'homme mais en ce sens on ne devrait pas en sous-estimer les effets lorsque le corps est amené à changer et parce que la perte du sentiment de continuité est une sensation (sans représentation) de danger imminent.

21. Laplanche J., « Trois acceptions du mot "inconscient" dans le cadre de la théorie de la séduction généralisée », *Psychiatrie française*, vol. XXXVII, nov. 2006.

22. Bruch H., *The Importance of Overweight*, W.W. Norton and Co, 1957. Kreissler L., « L'abord psychosomatique de l'obésité commune de l'enfant », *La Médecine infantile*, 74, 4, 1972, p. 309-326.

23. Kestemberg É., art. cit.

24. *Ibid.*

9.

Le poids de la culpabilité

DIDIER LAURU

D'emblée, Freud constate l'éclosion du symptôme hystérique par symbolisation. Il qualifie de « corps étranger » l'ensemble des souvenirs pathogènes et de « défense » la position d'aversion du sujet par rapport au sexuel traumatique. Pour sa part, Lacan démontre ce que signifie la défense hystérique : rien d'autre qu'un fait de structure. En effet, le corps découpé par le langage est affecté d'un manque que vient symboliser ce signifiant imaginaire qu'est le phallus. L'importance donnée par Lacan au langage vise à dégager ce qui justement du corps reste irréductible au signifiant.

Cet irréductible vient parfois s'incarner dans un symptôme qui touche le corps. Celui-ci est alors caractérisé par sa jouissance, que le volume du corps donne à voir au regard des autres. Mais il est aussi à l'origine d'une culpabilité dont le poids est lourd à porter par le sujet, en particulier à l'adolescence, saison des premières amours.

La culpabilité est souvent au premier plan des plaintes que nous entendons de la part des sujets en surpoids ou obèses que nous recevons pour des demandes de psychothérapie ou d'analyse. Elle se déclinera dans le cours de la cure sous de multiples aspects dont je serai amené à déployer les incidences sur la surcharge pondérale.

L'image du corps est en jeu dans la constitution du sujet. Elle reste un invariant tout au long de la vie, comme un baromètre narcissique subjectif. La façon dont un sujet se représente son propre corps est à la mesure de sa démesure. En effet, il est difficile de se représenter pour soi-même et ce sont bien souvent les autres qui renvoient au sujet ce qu'il donne à voir.

Le surpoids ou l'obésité ont de multiples causes que je ne vais pas énumérer, me centrant sur les aspects psychopathologiques. Si la culpabilité est une des racines inconscientes du surpoids, la pulsionnalité orale déborde le sujet. Il en vient à être l'objet de cette pulsion qui, chaque jour, dans une répétition implacable, le harcèle tout en créant un excédent pondéral au fil des ans.

Cette fixation orale s'enracine dans l'histoire du sujet très précocement. Dans un rapport à la mère ou à ses substituts, l'introduction au manque et à la satisfaction orale va orienter la jouissance orale première. L'investissement ou les fixations orales du petit enfant ne sauraient se constituer sans la présence de l'autre. C'est dans l'espace de ce lien, entre demande et besoin, que le manque va se constituer, essentiel à la structuration du sujet, condition même du langage. Car l'aliment n'est pas seulement un amas de composés nutritifs, c'est aussi un langage des mots, en d'autres termes des signifiants, que nous ingérons, et qui participent aux processus identificatoires.

Au travers de la pulsionnalité orale, l'environnement de l'enfant va répondre avec ses propres impasses. La domestication de la pulsion dans les premiers âges est essentielle pour l'avenir du sujet. L'introduction de la frustration est essentielle dans sa progressivité et dans ses aspects relationnels. La rage interne, bouillonnante parfois, dans des situations d'attente prolongée ou de sensation de faim intense va être progressivement apprivoisée. Mais le sujet, quel que soit son âge, sera en résonance avec ses premières phases de l'oralité. Les dérivatifs qu'il va trouver à la détresse première du nourrisson, les palliatifs qu'il va se construire sont essentiels. En effet, tout enfant, adolescent ou adulte, dans des moments de contrariété ou de frustration, quelles qu'en soient leurs sources, aura tendance à se reporter sur des gratifications orales. Du grignotage devant la vacuité de l'ennui à l'hyperphagie occasionnelle ou régulière face à une privation ou un affect dépressif, la compensation par l'ingestion de la nourriture est un classique.

Mais il est d'autres sources psychopathologiques des situations de surpoids ou d'obésité. L'intime que nous pouvons atteindre dans des cures psychanalytiques nous autorise à émettre des hypothèses valables en tout cas pour certains sujets, sans doute pas tous, car la dimension multifactorielle du surpoids et de l'obésité est évidente et reconnue par tous les praticiens.

L'abord psychanalytique permet de décentrer la question du surpoids de l'abord médical, dans le sens où la dimension sexuelle et inconsciente devient essentielle. En effet, évoquer la dimension du symptôme corporel et la monstration des corps amène à repenser le sujet et son abord thérapeutique selon d'autres axes. Il s'agit d'entrer dans l'intimité de la chair, cette chair qui précisément fait symptôme. Le refoulement dans la chair comporte une autre dimension que le symptôme qui a des effets de limitation psychique : phobies, obsessions et autres. Ici le symptôme se porte sur soi et est offert au regard de l'autre. Cette dimension scopique mérite aussi d'être approfondie.

Bien en chair, mal en chair

L'expression « bien en chair » signifie-t-elle qu'une personne en surpoids se sent bien dans sa chair, « bien dans sa peau », comme le dit le langage courant[1] ? C'est sans compter avec l'image des sujets en surpoids qui dans nos contrées, en lien avec les canons esthétiques contemporains, se sentent mal dans leur peau : ils portent le poids de leur corps, mais surtout ils portent le poids de leur culpabilité.

C'est pourquoi je propose de dire que le sujet est mal en chair, et que son symptôme se situe bien dans ce registre, aussi bien celui du malaise corporel que celui de l'image qu'il a de lui-même comme de celle qu'il donne à voir aux autres.

La culpabilité, que l'on retrouve couramment dans diverses névroses, est à mon sens ici un symptôme non seulement psychique, mais aussi incarné. Il est porté dans la chair même du sujet, ce qui renforce la culpabilité psychique, car elle est « montrable », soumise au regard des autres en permanence. Même si les tenants du « *Big is beautiful* » tentent de nous faire croire le contraire.

Devant le nombre croissant d'adolescentes et d'adolescents en surpoids ou obèses, un mouvement de revendication réclamant le droit à la différence est apparu. Cette idéologie faisant l'apologie esthétique du corps gros tente de gommer la différence avec le corps de l'autre et surtout ne prend pas en compte la dimension de la honte ou de la culpabilité, en fait la dimension de souffrance subjective qui se rattache au surpoids.

Cela replace le débat dans une perspective où la question du surpoids se situe plus entre la chair et le verbe : entre le symptôme et son inscription dans le corps, en d'autres termes son incarnation.

Plus l'enfant est sujet à ces risques de surcharge pondérale, plus il est soumis aux quolibets et à la vindicte de ses congénères. Le poids de la culpabilité est de ne pouvoir résister aux sirènes de la pulsion orale. Le prix à payer est cher : dès l'enfance, le gros est moqué, raillé voire insulté.

À ce propos, il faudrait nous demander pourquoi une insulte est renforcée lorsqu'elle comporte l'adjectif « gros » ? Les exemples sont nombreux, parmi les plus usuels ; pour ne pas faire de sexisme citons « gros con » ou « grosse salope ». Le terme « gros » est donc synonyme de dépréciation, tout du moins dans notre culture et à notre époque.

L'enfant ne sait comment sortir de cette spirale infernale entre honte et culpabilité, entre le plaisir (coupable) de manger et la honte d'offrir au regard des autres une image de lui qu'il exècre. Mais, a priori, rien ne peut advenir pour qu'il puisse se dégager de l'emprise de la pulsion orale dont il reste le jouet. Les statistiques le disent : un enfant en surpoids aura toutes les chances de rester en surpoids à l'adolescence, voire à l'âge adulte.

Laissons-les manger !

Avec l'avènement de la puberté et la poussée pulsionnelle, les problématiques adolescentes se mettent en place. Le désordre pulsionnel se traduit dans le réel par un désordre qui se déploie sur plusieurs plans : le registre comportemental, amoureux, sexuel, et bien évidemment alimentaire. Les fringales, ou envies impérieuses, quelle que soit la terminologie employée, ne font que traduire l'absolue nécessité, l'urgence de satisfaction de la pulsion. Mais ce désordre dans l'ordre pulsionnel n'entraîne pas de surpoids pour l'immense majorité des adolescents. L'obésité survient lorsque cette anarchie temporaire de la pulsion s'installe dans la durée et qu'elle s'associe de façon exclusive à la « malbouffe » sur un terrain déjà susceptible de surpoids.

Les campagnes d'éducation au manger sain échouent le plus souvent mais n'entraînent pas de dommages pour la majorité, qu'il faut « laisser manger » à sa guise pendant ce passage adolescent. Cependant, nous observons que nombre d'adolescents et surtout d'adolescentes utilisent, consciemment ou non, le surpoids comme mode de défense contre l'avènement du sexuel. Ainsi, l'enveloppe corporelle de chair en vient à masquer les formes du corps de ces jeunes filles (et jeunes gens), mais surtout leurs caractéristiques sexuées qui pourraient attirer le regard et le désir de partenaires potentiels. Pour les adolescentes, cette défense est souvent initiée comme une tentative de barrage contre le désir incestueux du père[2], à l'instar de Peau d'âne. Peau d'âne dans le conte, peau de graisse chez nombre d'adolescentes et de jeunes adultes.

Le cœur gros

Ainsi, une jeune femme, terminant ses études de lettres, consulte pour des symptômes variés de la série phobique et hystérique, dont un mal-être et des difficultés relationnelles importantes, et une absence de relations amoureuses dont elle souffre. La psychothérapie s'installe dans la durée, le transfert prend une consistance, et ce n'est qu'au bout d'un an environ qu'elle verbalise ce qui est une évidence pour ses interlocuteurs (je n'avais jamais de moi-même abordé ce sujet) : elle est obèse, très obèse.

Elle évoque une relation très intime de dépendance à sa mère. Avec son père, au-delà de l'admiration qu'elle lui porte, pointe une grande ambivalence. Elle l'admire pour sa réussite sociale mais ne supporte pas ses phases de dépression qui le conduisent à rester dans son lit parfois de longues semaines. Elle va régulièrement seule avec son père voir des matchs de rugby. Elle lui accorde cela bien qu'elle n'y prenne plus goût comme avant. Elle aussi passe par des phases de dépression, dans une identification à son père, ce dont elle prend conscience via le transfert, au cours de la psychothérapie. Puis elle réalise, en formulant un lapsus qui l'a saisie, la dimension œdipienne de ses fantasmes, mais aussi leurs versants incestueux. Elle dit que face à la dépression de son père elle avait « le corps gros », voulant dire bien évidemment « le cœur gros ». Elle perçoit en miroir la dimension incestueuse inconsciente de son père au cours de l'analyse d'un de ses rêves. C'est alors le tournant, la bascule subjective qui lui permettra ultérieurement de se décider à se débarrasser de ce surcroît de chair qui lui interdisait jusque-là l'accès aux relations amoureuses et au sexuel. En effet, son narcissisme était très à vif, car si jamais un garçon avait des velléités de séduction à son égard, elle le repoussait aussitôt. Comment peut-on être attiré par un corps si laid et disgracieux ? Elle formula un jour qu'elle avait « un corps indésirable », ce qui rend compte de l'image qu'elle avait d'elle-même et de la façon dont elle se représentait son corps sexué. Le travail se poursuivit encore, accompagnant ses premiers pas dans la rencontre de l'autre alors qu'elle retrouvait une apparence physique en adéquation avec son désir. Elle put ainsi sortir du cycle infernal de la répétition qui l'amenait sur les rives du pathologique et du mortifère dans son obésité.

Symptôme ou malaise social ?

Certes, nombre d'obésités ne sont que l'expression d'un malaise social, mais ce qui nous intéresse en tant que psychanalyste, c'est cet au-delà qui pourrait faire résonner des motions inconscientes permettant de déloger le sujet de ses ornières symptomatiques, l'ayant conduit à s'installer dans une obésité. Il n'est pourtant pas possible de dire que nos cultures vont vers une esthétique du corps en surcharge pondérale. Cependant, une particularité retrouvée chez nombre de sujets en obésité est qu'ils ont un rapport à leur propre corps qui relève d'une dimension spéculaire spécifique.

Les femmes comme les hommes ne se regardent pas, tant ils ont une haine de leur image et ne veulent pas la voir. Ils essayent ainsi, dans une tentative ratée d'avance, de mettre en place des clivages leur évitant de se confronter au réel de l'importance du volume de leur corps et de la forme qu'il prend. Cependant, le quotidien de ces sujets est un évitement aussi du regard de l'autre, car il est susceptible de les renvoyer à des sentiments de honte. Celle-ci est suivie de près par la culpabilité, qui semble insister à la manière d'un surmoi féroce qui leur pointe un idéal : « Tu as trop mangé, tu as cédé au plaisir de la bonne chère, à défaut des plaisirs de la chair. » Cette association m'est venue lors d'une interprétation délivrée à une patiente qui comparait ce qu'elle nommait « les plaisirs défendus » auxquels elle cédait – les plaisirs de la table – et ceux qu'elle s'interdisait et auxquels elle ne pensait jamais pouvoir accéder – les plaisirs de la chair.

Je lui avais alors demandé comment elle écrivait ce mot. Je la renvoyais ainsi à la culpabilité consciente et inconsciente qui sous-tendait sa compulsion à manger dans une hyperphagie frénétique. Il s'agissait ici d'un déplacement d'une pulsion sexuelle impérieuse que rien ne pouvait assouvir jusque-là.

Dans tous les cas de surpoids ou d'obésité, la dimension de la jouissance est régulièrement retrouvée. Qu'elle porte sur l'oralité est souvent une évidence, mais chez certains sujets c'est la jouissance du symptôme qui empêche tout décalage dans leurs positions, et plus particulièrement à l'égard d'un changement possible de leur enveloppe corporelle.

Lacan a pointé que ce qui caractérise le corps, c'est sa jouissance : « Un corps jouit de lui-même ; il en jouit bien ou mal, mais il est celui que cette jouissance introduit dans une dialectique où il faut incontestablement d'autres termes pour que cela tienne debout, à savoir rien de moins que ce nœud[3]. » Lacan évoque ici le nœud borroméen, dont il se sert pour montrer au plus près la relation entre le réel, l'imaginaire et le symbolique.

L'oralité et le sexuel

Selon Freud, l'enfant est introduit dans la dimension de la sexualité par son activité orale et le suçotement constitue la première activité sexuelle du nourrisson.

Freud élabore dans la première topique le concept de pulsion orale. Celle-ci est d'abord conçue comme une poussée échappant au langage au cœur de l'inconscient et de ses formations. Il définit sa source dans une zone érogène particulière qui est le pourtour de l'orifice buccal (bouche, lèvres, dents). Son but est d'atteindre la satisfaction. L'objet n'est pas nécessairement approprié aux plaisirs de la bouche, car ce n'est pas seulement lui qui compte, mais ce qu'il cause ; il est interchangeable. De même, la manifestation de cette pulsion ne se limite pas à la bouche. Freud mettra en évidence une disjonction du but et de l'objet de la pulsion ; et c'est cette disjonction qui fonde la psychopathologie de l'oralité. Il fait référence à « l'amateur de baisers », au fumeur et au buveur. Mais d'autres auteurs ont travaillé sur l'oralité, en particulier Karl Abraham, qui insiste sur une dimension sadique voire cannibalique. Le stade oral dit cannibalique se caractérise par l'introjection de l'objet. Enfin, Melanie Klein, pour sa part, a insisté sur le plaisir non seulement à sucer mais aussi à mordre voire à détruire, en insistant sur le clivage bon sein mauvais sein.

Au-delà de ces différences de points de vue, j'insiste sur la force et l'intensité de l'oralité chez les sujets en surpoids, qu'elle se manifeste directement sur la nourriture ou qu'elle soit déplacée sur des dimensions sadiques, cannibaliques ou même d'introjection de l'autre (se l'approprier en l'incorporant).

L'érotisme oral est présent dans l'acte de parler, de manger, et plus directement en lien avec la sexualité dans le baiser. Pour les adolescents, le premier baiser est particulièrement essentiel à plusieurs titres. Dans leur recherche de la rencontre avec l'autre, l'étape du baiser est un point majeur dans le sens où non seulement l'adolescent aborde le corps de l'autre mais l'intérieur du corps de l'autre. En effet, les muqueuses, la langue sont autant de sources de plaisir, d'excitation. La rencontre avec la chair de l'autre passe à l'adolescence par ce plaisir oral du baiser. Il diffère de ce que l'adolescent a connu jusque-là du baiser, y compris celui qui effleure les lèvres de l'autre. Avec baiser profond du « *french kiss* », c'est une tout autre affaire.

Mais quand le flirt[4] n'est pas au rendez-vous, que l'attente de la rencontre avec l'autre est infinie, ou que la déception est intense, l'adolescent(e) devient inconsolable.

Le substitut le plus proche dans la déception ou la privation orale est la parole, ne serait-ce que dans la jouissance de la plainte, ou le classique recours au plaisir de la nourriture. Il est alors plus question de quantité que de qualité, car la boucle de la pulsion revient vite demander satisfaction une fois qu'elle l'a obtenue.

Cette boucle pulsionnelle est insatiable, dans tous les sens du terme, puisque précisément les sujets en obésité n'ont pas la sensation de satiété qui fait que l'on cesse de manger, l'appétit n'étant plus au rendez-vous. La chirurgie bariatrique (l'anneau gastrique en particulier) permet au moins dans un premier temps de retrouver cette sensation de satiété du fait du rétrécissement chirurgical du volume de l'estomac, entraînant donc un arrêt de l'ingestion orale sans fin – sans faim, pourrait-on dire. En effet, c'est bien la question du sujet en surpoids de manger sans faim. Au-delà de la nourriture ingérée, c'est bien de la faim du désir insatisfait qu'il s'agit.

La dimension scopique

Le corps se donne à voir, et dans nos sociétés de la performance, il se doit d'être régi par des critères dominants qui sont d'apparition récente. Le mince, le maigre voire au-delà – c'est-à-dire les images des mannequins anorexiques – représentent actuellement dans nos sociétés occidentales un idéal. Ce modèle esthétique féminin est bien évidemment impossible à atteindre : n'est pas anorexique qui veut ! Les « modèles », top ou pas, sont elles-mêmes soumises à la tyrannie de ces tendances esthétiques dictées par quelques stylistes de haute couture, suivies par des millions de femmes dans le monde occidental. Pour les hommes, la minceur est aussi de rigueur. La mode imposant comme idéal un corps de jeune homme svelte musclé et si possible bronzé aux hommes de tous les âges.

Dans l'histoire, le « gros » ou le dodu a pourtant été largement apprécié comme il l'est encore dans de nombreuses contrées. À une époque proche de la nôtre, les tableaux de Renoir par exemple nous laissent le témoignage de beautés faites de rondeurs et de formes féminines. En remontant les siècles dans la peinture comme dans la sculpture, nous retrouvons les mêmes images de femmes rondes et bien en chair. La préhistoire nous a laissé la Vénus de Willendorf depuis le paléolithique supérieur, avec ses formes exagérément rondes. La plus célèbre, la Vénus de Lespugue, stylisée au point de revêtir un aspect moderne, a pourtant environ 25 000 ans ! L'Antiquité livre elle aussi des témoignages de sculptures de Vénus ou d'Aphrodite callipyge[5] soulevant son péplos (voile) pour regarder ses fesses, forcément superbes.

Pour les hommes je mettrai en avant les développements de Rabelais sur la constitution physique de l'homme[6]. François Rabelais, à la fois écrivain, moine bénédictin et médecin, amateur de bonne chère et de boisson, est le père de Gargantua, cette créature excessive en tout, dans ses proportions comme dans ses désirs gigantesques, y compris sexuels. Au chapitre « De l'adolescence de Gargantua », Rabelais écrit : « Il testonnait ses gouvernantes cen dessus dessous, cen devant derrière [...] et desja commençoit exercer sa braguette. » Avec ses autres figures héroïques, Pantagruel ou Gargamelle, Rabelais parle de son époque, d'un temps où gros rimait avec bonne santé de même que le gras ou l'excès. La dimension temporelle et culturelle est importante à souligner, tant les modes et les cultures peuvent changer.

Rester gros (grosse)

Tout adolescent inscrit dans le surpoids ou l'obésité en vient dans certains cas à assumer son « choix » inconscient. Il est donc différent et le sait. Il a conscience qu'il faut qu'il « accepte » son symptôme, même s'il comporte une dimension pathologique. En effet, assumer son symptôme, y compris à l'adolescence, peut amener le sujet à vivre dans une certaine sérénité, vivre le poids de son corps en particulier, quand il parvient à se débarrasser du poids de sa culpabilité. Car le sujet ne parvient pas toujours à se transformer dans son économie subjective. Les phénomènes de jouissance du symptôme s'inscrivent parfois dans un tel cycle de répétitions que l'enfermement dans l'oralité incontrôlée est inatteignable par les différentes thérapeutiques médicales ou psychothérapeutiques. Est-ce une autre forme de ce que Freud avait nommé le roc de la castration ?

Mais dans le meilleur des cas, en particulier au décours d'une psychothérapie analytique, il s'agit d'un choix assumé.

Rester sur sa faim : la culpabilité et son poids

Chez nombre de patients en surpoids ou en obésité, la problématique de la jouissance orale est souvent en lien avec une problématique œdipienne. La limitation du caractère impérieux de la pulsion est nécessaire avant tout traitement possible de ce trop de chair. Au travers du transfert, cette jouissance en excès du sujet peut se réaménager et trouver enfin ses résonances inconscientes et aussi sa limite, lui permettant de retrouver un degré de liberté par rapport aux exigences de ses pulsions orales. Un régime ou un changement alimentaire n'a aucune chance de porter ses fruits sans ce travail préalable de psychothérapie ou de psychanalyse. De même pour les solutions médicamenteuses : anxiolytiques ou antidépresseurs ne font que tromper la faim et n'entament en rien la force de la pulsion orale. L'essentiel est de permettre au sujet d'accepter sa castration, ne serait-ce qu'au niveau oral, en somme d'accéder à la capacité de se restreindre sans que cela soit vécu subjectivement comme insupportable. Mais renoncer à la jouissance orale n'est pas une mince affaire…

La culpabilité et la force du surmoi, la séparation impossible de l'objet de jouissance sont bien souvent à l'origine du surpoids. La culpabilité s'entretient ensuite d'elle-même, du fait de la monstration du corps au regard de l'autre. La culpabilité est bien souvent liée au trop de jouissance orale ou de jouissance du symptôme. Il est alors très délicat pour le sujet, en particulier à l'âge adolescent, de se couper de cette jouissance et de la culpabilité qui en découle. Au temps de l'adolescence, le sujet adolescent est dans un important remaniement pulsionnel, narcissique et identificatoire. L'émergence de la sexualité génitale le pousse aussi à tenter de maîtriser ses pulsions autant que son appétit de l'autre. Entre le domptage, la domestication de la pulsion sexuelle et la pulsion orale, il arrive que certains niveaux de confusion se produisent, ou que des ponts se tissent d'un registre à l'autre, tant l'oralité s'enchâsse dans le sexuel. Le désir sexuel insatisfait entraîne alors l'adolescent vers des compensations orales incontrôlées. Il est impossible au sujet de « rester sur sa faim », de se limiter et de refréner sa pulsionnalité orale. Bien souvent, celle-ci n'est qu'un déplacement d'une insatisfaction ou d'une défense devant le sexuel.

NOTES

1. « Bien en chair » a plusieurs synonymes : « charnu », « gras », « rebondi », « replet ».

2. Lauru D., *Père-fille, une histoire de regard*, Albin Michel, 2006.

3. Lacan J., « Les non-dupes errent », séminaire inédit, séance du 12 mars 1974.

4. « Conter fleurette » est l'expression française qui a donné le mot anglais *flirt*, qui nous est revenu. Après tout, nous pourrions dire « fleureter » ?

5. « Callipyge » vient de *kalos*, « beau », et *puge*, « fesses ». Aphrodite-Vénus, déesse de la beauté, incarne l'idéal esthétique offert à toute une civilisation.

6. Lefourn J.-Y., « François Rabelais, ou l'apologie du trop », *Enfances & Psy*, n° 27, Érès, 2005, p 114-118.

10.

L'obésité à l'adolescence, une sexualité sans sexe ?

FRANÇOIS MARTY

Depuis 1997, l'obésité est reconnue par l'Organisation mondiale de la santé comme la maladie de la nutrition la plus fréquente au monde[1]. Les chiffres de ce qu'il est convenu d'appeler une épidémie mondiale sont – davantage chez les enfants que chez les adultes – en constante augmentation. L'obésité n'est donc plus considérée comme un « simple » facteur de risque, c'est une véritable maladie dont l'origine est multifactorielle. Elle se distingue du surpoids qui, lui, se définit par un indice de masse corporelle inférieur. Dans le monde occidental, on recense 30 % de jeunes obèses. La même observation concerne les pays émergents comme la Chine et le Brésil. En 2000, on comptait en France 16 % d'enfants de 5 à 16 ans présentant une obésité, contre seulement 10 % en 1995. D'un point de vue épidémiologique, les chiffres englobent souvent enfants et adolescents, ce qui ne facilite pas la lecture des résultats, ni leur interprétation. 95 % des obésités sont dites « communes » ou « primaires », ou encore « de type 1 » (IMC entre 25 et 30) ; elles ne sont pas consécutives à des troubles endocriniens, neurologiques ou à un traitement ; elles peuvent être liées à des prédispositions génétiques et à des causes environnementales. L'obésité « morbide », syndromique (ou « secondaire », ou « de type 2 ») se caractérise par un IMC supérieur à 32 pour les adolescents âgés de 12 à 15 ans et à 35 pour les adolescents de 16 à 18 ans. Elle est notamment liée à des maladies comme les syndromes de Prader-Willi, de Bardet-Biedl, de McCune-Albright, d'Alström, ou à des déficits hormonaux thyroïdiens ou de croissance.

L'adolescence comme facteur de risque

Si l'on repère plusieurs facteurs de risque comme l'hérédité (surpoids ou obésité chez l'un des deux parents), le rebond d'adiposité précoce à l'âge de 3 ans, des comportements alimentaires liés à des habitudes familiales (être enfant unique pourrait également être un facteur de risque), on peut aussi faire l'hypothèse que l'adolescence constitue un moment clé dans le développement et la persistance de l'obésité commune, ne serait-ce que parce que le risque pour un adolescent obèse de le rester à l'âge adulte est estimé à près de 70 % (78 % chez les hommes, 63 % chez les femmes[2]). Je présenterai ici d'autres raisons qui poussent à penser que l'adolescence peut constituer, dans certaines conditions, un facteur de risque dans la mesure où les changements corporels et psychiques qui se produisent au moment de la puberté sont de nature à fragiliser la construction subjective. Le corps obèse pourrait ainsi être envisagé comme un symptôme traduisant un dysfonctionnement du processus d'adolescence, mais il peut aussi générer un certain nombre de complications sur le plan des investissements narcissiques et objectaux, au sein de ce même processus.

L'histoire de l'obésité adolescente prend sa source dans les études menées sur ce trouble à l'âge adulte. Depuis une vingtaine d'années, en effet, les chercheurs ont acquis la conviction que l'obésité à l'âge adulte, quand elle n'est pas liée à un trouble somatique, prend naissance dans des habitudes alimentaires acquises dès l'enfance[3] et surtout au moment de l'adolescence. Pour autant, si de nombreuses publications ont vu le jour depuis une dizaine d'années sur le plan médical, en pédiatrie et en endocrinologie tout particulièrement[4], mais aussi en sociologie de la santé[5], force est de constater que très peu de recherches en psychopathologie ont été menées sur l'obésité commune de l'adolescent, comparativement à celles qui ont été consacrées aux troubles des conduites alimentaires comme l'anorexie et la boulimie et à leurs conséquences. Ainsi, dans le manuel de psychopathologie de D. Marcelli et A. Braconnier[6], sur 69 références nationales et internationales répertoriées au chapitre des psychopathologies des conduites centrées sur le corps, 3 seulement concernent l'obésité. De même, dans les numéros de la revue *Adolescence*[7] consacrés aux attaques du corps ou au corps souffrant et d'autres traitant du corps et de ses troubles au moment de l'adolescence, aucune référence n'est faite à la question de l'obésité. D'une façon générale, la bibliographie consacrée à l'approche psychopathologique de l'obésité à l'adolescence est maigre, même si le rôle des facteurs psychiques est reconnu depuis longtemps[8]. Quelques recherches font exception[9], mais se situent plutôt du côté de la psychologie de la santé et de l'épidémiologie que de la psychopathologie proprement dite.

Bien qu'en augmentation constante, l'obésité est donc beaucoup plus rarement étudiée que la maigreur du corps affamé de l'adolescente anorexique. Serait-ce parce que l'attaque anorectique du corps pubère représente un risque létal plus important et à plus court terme que dans le cas de l'obésité ? Est-ce parce que la fantasmatique qui accompagne la maigreur de l'anorexique est plus riche que celle de l'adolescent obèse ? Il est plus vraisemblable que cette rareté des publications est liée au fait que les adolescents concernés consultent peu d'eux-mêmes, souvent parce qu'ils ont honte de leur corps, mais aussi parce qu'ils sont mus par la nécessité de ne pas se défaire de cette couche protectrice qui leur permet de faire face à une menace vitale. Faute d'être clairement identifiée par eux, cette menace agit pour leur interdire tout changement. Toujours est-il que les chiffres sont là, une nouvelle fois, pour montrer l'importance du problème en termes de santé publique : les adolescents obèses présentent un risque de surmortalité de 50 à 80 % (notamment cardio-vasculaire, et de diabète de type 2) par rapport à la population générale et leur espérance de vie est diminuée de treize ans.

Toutes les études récentes montrent donc l'importance du problème sur le plan somatique, quelles que soient les étiopathogénies retenues. Mais peu mettent l'accent sur l'adolescence comme facteur de risque dans la survenue ou la persistance de l'obésité. Or, dans la plupart des cas, les recommandations médicales, voire les traitements proposés aux adolescents obèses échouent ou ont un effet limité. Plusieurs explications peuvent être avancées à cette relative inefficacité de l'offre de traitement, nous y reviendrons, mais du coup la demande médicale est forte pour tenter de comprendre les raisons du manque de compliance que manifestent ces adolescents aux divers traitements qu'on leur propose. On pourrait faire la même remarque pour ce qui concerne les indications de psychothérapie, qui bien souvent restent lettre morte.

Vers une approche psychopathologique de l'obésité à l'adolescence

Une analyse psychopathologique des mécanismes psychiques en jeu au moment de l'adolescence pourrait permettre une meilleure compréhension de ces refus conscients et inconscients qu'opposent les adolescents aux traitements qu'on leur propose. D'une façon plus générale, cette approche pourrait contribuer à mieux comprendre en quoi l'adolescence est un facteur de risque dans le développement de certains sujets psychiquement fragiles, présentant des troubles qui, telle l'obésité, constituent des attaques massives du corps pubère. L'attaque du corps porte sur ce à quoi l'adolescent devra renoncer, ce qu'il ne pourra pas avoir, sauf dans le fantasme inconscient. Le garçon ne portera jamais d'enfant et la fille devra renoncer à la forme longiligne (phallique) d'un corps désormais dessiné par les courbes de la féminité.

L'obésité adolescente est le plus souvent la conséquence de troubles des conduites alimentaires (hyperphagie), tels qu'on peut en observer au moment de la puberté, associé à une forte sédentarité. Si l'anorexique se restreint pour tenter d'effacer toute trace corporelle de la puberté et se vider de toute ingestion vécue comme impure (elle vomit littéralement son corps pubère), l'adolescent obèse pratique une autre religion, celle du remplissage, dont la fonction est tout autant protectrice. L'obésité n'est que rarement la conséquence des pratiques boulimiques, qui se produisent par crises, organisées selon des scénarios codifiés et relativement prémédités. Ces crises se terminent assez souvent par un dégoût important qui se traduit par des vomissements tendant à effacer la trace de cet acte compulsif. Cependant, certaines obésités se mettent en place à la suite d'un épisode d'anorexie. L'obésité est « nourrie » par diverses conduites (hyperphagie, grignotage, tachyphagie) qui conduisent à un excès d'apport alimentaire. Par sa rondeur, l'adolescent obèse réalise un fantasme de bisexualité, auquel il ne peut renoncer ; plus précisément, il met en scène celui d'être enceint de lui-même. Par son obésité, l'adolescente prolonge son fantasme phallique et refuse d'entrer dans la féminité.

Il n'y a pas de structure psychopathologique unique rendant compte de l'obésité à l'adolescence, non seulement parce que l'adolescence est un moment particulièrement dynamique et plastique où la pathologie n'est pas encore définitivement fixée[10], mais aussi et surtout parce que cette forme particulière d'attaque du corps renvoie à une fragilité narcissique, une résistance à la génitalisation du corps et une difficulté à se représenter son monde interne et ses affects que l'on rencontre dans différentes configurations psychopathologiques. Mais on rencontre très souvent chez les adolescents et les adolescentes obèses une difficulté spécifique liée à la capacité à s'individuer tout en pouvant établir des liens aux autres. C'est pourquoi il est possible d'envisager ces troubles comme étant d'essence narcissique.

Activité et passivité confondues

L'obésité correspond à l'action conjuguée de facteurs génétiques et environnementaux favorisant une consommation excessive d'aliments, le plus souvent sucrés, comme ceux que l'on trouve dans les fast-foods. Le goût pour le sucre, quand il n'est pas le signe d'une pathologie somatique, traduit un attachement aux aliments de l'enfance, à la passivité orale. L'obésité se développe dans un contexte de sédentarité et d'absence d'activité physique qui peuvent être rapprochées d'une difficulté à s'autonomiser, à quitter le giron familial (maternel). Dans certains cas, sédentarité, absence d'activité physique et grignotage intense semblent combler cette absence, et correspondent à une façon de répondre à une attente maternelle supposée, comme si l'adolescent ne pouvait trouver d'autres voies d'apaisement qu'en satisfaisant de la sorte sa mère – en tout cas, selon les représentations conscientes et surtout inconscientes qu'il en a –, en mangeant avec la voracité d'un nouveau-né (d'où l'agressivité orale n'est pas absente), en restant auprès d'elle, collé imaginairement à son sein nourricier. Cette sédentarité peut s'expliquer par la gêne que procure la lourdeur du corps. Le malaise pour se déplacer est patent, que ce soit au niveau de l'abondance de la transpiration ou de l'essoufflement que l'effort génère.

Mais au-delà de cette symptomatologie manifeste, il est possible d'entendre ce à quoi renvoie cette sédentarité. Leur côté empoté, leur peu de goût pour bouger, leur habillage, leur gestuelle – tout est à l'image du fonctionnement interne de ces adolescents. L'investissement privilégié de la sphère parentale, et de l'objet maternel tout particulièrement, fonctionne comme une défense contre le risque d'un déplacement de ces investissements libidinaux ; ils traduisent des empêchements, des retenues, mais aussi des jouissances secrètes. L'immobilité de ce corps masque la peur du conflit et de l'agressivité, la peur, ou l'absence de désir pour la rencontre avec l'autre, car le plaisir à jouir en secret de ce sein maternel incorporé est particulièrement violent. D'où la résistance passive qu'oppose l'adolescent à tout programme de changement qui le conduirait à renoncer à cette jouissance secrète et passive qui maintient le lien à la mère.

L'adolescent, son obésité et sa famille

L'obésité adolescente s'inscrit souvent dans une histoire d'habitudes alimentaires familiales qui commencent dès l'enfance et qui traduisent un besoin de fusion. Les investissements libidinaux sont gelés, le corps propre de l'adolescent obèse condensant sujet et objet. Ingérer de la nourriture à toute heure devient une réponse adressée à l'enfant, traduisant une réaction anxieuse et stéréotypée de l'environnement. L'enfant intériorise ce schéma pour tenter de faire face à toute situation de tension, de frustration, ce qui entraîne une méconnaissance de son propre monde interne. L'hyperphagie, ce grignotage incessant, est une façon de perpétuer une dépendance au sein maternel et de lutter activement dans la passivité contre la conquête nécessaire de l'autonomie. Du coup, la passivité orale s'illustre par son appétence à refouler l'agressivité qui, elle, est signe d'autonomisation, de différenciation, de distinction. Le côté incessant du grignotage est la marque de l'absence de limites, de coupure et de séparation. Il agit comme un déni de la castration. Il marque ainsi la façon dont l'adolescent recule face à l'agressivité œdipienne ou, plus précisément, comment il compose avec elle, sur un mode (la gloutonnerie) qui n'est pas sans rappeler la destructivité antisociale décrite par Winnicott[11].

Le geste du grignotage devient une réponse comportementalisée héritée de l'enfance, dont la fonction est d'offrir rapidement un apaisement à l'adolescent en proie à une excitation dont il ne peut connaître la cause. C'est comme si l'adolescent gavait le bébé en lui pour l'apaiser, prolongeant ainsi le geste maternel (anxieux) intériorisé comme la modalité de satisfaction adaptée face à une situation porteuse d'angoisse. L'adolescent reprend alors à son compte cette façon stéréotypée de répondre à l'angoisse éprouvée par l'ingurgitation. Il installe en lui ce saboteur interne, comme le nommait W.R.D. Fairbairn[12], qui le détourne des relations libidinales aux objets. Cette défense narcissique, antilibidinale, est une sorte d'autosabotage[13] mettant en évidence la façon dont l'adolescent essaie de substituer aux liens affectifs et relationnels – vécus d'autant plus comme des menaces qu'ils lui sont nécessaires – des liens de maîtrise, voire d'emprise, pour lutter contre ce sentiment de dépendance aux autres. Mais si, dans le cas de l'anorexique, le contrôle joue un rôle fondamental pour lutter contre le sentiment d'être agi par sa puberté, chez l'adolescent obèse il semble que le mécanisme en jeu soit du côté de l'emprise, dont il serait l'objet plutôt que l'acteur.

L'obésité à l'adolescence, une résistance à la génitalisation

L'obésité à l'adolescence est le fruit d'une résistance à la génitalisation du corps, un refus du meurtre symbolique des parents[14]. Il s'agit d'une incorporation des parents, absorbés pour ne pas être séparés d'eux, pour ne pas les perdre. L'obésité à l'adolescence marque la difficulté à élaborer psychiquement la perte des objets de l'enfance. À la place de ce travail de deuil qui, lui, accompagne le vécu de perte, est préférée l'incorporation. Dans l'anorexie mentale, il s'agit d'une défense contre la perte des objets d'amour par tentative d'expulsion, d'excorporation du corps génital. Dans l'obésité, il s'agirait plutôt d'une tentative d'incorporation (et non d'introjection) des objets de l'enfance, comme moyen de lutter contre la dépression liée à la peur de la perte de ces objets. Mais cette incorporation s'effectue sur fond d'indifférenciation, l'objet et le sujet étant confondus.

Vraisemblablement pour les deux sexes, l'enrobement du corps traduit un souhait de ne pas affronter la question de la différence des sexes, de rester soi-même enfermé dans une forme solipsiste, autoengendrée. La barrière (bouée) protectrice du corps débordant, d'où la séduction est absente, convient pour mettre à distance tout ce qui pourrait évoquer le désir de l'autre, le désir pour l'autre. De ce point de vue, l'obésité est une façon de se défendre contre la tentation de l'inceste, désir attribué imaginairement par l'adolescent à ses propres parents dans un mouvement projectif qui le dédouane de sa propre responsabilité. Avec son corps obèse, l'adolescent se dérobe, s'absente de sa place de sujet. Il se désubjectalise en se retirant du commerce libidinal avec l'objet dans un mouvement de repli narcissique. Le corps, dans ce cas, est l'objet d'investissement narcissique du moi.

Le poids du corps à l'adolescence apparaît comme la traduction de ce qui n'a pu être mis psychiquement au travail pendant l'enfance et la latence, et qui se manifeste au moment où il conviendrait que le corps pubère porte des signes du sexuel génital. Le corps obèse accumule en ses replis graisseux, travaille à la place de la psyché et traduit le fonctionnement psychique de type psychosomatique qui est à l'œuvre. Ce qui n'a pas pu se mettre au travail, c'est la dimension de l'excitation qui pousse à trouver satisfaction. Farouchement combattue dans l'anorexie – affamer le corps (par des déplacements incessants) étant la défense érotisée contre l'excès d'excitation –, elle est combattue dans l'obésité par la passivité qui se traduit notamment par l'absence d'activité physique et la sédentarité. La régression orale constitue une voie substitutive de satisfaction et un bon compromis pour éviter d'avoir à affronter le sexuel pubertaire en soi et chez l'autre. C'est l'intégrité narcissique qui est ainsi protégée dans l'obésité : un moi qui refuse de s'altérer dans la rencontre avec un autre, une inflation narcissique qui évite la limite et la castration. Il y a comme une mise hors circuit du pulsionnel pubertaire au profit d'une régression où c'est la satisfaction primaire (orale) qui prend le dessus sur toute autre forme d'investissement libidinal. L'excitation est traitée sur ce mode de la décharge des tensions, comme on peut l'observer chez le nourrisson qui, par le suçotement, parvient à liquider en l'épuisant l'accumulation de tensions qui le parasitent. Dans ses grignotages, ses fringales, l'adolescent obèse tète sans fin un sein auquel il n'a pas renoncé.

Le trop du corps obèse, l'excès de sa surface et de son volume cachent la sensation du vide (et la tentative qu'il fait pour le combler sans cesse), même si l'adolescent affiche des postures parfois arrogantes et triomphantes. Cette enveloppe ne parvient pas à contenir l'hallucination du sein, les scénarios qui auraient dû se construire pour introjecter le bon sein et expulser le mauvais objet. Le travail de symbolisation primaire auquel se livre habituellement le nourrisson produit des pensées qui vont se révéler essentielles au moment de l'expérience d'illusion et de désillusion. Cette expérience permet à l'enfant de renoncer à l'illusion de sa toute-puissance (présente dans la pensée magique, les fantasmes d'autoengendrement) et d'accéder à la désillusion, au sentiment d'impuissance et de dépression qui va lui permettre de découvrir le rôle fondateur de l'autre dans cette expérience de satisfaction.

Une économie narcissique ?

L'adolescent obèse porte sur lui les stigmates de la sexualité infantile et des premiers autoérotismes, le corps d'enfant refusant de se génitaliser, de se laisser faire par la pulsion génitale qui habituellement le transforme en corps d'homme ou de femme. Il reste enrobé du sexuel maternel, il est placentaire. Il s'agit d'une sorte de refus de se sexuer, de sortir de cet état d'indifférenciation primaire qui constitue en soi une façon de mettre à distance le sexuel (entendu comme lien avec l'objet) et la rencontre avec l'autre. Le corps obèse est à lui-même son propre objet. La jouissance orale est narcissique, sans partage, malgré les accents de convivialité apparents. S'il y a partage, c'est au niveau d'une sexualité prégénitale. La rondeur de l'obèse a pour but d'arrondir les modalités de relation à l'objet : si possible a-sexuelles, et a-conflictuelles.

L'obésité, par son masque, son refus aussi, est une des formes d'attaque du corps pubère. Elle s'inscrit dans les figures que peut prendre la destructivité à l'adolescence. Et si elle était la traduction corporelle de l'agressivité retournée contre soi ? Mais alors quelle serait la spécificité de cette modalité du masochisme par rapport à la maigreur de l'anorexique, aux automutilations et autres scarifications ? L'obésité est un suicide du génital. À n'en pas douter, la place que prend la forme du corps obèse et son odeur souvent saturée de transpiration ont valeur agressive pour l'autre : l'agressivité est indirecte, comme le signe d'une détresse à ne pouvoir faire partie de la communauté de ceux qui n'ont pas à souffrir de cet embonpoint. Le corps obèse de l'adolescent attaque l'autre, les autres, faute de se sentir intégré dans la communauté. L'obésité marginalise l'adolescent obèse (quand elle ne le stigmatise pas) comme elle le protège des autres, l'empêchant en quelque sorte de se mêler sexuellement aux autres. De ce point de vue, lorsque cette obésité n'est pas d'origine somatique, elle s'apparente à une défense active contre le risque de la rencontre avec l'autre. C'est un compromis entre pulsion et défense qui évite au moi du sujet de s'altérer dans une rencontre sexuée. Elle peut même dans certains cas renvoyer à un mode de fonctionnement limite, voire psychotique, qui nous indique la nature de la difficulté en jeu au moment de l'adolescence : faire face à la différence des sexes, tolérer en soi la transformation pubertaire grâce au travail du génital. Par son obésité, l'adolescent refuse cette génitalisation du corps et de la psyché ; il reste en marge – au bord, tout du moins – de ce processus essentiel au devenir qu'est la subjectivation.

Sur le plan thérapeutique

Il ne saurait être question de s'attaquer frontalement au symptôme avant que n'ait pu être mis en évidence le sens inconscient de cette défense développée dès l'enfance contre l'angoisse liée à la perte du sein maternel et à la dépression. Ce sont presque toujours les parents qui demandent de l'aide pour leur enfant, et encore avec ambivalence. Lorsque les adolescents eux-mêmes sollicitent un soutien thérapeutique, c'est souvent qu'ils attendent la transformation d'une silhouette qui les dérange sur le plan narcissique ou dans leur relation aux autres. Souffrant de moquerie et d'exclusion, ils parviennent parfois à modifier leur mode de fonctionnement où c'est le corps qui travaille à la place de la psyché pour entrer dans un processus où se penser devient envisageable. Comme dans tous les troubles des conduites alimentaires, toutes les addictions, c'est bien la dépendance aux objets primaires qui trouble le rapport au génital. Avec l'obésité, c'est la voie passive qui s'exprime comme résistance à la génitalisation du corps et c'est donc avec le fort investissement de cette passivité que le thérapeute devra compter. Désinvestir ce corps porteur d'un ensemble non différencié, à la manière d'un fœtus non séparé de son placenta, comporte un risque vital pour l'adolescent : perdre du poids équivaudrait alors à perdre une partie de soi.

La passivité et au mieux l'ambivalence de l'adolescent face à son thérapeute et la demande de perdre du poids renvoient à l'angoisse de perte et à la nécessité préalable à toute modification symptomatique de traiter psychiquement les zones primaires où la fragilité narcissique n'a pas permis à l'adolescent de traiter cette angoisse. D'où l'idée que le surpoids constitue une défense nécessaire dont le thérapeute serait bien avisé de ne pas chercher à l'enlever et à la faire disparaître sans que d'autres mécanismes de défense plus élaborés et plus adaptés dans la négociation et la transaction narcissique que le sujet entreprend avec le corps pubère n'aient pu se mettre en place.

L'issue du traitement psychique de l'obésité à l'adolescence dépend de la capacité du sujet à reprendre ce qu'il a laissé en suspens autour des processus de séparation. L'adolescence constitue pour l'enfant une deuxième chance pour intérioriser les liens aux objets parentaux, trouver ses repères d'étayage et d'identification et engager les transformations nécessaires pour entrer dans la sexualité génitale pubertaire. L'adolescent obèse revisite dans sa thérapie les compromis qu'il a cherché à élaborer pour changer en restant le même : passer d'un corps d'enfant à celui d'un jeune adulte, faire avec la sexualité génitale qui subvertit les autoérotismes de l'enfance. L'adolescent obèse qui vient en psychothérapie entrevoit parfois le chemin qu'il lui reste à parcourir pour se défaire de voies de satisfactions primaires apprises dans l'enfance pour investir de nouveaux horizons qui supposent de pouvoir affronter certains registres phobiques, d'évitement du génital. Il lui faudra en effet envisager de nouvelles modalités d'être qui passent par une séparation acceptée avec les objets parentaux.

Du besoin au désir

Si l'approche médicale met l'accent sur la nécessité de prescrire un régime qui stabilise le patient, l'approche psychopathologique envisage l'obésité adolescente comme un mode de traitement de la souffrance psychique au moment où se développent de façon significative les processus fondamentaux de l'autonomie et de la capacité de se penser. Cette façon de nourrir abondamment le corps en l'engraissant au point de mobiliser le regard de l'autre illustre la façon dont l'adolescent s'inscrit dans la continuité des soins maternels prodigués à l'enfant par un environnement anxieux. En sous-estimant la dimension comportementale de la réponse compulsive qui préside à l'opération d'apaisement des tensions chez l'adolescent obèse, on risque de passer à côté de la dimension addictive de cette conduite[15]. Alors que l'adolescence est habituellement un moment de séparation d'avec les objets de l'enfance, un moment d'élaboration psychique de la violence pubertaire qui contraint l'adolescent à penser ses éprouvés pour leur donner sens, l'obésité fait apparaître une difficulté à rompre avec le monde infantile, à trouver de nouveaux modes de satisfaction pulsionnelle en lien avec la génitalisation du corps. Le corps, particulièrement au moment de l'adolescence, est un lieu de protection, une enveloppe[16] qui fonctionne à la manière d'une chrysalide, mais c'est aussi un lieu de projection du monde interne. Le corps obèse est la figure de projection d'un moi omnipotent dont l'enflure défie le lien à l'objet. Elle est l'expression d'un fantasme infantile de relation fusionnelle à la mère. Traiter l'obésité du corps de l'adolescent, c'est d'abord permettre à cet adolescent de se laisser affecter par ses émotions pour affronter avec l'aide du thérapeute l'angoisse liée au risque de la dépression contre laquelle il se mobilise si énergiquement par cette alimentation sans fin. Traiter l'adolescent obèse, c'est l'aider à trouver d'autres voies de satisfaction que la régression orale, d'autres voies de traitement de l'excitation que la réponse compulsive de l'ingurgitation. Traiter l'adolescent aux prises avec l'obésité de son corps, c'est l'aider à tolérer la faim, à la reconnaître comme un besoin à combler, sans que la satisfaction de ce besoin fondamental ne soit confondue avec d'autres éprouvés qui renvoient davantage à un espace de désir.

NOTES

1. *Obésité : prévention et prise en charge de l'épidémie mondiale, Rapport technique 894*, OMS, 1997.

2. Zwiauer K.F.M. *et al.*, « Clinical features, adverse effects and outcome », *Child and Adolescent Obesity, Causes and Consequences, Prevention and Management*, Burniat W., Cole T.J., Lissau I., Poskitt E.M.E. (éd.), Cambridge University Press, 2002.

3. Marcelli D., Canarella T., Gaspard B., « Les aspects cliniques de l'obésité chez l'enfant », *Perspectives psychiatriques*, 17 (74), 1979, p. 366-374. Schmit G., *L'Obésité chez l'enfant*, PUF, 1989. Schmit G., « Obésité », in Houzel D., Emmanuelli M., Moggio F. (dir.), *Dictionnaire de psychopathologie de l'enfant et de l'adolescent*, PUF, 2000, p. 461-462. Inserm, *Obésité, dépistage et prévention chez l'enfant, Expertise collective*, éd. Inserm, 2000.

4. Frelut M.L., *L'Obésité de l'enfant et de l'adolescent*, Odile Jacob, 2003. Frelut M.L., « Management of severe obesity in adolescents », *Arch. Pediatr.*, 8, 2001, p. 293-295. Basdevant A., « Traitement de l'obésité », *Archives de pédiatrie*, 2004, p. 625-627. Lefevre H., Guzman G., « Alimentation de l'adolescent et risque d'obésité », in Moro M.-R. (dir.), *Troubles à l'adolescence dans un monde en changement, Comprendre et soigner*, Armand Colin, 2012, p. 216-226. Stunkard A.J., « Genes, environment and human obesity », *Progress in Obesity Research*, New York, Basic Books, 1990, chap. 109, p. 669-674.

5. Goodman E., Huang B., « Socioeconomic status, depression, and health service utilization among adolescent women », *Women Health Issues*, 11, 2001, p. 416-426.

6. Marcelli D., Braconnier A., *Adolescence et psychopathologie*, Masson, 2008.

7. « Attaques du corps », *Adolescence* n° 48, 2004 ; « Corps souffrant », *Adolescence* n° 6, 1985.

8. Bruch H., *Les Yeux et le Ventre* (1973), Payot, 1978. Kestemberg É., Kestemberg J., Decobert S., *La Faim et le Corps*, PUF, 1971.

9. Isnard P., Michel G., Frelut M.L., Vila G., Falissard B. *et al.*, « Binge eating and psychopathology in severely obese adolescents », *Int. J. Eat. Disord.*, 34, 2003, p. 235-243.

10. Si l'obésité à l'âge adulte peut être considérée comme une maladie

chronique, au moment de l'adolescence, si l'adolescent est demandeur, une certaine marge d'évolution existe permettant d'envisager une perte ou au moins une stabilisation du poids avec l'aide conjointe d'un médecin et d'un thérapeute.

11. Winnicott D.W., « La tendance antisociale » (1956), *De la pédiatrie à la psychanalyse*, Payot, 1975, p. 175-185.

12. Fairbairn W.R. D., « La structure endopsychique en fonction des relations d'objet » (1944), *Études psychanalytiques de la personnalité*, Éd. du Monde interne, 1998, p. 88-145.

13. Jeammet P., « Pathologie de la dépendance à l'adolescence », *Méd. et Hyg.*, 50, 1992, p. 320-328 ; *Paradoxe et dépendance à l'adolescence*, Yapaka, 2009.

14. Winnicott D.W., « Concepts actuels du développement de l'adolescent » (1968), *Jeu et réalité*, Gallimard, 1975.

15. Ferenczi S., *Sur les addictions*, Payot, 2008.

16. Anzieu D., *Le Moi-Peau*, Dunod, 1984.

IV.

Aspects thérapeutiques

11.

Le poids des mots

JEAN MALKA ET PHILIPPE DUVERGER

« Je suis né à midi moins le quart ! » Tels furent les premiers mots de Karl en entretien psychothérapique. Cette construction, a posteriori, du signifiant – celui de l'heure de manger – sous lequel s'inscrit ce jeune obèse de 13 ans n'est pas sans rappeler les premiers mots de Gargantua lors de sa venue au monde : « J'ai faim ! » Cette dimension toute rabelaisienne du rapport à la nourriture permet une première saisie de la question de l'obésité, celle d'une oralité qui déborde la question du désir – ne serait-ce que le désir de manquer – pour rejoindre celle de la jouissance, jouissance orale sans limites, imposée au sujet par son corps, à l'insu de sa volonté propre. Jouissance qui déborde au point d'affranchir le sujet de toute responsabilité vis-à-vis d'un symptôme dont le seul levier thérapeutique ne serait alors imputable qu'aux facteurs externes susceptibles d'enrayer le trouble des conduites alimentaires responsables du surpoids. « Facteurs externes » ne signifie d'ailleurs pas nécessairement que ceux-ci soient acceptables pour le sujet obèse. Ces facteurs peuvent en effet être perçus comme persécuteurs, car limitant une jouissance vis-à-vis de laquelle la seule plainte est celle des conséquences en termes de poids. Dans ce cas, la demande n'est pas de s'arrêter de jouir, mais de s'arrêter de grossir… tout en continuant à jouir… Dilemme insurmontable s'il en est !

À l'inverse, ces facteurs externes peuvent être vécus comme une aide précieuse à la limitation de la jouissance en question, mais l'expérience clinique montre bien souvent que cette demande, faite à l'autre, de maigrir s'inscrit alors dans une relation de dépendance à cet autre secourable, dépendance parfois teintée de masochisme… autre écueil, tout aussi dangereux.

Mais dans les deux cas, le point commun est que le sujet s'affranchit du questionnement qui peut l'amener à penser son oralité dévorante en tant que symptôme méritant une élaboration subjective, une quête de sens donc, à travers le travail de la parole. Or qui dit parole, dit narrativité, et implique l'Autre ; tout énoncé visant à se nommer – « je-suis-né-à-midi-moins-le-quart » dans notre exemple – doit s'accrocher à l'Autre pour recevoir un sens : « Que veux-tu dire par là ? » répond-on à ce jeune homme de 13 ans qui vient nous surprendre par ses premiers mots. Répondre par un « air entendu » aurait laissé ce jeune bien seul avec une parole « sans appel », au sens littéral que cette expression revêt.

Cet Autre, pour qu'il s'exprime, implique que le sujet qui parle consente à faire une pause dans les mots de la langue articulée ; autrement dit, à faire une place au silence, propice à l'introspection, propice aussi à l'écoute, à l'effort de traduction, voire à l'interprétation qui permet à la parole de se situer « au-dehors » en révélant des choses inconscientes, en décalant un propos pour en nourrir un autre, en produisant un questionnement, une surprise, parfois un savoir nouveau sur soi, sur son rapport à l'autre… Or les jeunes obèses que nous rencontrons en consultation nous le disent presque tous : « Je mange quand je m'ennuie. » Mais de quel ennui s'agit-il ? Leur réponse est sans équivoque : l'ennui, pour eux, c'est quand la pensée se vide, quand « tout est blanc à l'intérieur », comme dit Sabrina, 15 ans, laissant place à une forme d'angoisse qu'ils traduisent défensivement par le terme d'« ennui ». Ennui qu'ils traitent tout aussi défensivement par le fait de « se remplir » par l'ingestion de nourriture, autrement dit de faire en sorte d'être comblés, à l'instar des mots de la langue articulée dont ils font un usage tantôt parcimonieux à travers un silence qui rend la rencontre impossible, tantôt débordant lors de moments d'excitation sans limites, rendant l'autre spectateur d'une parole « sans appel », une parole qui ne serait donc pas animée du désir de recevoir une réponse.

Voilà ce qui ressort souvent des premières rencontres. L'évolution dépendra ensuite de nombreux facteurs, que nous aborderons plus loin, au premier rang desquels figure la qualité de la relation de soin et de son organisation.

Place de l'oralité dans le développement psychoaffectif de l'enfant et de l'adolescent

Avant de s'intéresser aux rapports qu'entretient l'adolescent avec la nourriture, commençons par étudier le lien du nourrisson avec son environnement par l'intermédiaire de l'oralité.

L'on sait depuis Freud[1] que l'oralité condense les notions de besoin alimentaire, de plaisir autoérotique et de relation à l'objet (initialement maternel), et cela, dès les premiers mois de vie du nourrisson.

Les travaux de K. Abraham[2] et ceux de M. Klein ont ensuite permis de mettre en évidence le rôle de l'oralité dans le processus de différenciation entre le moi et le non-moi, en particulier lors du passage de la succion au fait de mordre, d'incorporer et de détruire l'objet pour en faire sa propre création. Cette expérience à la fois corporelle, subjective et intersubjective apparaît fondamentale dans la mesure où il s'agit de détruire en soi un objet libidinal (un objet d'amour donc) afin de s'en nourrir dans le but de s'autogratifier, et donc de s'investir soi-même. C'est à partir de cette expérience paradoxale que l'accès à l'ambivalence du moi vis-à-vis de l'objet va, selon cette théorie, se développer. Ici, les besoins alimentaires du nourrisson s'intriquent non seulement avec la reconnaissance et donc la différenciation de l'autre et de soi, mais aussi avec la reconnaissance et la différenciation de l'autre en soi.

M. Klein[3], dans le sillage de K. Abraham, a radicalisé les choses en individualisant un moi précoce, clivant les parties gratifiantes de l'objet (procurant plaisir, satiété, etc.) que ce moi s'attribue alors comme siennes des parties non gratifiantes de cet objet (provoquant frustration et déplaisir) qu'il projette alors hors de lui. Ce clivage permet au bébé dans un premier temps de démarquer de manière radicale un intérieur vécu par lui comme « bon » d'un extérieur vécu par lui comme « mauvais », favorisant ainsi la délimitation du moi et du non-moi. Les bonnes expériences sont ainsi attribuées par le bébé à son moi précoce (par introjection) ; les mauvaises expériences, quant à elles, se trouvent projetées vers un monde externe vécu comme mauvais (projection).

J.-B. Pontalis[4] reprend ce mouvement d'introjection-projection en estimant que l'on peut même à l'extrême concevoir tout le fonctionnement de l'inconscient et jusqu'à la constitution de l'individu sur le mode du corps-bouche qui avale et qui vomit, qui détermine les limites du dehors et du dedans. On mesure ici l'importance de la qualité des premières expériences alimentaires dans la constitution du moi et de son fonctionnement.

À ce titre, D.W. Winnicott[5] situe ces premières expériences orales à l'origine des capacités autoérotiques du bébé et donc de sa capacité à rejouer, dans le théâtre de son corps (succion non nutritive, jeux de motricité...), puis dans des jeux plus externalisés, les expériences de plaisir et de déplaisir, inéluctablement associées à ce qui est « avalé » (c'est-à-dire incorporé par la bouche puis introjecté dans la psyché) et ce qui est « vomi » (c'est-à-dire rejeté du corps puis projeté hors du moi). Ne dit-on pas, à propos de l'expérience de la colère, qu'elle nous met « hors de nous » ? Mais, pour que l'espace transitionnel – c'est-à-dire une aire de jeu – s'ouvre à l'enfant, il faut, en premier lieu, que la mère réussisse à lui donner l'illusion que son sein et que ses soins font un peu partie de lui et pas exclusivement d'elle. Cette capacité maternelle à illusionner son bébé se trouve ainsi au cœur du développement de l'axe autoérotisme-narcissisme primaire. La tâche de cette même mère consistera ensuite à désillusionner ce même bébé, progressivement, afin de le laisser peu à peu trouver lui-même, à travers le jeu (dont la fonction est de mettre en scène l'alternance des bonnes et des mauvaises expériences), l'espace d'illusion qu'il choisira de se créer pour lui-même, et plus tard de partager avec l'autre, notamment dans la sexualité. Pour Winnicott, c'est donc bien parce que le processus illusion-désillusionnement s'est déroulé de manière satisfaisante que le sevrage réel de la mère peut s'effectuer sans difficulté.

Le nourrisson est ainsi tout d'abord très dépendant de son environnement, qui, de ce fait, joue un rôle fondamental dans la constitution de son appareil psychique. Celui-ci se construit en particulier à travers la manière dont ledit environnement lui présente le monde extérieur, mais aussi lui traduit ce qu'il entrevoit de son monde interne, et en particulier le couple plaisir-déplaisir. La « préoccupation maternelle primaire », chère à Winnicott, apparaît à cet égard comme la matrice fondatrice à partir de laquelle le petit d'homme organisera les premiers liens sémiotiques entre le perçu et le symbolisé.

Si l'oralité est si importante à cet âge, c'est bien parce que sa place excède, et de loin, la simple fonction de nourrissage, pour intéresser notamment toute la sphère relationnelle et organiser les premiers liens libidinaux de l'enfant : liens objectaux (libido d'objet), mais aussi liens narcissiques (libido narcissique). De nombreux apports théoriques nous aident ainsi à mieux saisir le rapport qu'entretient l'oralité avec le développement psychoaffectif de l'enfant en faisant véritablement figure de pierre angulaire entre le corps et l'environnement par l'intermédiaire du couple plaisir (gratification)-déplaisir (manque), consubstantiel du couple réplétion-vacuité de la cavité gastrique. Et si le couple vacuité-réplétion appartient au domaine du corps propre, le couple plaisir-déplaisir s'enracine indiscutablement dans les premiers liens libidinaux entre la mère et son bébé, organisant en particulier tout l'axe amour-haine qui présidera à la mise en place de la « position dépressive » (M. Klein) et, plus tard, de la culpabilité œdipienne, autrement dit, à l'accès aux processus secondaires et donc à l'entrée de l'enfant dans le lien social en tant qu'aménagement nécessaire de la vie pulsionnelle, aménagement dont on connaît, depuis S. Freud[6], le caractère inconditionnel.

Ainsi, l'enfant se constitue et s'organise en fonction de sa capacité d'adaptation à l'environnement et aux nouvelles situations. L'adolescence, du fait des remaniements de la vie pulsionnelle qu'elle induit, vient convoquer à nouveau toutes ces notions de plaisir-déplaisir, gratification-manque, amour-haine, etc., mais cette fois à partir de la sexualité génitale qui s'origine dans la sexuation du corps, définitivement féminin ou masculin et donc définitivement « incomplet ». Cette incomplétude préside ainsi à toute vie humaine, et introduit la question du désir sexuel en tant qu'articulée au manque autant qu'en tant qu'instituant l'ordre des générations et donc un rapport nouveau à la mort. Libido d'objet (relation à l'autre) et libido narcissique (relation à soi) se trouvent ainsi intimement liées par le fait que l'autre apparaît, aux yeux de l'adolescent, comme seul capable de combler l'épreuve du manque, jusque dans le corps propre, à travers la relation sexuelle. Et lorsque l'autre se dérobe, c'est tout le corps qui risque de se dérober. Les tentatives de suicide et autres mises en jeu violentes du corps n'y sont certainement pas étrangères...

À cette menace non seulement de perte, mais, plus encore, de dérobement et donc de trahison, plusieurs moyens de lutte s'offrent aux adolescents, parfois structurants, mais aussi parfois pathologiques, en particulier lorsqu'ils font appel à des ressources archaïques – celles du bébé précisément – risquant de se fixer, notamment autour de l'oralité et des fantasmes d'incorporation qu'elle convoque, ouvrant alors la voie, sur le plan comportemental, à tout le champ des troubles des conduites alimentaires, dont l'hyperphagie et l'obésité.

À l'adolescence, ce recours à l'oralité archaïque, ainsi décrite, s'origine toutefois dans un lien intersubjectif précoce dans lequel la place faite à la jouissance du corps se révèle souvent sans limites. Et cette absence de limites n'est pas sans prolongement au sein même d'une organisation familiale où il y a fréquemment confusion des sexes et des générations, autrement dit, où la question sexuelle en tant qu'organisatrice des liens sociaux apparaît réellement ou fantasmatiquement éludée.

C'est donc au moment – celui de l'adolescence – où se trouvent convoquées toutes ces questions qui ont trait à la différenciation, à la séparation, à l'incomplétude, au manque et donc au désir, ainsi qu'à l'ordre des générations, que la vie affective se trouve chez certains à ce point menacée que le recours à un néo-objet primaire, ersatz de substitut maternel corvéable à merci (ici l'alimentation), s'avère être le seul pour survivre, mais au prix d'un enfermement addictif qui laisse peu de place à la parole : « On ne parle pas la bouche pleine ! »...

À cet égard, l'adolescent obèse a ainsi souvent beaucoup de mal à exprimer initialement ce qu'il ressent, et préfère alors se replier, fuyant les situations menaçantes, parfois même le seul regard d'autrui, faisant ainsi en sorte qu'on ne lui demande rien. Aux difficultés communicationnelles propres au processus adolescent lui-même s'ajoutent alors celles d'un corps et d'un comportement – ici alimentaire – qui mettent à distance l'autre en tant qu'interlocuteur, et empêchent ainsi tout commerce.

Rapport de l'adolescent à l'objet oral dans nos sociétés de consommation

Le processus dynamique consistant en un ajustement à la fois permanent et toujours fragile entre notre capacité d'illusion et le nécessaire désillusionnement que le principe de réalité nous impose apparaît aujourd'hui malmené par nos sociétés modernes, en ce que ces sociétés fondent leur raison d'être sur la notion de longévité, de confort, de bien-être, c'est-à-dire sur tout ce qui viserait à convaincre que l'Idéal est à venir.

La « désinscription » de l'impossible – désinscription qui va d'ailleurs jusqu'au cœur de la démarche scientifique elle-même – marque aujourd'hui notre vie sociale en laissant croire que tout est devenu possible, que rien n'est impossible.

Dans cette mouvance, l'objet de consommation est présenté comme possédant le pouvoir de gommer cette irréductible indisponibilité, cette irréductible insatisfaction, ce manque inhérent à toute vie humaine, laissant nombre d'entre nous croire à une possible pleine satisfaction, que l'on pourrait qualifier de « satisfaction orale » en tant que lieu de retrouvailles avec l'illusion nirvanique de toute-puissance infantile développée plus haut.

L'expression « on ne parle pas la bouche pleine » se situe bien sûr dans le registre du savoir-vivre. Mais une autre lecture peut en être faite : ne pas parler la bouche pleine signifie aussi que la pleine satisfaction orale barre le chemin de la parole. Une parole, un langage, à comprendre non seulement comme un lieu de communication, mais aussi comme le lieu d'expression du manque (puisque le mot n'équivaut jamais à la chose désignée par ce mot ; le mot n'est pas la chose qu'il désigne), ainsi que comme le lieu de l'équivoque, du malentendu, de l'inadéquation entre signifiant et signifié, entre le désir inconscient et le besoin exprimé, entre ce que l'un dit et ce que l'autre comprend... Cette irréductible inadéquation du langage devrait être le terreau d'une créativité humaine consistant à sans cesse inventer, au bord des failles du langage, des réponses propres à chacun, des réponses subjectives que chacun tente de partager à travers le lien social qui, lui, est fait de codes arbitraires, symboliques, évitant que l'inévitable malentendu du langage ne génère trop de violence, trop de rejet des uns vis-à-vis des autres.

Le lien de tout cela avec le processus d'adolescence est que tout processus de subjectivation ne peut se faire sans un mouvement dit de « séparation-individuation » qui procède de la capacité du sujet adolescent à créer, à inventer ses propres réponses, mais toujours dans le lien social, quitte à ce que ce lien prenne la forme de la provocation, de la transgression, de la révolte, de l'originalité, etc.

Ce mouvement de séparation-individuation dépend donc d'une part de la capacité de l'adolescent à créer, à inventer ses réponses, et d'autre part de sa capacité à maintenir du lien à l'autre, et par là même de la capacité de l'autre (parents, fratrie, pairs, enseignants, éducateurs, soignants...) à maintenir du lien envers lui.

Tout refus du sujet lui-même ou de son environnement d'autoriser ce mouvement de séparation-individuation, en érigeant en loi le fait de n'accepter aucune inadéquation entre désir et satisfaction, viserait ainsi à combler tout manque à travers une oralité aussi nourrissante pour le corps que dévorante pour le sujet.

L'observation clinique nous montre bien à quel point les troubles des conduites alimentaires, qu'ils soient restrictifs ou non, viennent combler le sujet d'un objet – la nourriture – ou de son absence (addiction sans produit, ou addiction « en creux ») visant à gommer tout ce qui pourrait faire conflit et donc rupture, faille. Cette « aconflictualité » se retrouve cliniquement tant à l'échelle individuelle (absence de plainte, pauvreté de la mentalisation) que familiale (problématique de dépendance interpersonnelle, fonctionnement de type clanique, etc.) et substitue bien souvent à l'incomplétude, à l'altérité, à l'ordre des générations, l'illusion, parfois autarcique, parfois symbiotique, mais toujours toute-puissante, dont les troubles des conduites alimentaires apparaîtraient, selon cette approche, comme un symptôme non mentalisé.

Psychogenèse de l'obésité

M. Soulé[7] souligne que toute difficulté ressentie par le nourrisson (frustration trop longue, non-adéquation des soins maternels...) peut éventuellement se traduire par une intense activité orale susceptible de se fixer et de devenir, chez l'enfant plus grand, un véritable mode de régulation des tensions internes, sous la forme d'une régression à l'époque satisfaisante où la prise d'aliments réduisait toute tension ou toute angoisse.

Dans cette optique, l'on perçoit que tout conflit psychique puisse induire d'intenses mouvements régressifs au stade oral du développement face au danger qu'impliquent certains événements (d'ordre œdipien, surmoïque, etc.), et ce d'autant plus que les satisfactions orales représentent le prototype de la jouissance la moins génératrice de conflits, voire la jouissance par laquelle l'enfant imagine, en outre, satisfaire sa mère[8].

Dans cette perspective dynamique, d'autres auteurs se sont penchés sur l'obésité en tant que réalisation inconsciente d'un « idéal hermaphrodite » évitant à l'enfant de se confronter trop directement à une sexuation qui l'engagerait inéluctablement dans un commerce avec l'autre sexué, en l'occurrence ses pairs.

Dans le même registre, celui de l'indifférenciation, Hilde Bruch[9] a formulé, à propos de l'obésité, l'hypothèse de la « confusion des affects » : il existerait chez l'enfant une confusion entre ses besoins affectifs et ses besoins nutritionnels, du fait d'une difficulté du lien entre le parent nourricier et son bébé ; la mère (au sens du référent maternel) répondrait à toute manifestation du bébé par la présentation de nourriture, dans le but inconscient d'éviter des moments relationnels trop menaçants pour elle. Dans cette hypothèse, le besoin de nourriture, initialement sous-tendu par les pulsions d'autoconservation, vient en lieu et place du désir, en principe peu à peu convoqué par la libidinisation progressive du lien mère-bébé. L'une des conséquences serait une difficulté, de la part du bébé, à intérioriser un objet maternel suffisamment bon, propice à une activité autoérotique (succion non nutritive, investissement du corps, vie onirique, etc.) d'une qualité suffisante à l'investissement secondaire de sa propre activité de penser.

Dans cette perspective, la part autoérotique de la fonction nutritive deviendrait qualitativement insuffisante au cours du développement psychoaffectif des sujets en proie à ces phénomènes addictifs, notamment alimentaires. Se nourrir reviendrait ainsi chez eux à « se remplir ». Il faudrait ainsi « se remplir » sans cesse, c'est-à-dire faire en sorte de ne jamais avoir à éprouver le moindre manque, du fait d'une capacité insuffisante à rejouer fantasmatiquement de manière gratifiante (fonction de restauration du jeu) des événements de la réalité externe susceptibles d'avoir blessé le narcissisme du sujet qui les a vécus.

H. Bruch considère qu'à l'origine des troubles de l'alimentation se trouve donc une inadaptation fondamentale de la sensation de faim, allant en général de pair avec d'autres perturbations fonctionnelles, qui toutes témoignent d'un conditionnement défectueux remontant aux premières années de la vie. Il s'agit donc d'une déficience fonctionnelle du besoin de manger. De cette « déficience fonctionnelle » résulte un phénomène de facilitation des prises alimentaires en réponse à des émotions négatives (anxiété, stress, tension psychique, sensation de vide, etc.).

L'obésité deviendrait, dans toutes ces situations, le symptôme par lequel l'enfant non seulement révèle les avatars de son développement psychoaffectif, mais également tente, plus ou moins consciemment, de se protéger d'un excès d'excitation, que celui-ci provienne de lui-même (angoisses, sentiment d'insécurité interne) ou de l'extérieur (sollicitations interpersonnelles plus ou moins bienveillantes). Un véritable cercle vicieux peut ainsi s'amorcer, faible estime de soi et crainte de l'autre alimentant tous deux le recours à l'oralité, alimentant à son tour à la fois la faiblesse de l'estime de soi et le maintien de l'autre hors de portée. Cette valeur défensive du « symptôme obésité » se révèle en particulier à partir de la période de latence, normalement dévolue à la découverte du monde social, du commerce avec celui-ci, ainsi que du renforcement positif du narcissisme que ce commerce induit.

Enfin, des auteurs comme S. Missonnier et N. Boige[10] estiment que, tout comme l'enfant impose ses repères à l'adulte qu'il va devenir, le fœtus fait de même avec le nouveau-né qui lui succède. Pour ces auteurs, en effet, la relation orale commémore et met en équilibre la toute-puissance fœtale d'une succion sans limites, non liée au nourrissage et, par conséquent, à la butée de la réplétion. C'est ainsi que, pour le bébé, l'alternance vacuité-réplétion apparaît au départ comme une expérience inédite qu'il va devoir partager avec l'adulte qui le nourrit. Cet état de fait remet ainsi au centre de la réflexion les interactions alimentaires précoces, en tant qu'elles permettent ou non au nourrisson de s'approprier ses propres sensations intracorporelles (faim, soif, satiété, réplétion) et donc son propre sentiment d'exister.

La période pubertaire, en tant qu'elle vient convoquer à nouveau, sous le primat de la génitalité cette fois, la manière de traiter tout élan pulsionnel, apparaît comme une période clé quant à la manière dont le sujet va parvenir – ou non – à vivre psychiquement, mais aussi socialement, l'irréductible écart entre l'orage pulsionnel qui l'assaille et l'insatisfaction à laquelle il va devoir se confronter dans la découverte de sa propre incomplétude et de sa division. Découverte parfois à l'origine d'un vécu de perte narcissique contre lequel le jeune va lutter à travers une oralité visant à combler toute faille, source de rupture du sentiment d'exister, dont l'angoisse insupportable est la manifestation.

Enjeux psychologiques de la prise en charge médicochirurgicale des adolescents obèses

La prise en charge des adolescents obèses doit être habitée par l'idée que l'obésité est à considérer pour partie comme le symptôme d'une difficulté existentielle sous-jacente, c'est-à-dire comme une modalité de réponse du patient à une souffrance psychique sous-jacente, notamment à travers ses conduites alimentaires. Pour lui, accepter de « lâcher » ce symptôme est, dans ces conditions, étroitement consubstantiel du fait d'avoir en sa possession des ressources psychiques suffisamment solides pour tisser autrement les rapports du soi à son environnement.

Aucune prise en charge médicochirurgicale, si pertinente soit-elle, ne peut donc faire l'économie de l'obésité en tant qu'expression symptomatique d'une souffrance psychique ou d'une problématique particulière.

Concernant plus particulièrement l'adolescent obèse, il importe d'insister sur le fait que le corps est évidemment au cœur du problème, lieu à la fois de surexposition et d'enfouissement des différentes difficultés rencontrées. Le corps obèse est en effet à considérer sur un double versant : il surexpose le patient au regard, en même temps qu'il l'en protège, en enfouissant, au propre comme au figuré, l'intimité du sujet. Le jeune obèse peut donc ainsi se retrouver paradoxalement à la fois surexposé et enfermé. Le travail psychothérapique vise notamment à l'aider à se déprendre de cette double contrainte, source de soumission passive à la fois au regard de l'autre et à sa propre tyrannie.

Lorsqu'un jeune évoque les moqueries dont il se dit être l'objet du fait de son obésité, l'expérience clinique montre qu'il ne s'interroge, au départ du moins, qu'exceptionnellement sur la raison pour laquelle celui ou celle qui lui fait si violemment face puisse ne serait-ce que s'autoriser cette violence-là. Autrement dit, qu'est-ce que cette violence vient interroger de la position subjective du jeune obèse ? Position dont on pourrait émettre l'hypothèse qu'elle s'étaie sur une posture masochique à l'égard d'un agresseur vécu par lui comme tout-puissant, et vis-à-vis duquel le jeune ne pourrait répondre qu'en se maltraitant.

C'est de ce miroir que nous pourrions nous inspirer pour réévoquer la notion de stade du miroir développée par J. Lacan[11]. On sait que le premier temps consiste, pour l'enfant de moins de 6 mois, en la découverte, devant le miroir, d'une image dite « orthopédique », qui est celle d'une forme humaine identique à celles qu'il voit autour lui, et qui représente l'orthopédie d'une enveloppe formelle, le corps. Image devant laquelle l'enfant jubile du fait que cette enveloppe devient pour lui un contenant qu'il relie aux autres contenants, aux autres corps humains qui gravitent autour de lui. Ce premier temps du stade du miroir est donc un temps imaginaire, c'est-à-dire relié à l'image du corps qui se réfléchit dans le miroir.

Le deuxième temps est, lui, relié au symbolique par la mère (« grand-Autre maternel ») qui nomme l'enfant. « C'est toi », lui dit-elle, proposant là à l'enfant un signifiant maître qui est sa manière à elle – la mère – de nommer son enfant, l'accrochant au registre du langage (et non de l'image) et donc, par là même, au registre du symbolique.

Par cette opération du passage de l'imaginaire (image) au symbolique (langage), le moi de l'enfant se trouve ainsi aliéné à un autre. Mais, si le langage (le « grand Autre du langage ») qui nomme l'enfant d'une certaine manière le dépasse, celle (la mère, devenue un « petit autre ») qui en est le vecteur va devenir celle avec laquelle un commerce va pouvoir s'établir.

Ce « petit autre » qui impose son discours, ses règles à l'enfant, va devenir source d'agressivité, de haine, que l'on retrouve très bien dans le discours des tout-petits à travers ce que l'on appelle le transitivisme, qui consiste à prêter à l'autre les sentiments haineux en question : « Il m'a traité ! » disent les tout-petits dans les cours dites de récréation, où l'on reconstruit un scénario qui tient souvent effectivement davantage de la projection de sa propre haine sur l'autre que l'inverse… Ne pas pouvoir se déprendre de l'autre est en effet insupportable, et les tout-petits (mais aussi les plus grands parfois !) se chargent de nous le montrer quotidiennement !

Le dernier temps consiste en un dépassement du temps précédent, et est relié au fait de parvenir à apprivoiser l'autre, à lui plaire, et donc à parvenir à entrer dans un processus empathique envers cet autre-là, qui devient alors un alter ego. Et donc un autre auquel on va enfin pouvoir s'identifier. Ce processus d'humanisation consiste donc à intégrer psychiquement l'autre, mais aussi la part de l'autre en soi-même, et non à rejeter cet autre et cette part de l'autre en soi.

Ces différentes étapes nous montrent à quel point chaque transition est importante, et en particulier celle du « grand Autre » tout-puissant vers le « petit autre » vis-à-vis duquel des identifications réciproques peuvent naître, donnant aux mots une valeur d'échange, et, osons le mot, de nourriture, précisément.

Toute situation générant un « raté » dans cette transition serait alors susceptible d'entraver ces processus d'identification et d'induire, de manière défensive, la tentation d'une régression vers une oralité gratifiante, sans limites, visant à protéger le narcissisme de l'intrusion, de la soumission, de l'abandon aussi.

Selon cette approche, ce ne sont donc pas tant les processus de mentalisation des affects qui feraient défaut, mais une incapacité du sujet à supposer à l'autre la capacité de le rejoindre. En retour, ce défaut de supposition pourrait induire, de la part de l'autre cette fois, le sentiment de pouvoir tout se permettre faute de retour possible de ce que son agression pourrait induire. C'est bien là tout le problème d'une posture sadique qui ne serait rien sans la posture masochique qui lui correspond, et inversement…

Aborder médicalement l'obésité d'un adolescent implique donc que l'on ait parfaitement conscience que l'on ne touche pas là à un simple corps matériel et à la « simple » question du surpoids ou de la masse graisseuse, mais à celle de l'intégrité de l'intimité et de l'identité, c'est-à-dire aux fondements narcissiques de l'individu.

« Traiter » l'obésité d'un adolescent, c'est donc d'abord s'intéresser à la manière de le traiter lui, dans son ensemble, son corps obèse n'étant pas « de trop » mais faisant partie intégrante d'un tout – soma-psyché – absolument indissociable, au sein duquel il s'agit de redonner « du poids aux mots », c'est-à-dire une valeur transactionnelle et non uniquement la valeur illusoire de l'autosuffisance propre à tout discours projectif dans lequel l'autre ne serait qu'agresseur.

Il résulte de tout cela qu'une injonction de soin sous-tendue par le fantasme de régler la question de l'obésité par un discours médical normatif reflétera toujours notre incapacité à comprendre les enjeux identitaires sous-jacents, et exposera au risque d'aggraver le problème. À l'inverse, notre capacité à intégrer ce « symptôme obésité » dans une histoire et dans une problématique spécifique apparaît comme le préalable indispensable à toute démarche médicale, voire chirurgicale, efficace.

De quelques histoires cliniques

Se « dérober », « s'enrober »

Virginie, jeune fille de bientôt 17 ans, souffre d'une obésité morbide. La demande d'anneau gastrique s'avère sous-tendue par la demande inconsciente de faire bel et bien disparaître l'ensemble de son corps. Les « kilos de trop » révèlent fantasmatiquement un « corps de trop », au point qu'elle en arrive à se bander les yeux pour ne plus croiser son reflet dans le miroir, le matin, lors de la toilette.

L'approche psychothérapique est complexe, d'abord vécue comme intrusive, comme l'est au départ tout regard porté sur elle, au point qu'une décision de scolarisation par correspondance est décidée, protégeant Virginie de ce qu'elle décrit comme un véritable envahissement. Mais la vie familiale la rattrape vite, son frère cadet invitant ses petites amies vis-à-vis desquelles Virginie entretient une haine rivale sans pareille. Parallèlement, Virginie découvre le petit ami – qu'elle apprécie en revanche – de sa sœur aînée et aimée, et se surprend à s'éprouver femme (particulièrement insatisfaite et complexée, certes) par le jeu des identifications que cette sœur ne manque pas de saisir en l'incitant à sortir avec elle, « entre filles », ce que Virginie refuse toutefois.

Un petit neveu naît de l'union de son frère aîné avec sa petite amie. Une question se pose alors : comment aimer cet enfant dont elle dit détester les parents ? « Comment peut-on aimer un bébé ? » nous demande-t-elle avec insistance. Ce propos n'est pas sans résonance avec la question de son abandon et de son adoption, à l'âge de 6 semaines, au Chili.

Des cours de conduite sont mis en œuvre à sa demande. Elle y rencontre deux moniteurs, « l'un vieux, l'autre jeune », dont elle supporte tant bien que mal la proximité dans la voiture, et sur lesquels elle semble transférer de nombreux élans, permettant aux questions amoureuses et filiales de continuer de se tisser entre elles.

La féminité de Virginie s'affirme alors jusque dans sa coiffure et ses tenues, visant non plus à liquider le corps dont elle exhibe initialement le handicap à travers le port de béquilles sur lesquelles elle s'appuie lourdement, mais à le dissimuler sous de longues robes noires – d'ailleurs préfigurées par le voile qu'elle pose sur la porte à demi vitrée de sa chambre d'hôpital lors du bilan préchirurgical.

Le travail se poursuit actuellement avec beaucoup d'assiduité. Virginie, chez qui un geste chirurgical a finalement été réalisé, perd du poids, mais continue d'investir psychiquement les enveloppes charnelles qui la constituent. Cet investissement se traduit notamment par le fait qu'elle avoue « craquer » de temps en temps pour certains aliments. Elle peut dire pour la première fois « être gourmande ». Elle passe ainsi du bandage initial des yeux – équivalent d'une véritable liquidation de son corps – à la dissimulation progressive de ce même corps vis-à-vis du regard de l'autre, érotisant progressivement son langage, relançant par là toute la chaîne associative autour de la construction de son identité féminine.

Mots (maux ?) croisés

Autre exemple, celui de Sandrine, âgée de 16 ans, en surcharge pondérale majeure, qui répond à la question « Comment allez-vous ? » par un « Bof » dubitatif. Nous vient alors à l'idée d'écrire sur une feuille blanche ce « bof » dans l'idée de proposer à Sandrine un petit jeu de mots croisés à la manière d'un Scrabble. C'est alors que Sandrine, jusque-là particulièrement mutique, se surprend elle-même à se prêter au jeu des mots, mots adossés aux nôtres donc, dans une sorte de dialogue et donc de partage silencieux de représentations rendues manifestement d'autant plus psychiquement acceptables pour elle que le silence était absolu. C'est ainsi que les mots « jugement », « grosse », « rumeur », « dégoût », « maussade », « asociale », « pathétique », « risible », « vache », mais aussi « sauvage », « sociable », « orientation », « obscurité » ont pu naître du croisement avec nos propres mots, issus de notre propre activité de rêverie au contact de cette jeune qui, à notre surprise, se montre capable de se saisir d'un moment de plaisir partagé et donc non menaçant pour elle.

Des mots insensés

Autre exemple, celui d'Adèle, 17 ans, jeune fille obèse qui nous rapporte avoir « séché » sur l'énoncé d'une dissertation dans le cadre d'un « bac pro vente ». Elle ne peut nous livrer le contenu de l'énoncé tant il a été énigmatique pour elle (bien que son intelligence soit à l'évidence tout à fait normale) en raison de mots qu'elle ne comprenait pas. Nous lui posons alors la question de savoir si elle avait eu la curiosité d'en chercher ensuite le sens. La réponse d'Adèle est édifiante : elle n'en avait pas même eu l'idée. La blessure de n'avoir pu correctement traiter la question posée du fait d'une carence de sens n'avait pu produire en elle cette démarche aussi nécessaire que salvatrice consistant à aller chercher, hors d'elle, le sens caché des mots.

Une poupée russe

Nous rencontrons Katel, une jeune fille de 16 ans, toute ronde et par ailleurs très joliment maquillée, dans le cadre d'une demande de chirurgie bariatrique de sa part, « pour perdre du poids », dit-elle, afin de « ne pas devenir comme toutes [ses] tantes » de la lignée paternelle, celles-ci souffrant, à l'instar de la grand-mère et de l'arrière-grand-mère paternelle, de graves complications de leur obésité.

Katel décrit une famille du voyage sédentarisée, au fonctionnement clanique, où toute « pièce rapportée » de sexe masculin (ce sont ses mots) doit s'intégrer en renonçant à la liberté de s'éloigner sous peine d'en être exclu. L'ensemble des membres de la famille se rencontre ainsi quasi quotidiennement chez les uns ou les autres, la plupart ne travaillant pas, du fait notamment du refus de s'éloigner.

Nous apprenons au fil des entretiens que l'arrière-grand-père de Katel aurait été définitivement et brutalement chassé de la famille pour avoir trompé son épouse. « Pour nous, il n'est rien », dit-elle. Katel, comme les autres femmes de la lignée paternelle, apparaît ainsi dépositaire d'un « mandat transgénérationnel », au sens de Lebovici, consistant à nier le tiers paternel, entretenant le fantasme d'un autoengendrement, par la mise hors jeu de la place symbolique des... gendres précisément. Chaque femme, dans cette famille, semble donc porter au fond d'elle, tel un emboîtement de poupées russes, l'histoire adultère d'une ancêtre inconnue de Katel, justifiant aux yeux de tous, encore aujourd'hui, un fonctionnement clanique rendant toute séparation-individuation menaçante, car réactivant la menace de trahison inaugurale.

L'intime à l'épreuve de la transparence

Voici, en quelques mots, le rêve que nous relate Sophie, jeune fille obèse de 16 ans : « Je suis au lycée et je suis invisible. Je me retrouve dans un enfer. Ils pourraient me piétiner, ils le feraient. Ils ne m'entendent pas, ils ne me voient pas, ils ne parlent jamais de moi, comme si je n'existais pas. Moi je les vois. Et puis, je me réveille ! » Sophie ajoute : « Ça doit venir du fait que j'ai trois copines mauvaises. J'ai peur qu'elles retournent tout le monde contre moi. Elles savent tout de moi. J'ai appris à me taire. »

L'intime suppose paradoxalement « un autre », mais un autre intériorisé de manière bienveillante, contenante ; un « bon objet » au sens des auteurs postkleiniens, un objet en tout cas doué de la propriété de permettre de s'en saisir pour soutenir son narcissisme ; un objet autre donc, permettant d'étayer les relations d'objet sur un narcissisme primaire suffisamment solide, construit à partir des premiers liens libidinaux.

Ce que semble nous apprendre Sophie, c'est que, pour elle, se taire ne servirait qu'à se protéger de l'autre, de manière symétrique au fait qu'être absente renverrait à l'idée de ne pas exister. Dans son rêve, Sophie condense et déplace ces deux problématiques contradictoires, faisant émerger une question fondamentale : qu'est-ce que l'intimité ? Question à laquelle elle ne peut répondre sans l'effroi, d'un côté, de se sentir lâchée, précipitée dans le vide de l'inexistence en l'absence de l'intrusion d'un regard « qui saurait tout d'elle », et, de l'autre, de se sentir piétinée pour retrouver la sensation charnelle de ce corps perdu, faute de regard porté sur elle.

Se taire renverrait ainsi à l'expérience d'un vide et non d'un silence propice à l'intime de l'introspection. La transparence – le fait d'être invisible – renverrait quant à elle à l'expérience de l'inexistence et non à celle de l'absence propice à l'intime de l'intériorisation.

Au contraire, Sophie se trouve confrontée à l'absence de choix entre exister en tant qu'« objet de l'autre » ou « ne pas exister du tout », en annulant sa corporéité à travers l'annulation du miroir permettant de se voir et d'être vue.

Approches thérapeutiques : l'expérience angevine

Il s'agit d'une approche originale, née en 2007, au CHU d'Angers, d'une longue histoire antérieure de collaboration entre pédiatres endocrinologues, chirurgiens pédiatres viscéraux, diététiciens, assistantes sociales et pédopsychiatres de liaison, auxquels sont venus plus récemment prêter main-forte des médecins de réadaptation fonctionnelle depuis l'ouverture, en 2009, d'un centre de réadaptation fonctionnelle pédiatrique adossé au CHU. Si l'initiative en revient aux chirurgiens, aux endocrinologues pédiatres, aux pédopsychiatres de liaison, les autres collègues ont rapidement été impliqués dans la réflexion[12].

C'est de cette synergie à la fois géographique, temporelle et professionnelle qu'est née l'idée d'un réseau – qui est en fait plus proche d'une équipe pluridisciplinaire – baptisé « réseau obésité », autour du sujet central de l'obésité morbide de l'adolescent. La construction de ce projet, imaginée à partir du constat de l'inflation de demandes de soins dans ce domaine, s'est articulée autour de deux axes principaux.

Le premier consiste en une approche catégorielle de l'obésité morbide, qui repose sur sa définition, l'évaluation précise de ses comorbidités, son éventuel rattachement à une pathologie organique – génétique ou non –, son pronostic, etc.

Le second consiste en une approche dimensionnelle visant à évaluer de manière beaucoup plus subjective et singulière les aspects psychogénétiques individuels et familiaux, de même que les aspects socioculturels de telles obésités, ainsi que leurs conséquences sur la qualité de vie (évaluée notamment par certaines échelles construites sous la forme d'autoquestionnaires), la scolarité, la vie sociale et familiale, mais aussi sur la construction identitaire et psychosexuelle de chaque sujet.

Ce projet a fait l'objet d'une rédaction détaillée et a été soumis au comité d'éthique du CHU, qui l'a validé – notamment les indications de chirurgie bariatrique[13] chez les grands adolescents. Il s'agit d'une première en France puisque la chirurgie bariatrique n'est pas validée par la Haute Autorité de santé, en 2009, chez les jeunes de moins de 18 ans.

L'anneau gastrique a été choisi comme la meilleure option chirurgicale, en raison de sa morbidité moindre, de sa réversibilité, et du caractère participatif qu'il réclame du jeune, ainsi maintenu en position d'acteur de son régime alimentaire. L'anneau une fois posé permet en quelque sorte de réduire artificiellement la lumière gastrique et induit une sensation de réplétion plus rapide, limitant du même coup la sensation de faim et donc la prise alimentaire. Les contre-indications de ce geste chirurgical peuvent être de nature médicale, chirurgicale, mais aussi psychiatriques ou cognitives dans la mesure où une intervention de cette nature implique un jugement éclairé ainsi que la capacité du jeune à s'inscrire dans un projet de soins au long cours.

Protocole et suivi multidisciplinaire sont donc définis. L'entrée d'un jeune dans le réseau se fait à sa demande, et est systématiquement contractualisée avec lui et ses parents, selon un cadre de soin bien défini, mêlant consultations pédiatriques, chirurgicales, diététiques, et pédopsychiatriques régulières, auxquelles il faut ajouter un temps d'hospitalisation complète systématique d'une dizaine de jours en pédiatrie et un temps facultatif de séjour au centre de réadaptation fonctionnelle.

Le séjour hospitalier, au sein d'un service d'adolescents fonctionnant au quotidien sur un mode institutionnalisé (réunions de synthèse, groupes de paroles, art-thérapie, temps scolaires y sont notamment proposés), est programmé au début de la prise en charge, d'une part afin de réaliser l'ensemble des examens complémentaires nécessaires à l'évaluation de l'obésité, de ses répercussions sur le plan somatique, de la faisabilité d'une éventuelle chirurgie bariatrique, et d'autre part afin de faire plus ample connaissance avec le jeune, au quotidien, à travers la rencontre avec les soignants du service et les autres jeunes hospitalisés. C'est enfin l'occasion d'évaluer sa capacité à se séparer de son environnement habituel, souvent problématique chez le jeune obèse.

Le temps facultatif de séjour au centre de réadaptation fonctionnelle, dans le but d'amorcer une perte de poids dans des conditions de séparation et d'étayage suffisantes, est beaucoup plus long – trois mois environ. Ce centre, composé de professionnels faisant par ailleurs partie du « réseau obésité », s'est, pour cela, doté d'une organisation qui, elle aussi, s'institutionnalise peu à peu autour d'une prise en charge globale, à la fois pédiatrique, psychomotrice, psychosociale et psychologique. Au sein de cette structure ont été mis en place plusieurs types d'activités à médiation corporelle telles des activités sportives, des approches psychomotrices individuelles, des groupes de parole, des activités en ateliers d'éducation thérapeutique diététique.

Cette prise en charge s'inscrit nécessairement dans la durée. Elle se fonde sur une relation de confiance matérialisée par la signature d'un contrat de soin entre le jeune, ses parents et les soignants. Le contrat ainsi accepté, de manière bilatérale, fait fonction de cadre au sein duquel les soins se déroulent, selon un rythme et des modalités de consultation et d'hospitalisation adaptés à chaque jeune. Ce qui apparaît constant, en revanche, est que chaque jeune rencontre régulièrement le pédiatre, la diététicienne, le chirurgien et le pédopsychiatre (ou psychologue) de liaison attaché au réseau.

L'ensemble des membres du réseau se réunit une fois par mois, dans le double but d'assurer et de maintenir cohésion et cohérence de l'organisation des soins, et de passer en revue la situation de jeunes qui le nécessitent.

À l'issue de plusieurs mois (six au minimum), certaines décisions thérapeutiques sont susceptibles d'être prises, notamment sur le plan chirurgical. Ce projet chirurgical a fait l'objet d'un long travail de formation, à la fois pratique et théorique, des chirurgiens, et de concertation au sein du réseau, autour de la pertinence clinique d'un tel geste et des aspects éthiques qu'il convoque forcément.

Place et regard du pédopsychiatre de liaison au sein du réseau

Au sein du réseau de professionnels

L'équipe de pédopsychiatrie de liaison est impliquée à chaque étape de l'élaboration du projet pluridisciplinaire depuis la mise en place du réseau. Son rôle est de participer activement aux propositions de soins et d'organisation, y compris en dehors des aspects psychiques à proprement parler, tout en occupant une place de tiers susceptible de proposer un discours qui ne soit pas uniquement centré sur la perte de poids mais également sur l'obésité en tant que sous-tendue par des troubles alimentaires symptomatiques d'une problématique intrasubjective (dimension conflictuelle individuelle) et intersubjective (dimension dynamique, en particulier familiale).

Il s'agit, pour le pédopsychiatre, de ne jamais être polémique, mais au contraire de prendre appui sur une préoccupation médicale parfaitement légitime – celle de l'obésité morbide, en l'occurrence – pour envisager un symptôme complexe dont l'approche psychopathologique se trouve légitimée par l'intensité de la souffrance qui lui est consubstantielle autant que par l'urgence de la demande d'aide qu'il génère[14].

Le pédopsychiatre, lors des réunions mensuelles, éclaire sur certains points du questionnement des autres professionnels, tente de donner du sens à tel événement qui vient émailler la prise en charge (une consultation non honorée, une reprise pondérale, un moment dépressif, etc.). Il rappelle que l'obésité s'inscrit dans le corps, et qu'elle ne se raconte pas en tant que telle. Les troubles des conduites alimentaires qui pourtant président à la prise massive de poids ne sont ainsi quasiment jamais abordés spontanément par les adolescents obèses. En parler procède donc nécessairement d'une démarche thérapeutique fondée sur un inévitable malentendu inaugural entre la demande de maigrir et la non-demande initiale de parole.

Auprès du jeune inscrit dans le réseau et de sa famille

La prise en charge des adolescents obèses doit être habitée par l'idée que l'obésité est, au-delà d'une prédisposition biologique éventuelle, à considérer comme le symptôme d'une difficulté existentielle, c'est-à-dire comme une modalité de réponse du patient à une souffrance psychique, notamment à travers ses conduites alimentaires. Pour lui, accepter de « lâcher » ce symptôme est donc étroitement lié au fait d'avoir en sa possession des ressources psychiques suffisamment solides pour tisser autrement les rapports du soi à son environnement. Cette condition implique bien entendu un certain cheminement des parents, que nous rencontrons régulièrement pour aborder avec eux la question centrale de la dépendance, phénomène souvent co-occurrent d'une profonde confusion des places et des générations au sein de la famille.

Ce réseau est une première en France chez des jeunes de moins de 18 ans, notamment quant à la prise en charge chirurgicale encadrée. Sa création en pédiatrie (et non dans des structures d'adultes) favorise un accompagnement serré et une grande vigilance multidisciplinaire. Ses six années d'existence ont permis d'inclure une trentaine de jeunes, âgés de 15 à 17 ans, souffrant d'obésité morbide[15]. Au-delà de leur « simple » inclusion dans le réseau, c'est un véritable accompagnement plurifocal contractualisé avec eux et leurs parents, par ailleurs rencontrés régulièrement par chaque professionnel pour faire le point sur l'évolution de leur enfant mais également sur celle de la dynamique familiale.

Si toutes les consultations ne sont pas systématiquement honorées par le jeune, le maillage étroit entre professionnels autorise une souplesse et permet d'intéressants relais, à l'image du travail de triangulation familiale si souvent mis à l'épreuve dans ces familles. À cet égard, la place du père apparaît régulièrement défaillante (père inconnu, abandonnique, absent ou disqualifié…), rendant la triangulation précisément très aléatoire.

Plusieurs interventions chirurgicales ont été réalisées. Au-delà de l'amorce d'une perte de poids, ces gestes chirurgicaux ont été vécus, par la plupart des jeunes, comme un moment symbolique de séparation et d'individuation à l'égard de leur environnement.

En ce qui concerne la perte de poids en elle-même, plusieurs situations sont rencontrées : celle où la perte précède largement le geste chirurgical, celle où la perte est consécutive au geste chirurgical ; celle où la perte est majeure, celle où elle s'avère finalement minime, que le geste chirurgical ait, ou non, eu lieu. Tout cela semble rappeler que l'obésité morbide reste un symptôme et non une maladie.

L'approche psychologique du jeune obèse repose ainsi avant tout sur le discours que tient l'adolescent dans son rapport à lui-même et aux autres, mais aussi sur la posture des soignants face à cet adolescent dont il importe de voir dans la présentation de son corps tout autant le symptôme d'une souffrance psychique que celui d'une dérive diététique. Dans cette perspective, nous concevons l'approche psychothérapique comme un travail sur l'image inconsciente du corps et la place de l'obésité dans l'économie psychique du jeune, et en aucun cas comme un soutien visant à l'aider dans son adhésion à un régime à visée normative, qui ne ferait que majorer la confusion entre le poids (mesuré en kilos sur la balance), et la chair qui, elle, ne s'appréhende qu'en termes d'éprouvés subjectifs et intersubjectifs.

Ce constat rappelle une fois de plus que l'approche thérapeutique d'un comportement – qu'il soit d'ordre alimentaire ou non – ne peut faire l'économie d'un travail conjoint d'appréhension de ce phénomène comportemental en tant que reflet d'une vie intime, chez des sujets de surcroît confrontés aux remaniements propres à l'époque pubertaire. C'est de cette très forte intrication entre soma et psyché chez le patient souffrant d'obésité morbide qu'est née l'idée de l'approche pluridisciplinaire mise en œuvre dans notre CHU. Cette pluridisciplinarité inclut ainsi le chirurgien, non seulement comme auteur d'un possible geste, mais aussi en tant que dépositaire d'une demande dont tout le travail en réseau réside finalement dans le fait d'aider le jeune à parvenir à élaborer cette demande sous la forme d'une plainte, indiquant par là même la mise au travail subjectif indispensable à toute décision thérapeutique, notamment chirurgicale. Faire d'une demande une plainte, tel pourrait être, *in fine*, l'enjeu majeur des soins proposés par ce réseau.

Ce suivi psychothérapique régulier au sein du réseau avec lequel les jeunes patients entretiennent – parfois de manière conflictuelle (et c'est d'une certaine manière le but !) – un lien rendu nécessaire par le contrat médical initial passé avec eux permet ainsi de maintenir intégrées entre elles les prises en charge somatique et psychologique visant à préserver le tout « soma-psyché » constitutif de chaque sujet humain. Cette intégration soma-psyché, via l'organisation des soins du réseau, a donc pour objectif de lutter contre le court-circuitage de toute pensée qu'induirait le court-circuitage trop rapide et trop radical de la sensation de faim, et donc de l'épreuve du manque. Cette approche théorique implique que, sans s'opposer au geste chirurgical – ce n'est pas son rôle –, le pédopsychiatre veille à ce que ce geste ne s'inscrive pas dans un passage à l'acte…

Cela n'est pas sans confirmer la pertinence des théories développées plus haut à propos des premières interactions mère-nourrisson, fondées sur une oralité dévorante entre une trop bonne mère et un bébé sans cesse gratifié d'une nourriture sans limites, visant à éviter tout ressenti de privation par le maintien d'une satiété permanente.

Le chirurgien, qui, seul, pourrait être ainsi investi de cette place de trop bonne mère comblante via la pose d'un anneau « coupe-faim », se trouve ainsi étayé par une prise en charge psychothérapique permettant au jeune d'éprouver la privation, dans l'attente du geste chirurgical, plutôt que de rechercher l'absence de privation par la quête d'une satiété que satisferait la pose trop rapide d'un anneau gastrique dont le risque serait alors d'induire une confusion entre la réponse chirurgicale et la réponse maternelle initiale. De cette confusion pourrait ainsi naître, du côté du jeune, l'illusion de retrouvailles « nirvaniques » avec la trop bonne mère inaugurale, entretenant alors le « symptôme obésité » dans une répétition sans fin (sans faim ?).

NOTES

1. Freud S., *Trois essais sur la théorie sexuelle* (1905), Gallimard, 1987.
2. Abraham K., « Esquisse d'une histoire du développement de la libido basée sur la psychanalyse des troubles mentaux » (1924), *Œuvres complètes*, t. II, Payot, 1966, p. 255-313.
3. Klein M., « Envie et gratitude » (1957), *Envie et gratitude et autres essais*, Gallimard, 1968.
4. Pontalis J.-B., « Avant-propos », *Nouvelle revue de psychanalyse*, 6, 1972, p. 5-7.
5. Winnicott D.W., *Jeu et Réalité* (1971), Gallimard, 1975.
6. Freud S., *Malaise dans la civilisation* (1929), PUF, 1971.
7. Soulé M., « Conflits dynamiques de la psychologie et de la thérapeutique de l'enfant obèse », *La Médecine infantile*, 74, 4, 1967, p. 329-335.
8. Schmidt G., « L'obésité infantile », in S. Lebovici, R. Diatkine, M. Soulé, *Nouveau traité de psychiatrie de l'enfant et de l'adolescent*, PUF, 1995, p. 1731-1749.
9. Bruch H., Rapport d'expertise collective de l'Inserm, 1999.
10. Missonnier S., Boige N., « Psychanalyse de la succion, clinique de la sucette », *Champ psychosomatique*, 29, 2003, p. 9-35.
11. Lacan J., « Le stade du miroir comme formateur de la fonction de Je », *Écrits*, Le Seuil, 1966.
12. Malka J., Duverger P., Weil D., « L'obésité morbide chez l'adolescent : les réponses d'un réseau multidisciplinaire », *Enfance & Psy*, 52, 2012, p. 89-100.
13. La technique chirurgicale choisie à Angers consiste en la mise en place d'un anneau gastrique ajustable introduit dans la cavité abdominale par cœlioscopie et passé autour de l'estomac. Le ballonnet (gonflable et dégonflable) de l'anneau est relié à un cathéter dont l'extrémité distale s'abouche dans un site implanté sous la peau afin de permettre le gonflage assurant le serrage de l'anneau.

14. Duverger P., Chocard A.-S., Malka J., Ninus A., « Surcharge pondérale et obésité », *Psychopathologie en service de pédiatrie*, Masson, 2011, p. 483-497.

15. Riquin E., *Obésité sévère de l'adolescent et prise en charge en chirurgie bariatrique, Approche psychopathologique à partir d'une cohorte de 35 cas*, thèse de doctorat, université d'Angers, faculté de médecine, 2013.

12.

Une absence qui prend corps

VALÉRIE DISCOUR

C'est en relisant *Ce temps qui ne passe pas*[1], de J.-B. Pontalis, que j'ai choisi le titre de cet article. Dans le premier chapitre il évoque l'analyse d'un homme au cours de laquelle « l'absence prend corps en séance », soutenant que les propos de son patient, « tous ces mots enchaînés, tous ces lieux inventoriés, tous ces récits de rêves, tous ces épisodes rapportés de son histoire n'ont d'autre fonction que de graviter autour de l'absence et d'en protéger l'accès ». Il m'a semblé alors que cette remarque correspondait tout à fait à ce que j'avais pu observer au cours de la prise en charge de deux adolescentes. Adolescentes qui donnaient à voir la souffrance d'un corps en excès, d'un corps qui graviterait autour de l'absence, « véritable incarnation dans l'actuel du disparu ». Un des éléments fondamentaux à l'adolescence est cette exigence d'un travail psychique indispensable à la construction identitaire. Mais quand l'adolescence peine à s'élaborer, donc lorsque ce travail semble en panne, le corps pourrait – dans certaines circonstances – constituer malgré lui un rempart face au risque de l'indifférenciation, de la confusion, et son « usage » apparaître alors comme une tentative de symboliser l'impensable, l'irreprésentable.

Héloïse et Célia partagent cette souffrance accrochée au corps. Chacune, malgré des parcours bien différents, a grandi dans un contexte de carence affective, qu'elles semblent combler dans une oralité hasardeuse et un rapport au corps des plus complexes, témoignant ainsi de ce que l'on nomme les « impasses identificatoires ». À travers leurs « traversées adolescentes », je lancerai quelques pistes de réflexion autour du « poids du corps », thème de cet ouvrage, en interrogeant particulièrement le poids de la souffrance accroché à la quête identitaire.

Mon hypothèse est qu'il y aurait chez ces deux adolescentes une difficulté à évoluer dans un espace affectif sécurisant, et cela depuis la petite enfance. Comme si aucune « aire transitionnelle » – au sens winnicottien – n'avait pu se déployer. Avec l'avènement du génital, leur corps imposant un nouveau lien à l'autre engagerait une sorte de séduction à l'objet primaire impossible alors à élaborer. Tout cela témoignant du peu de jeu possible de la pensée et probablement d'une crispation de l'agressivité dans une culpabilité non élaborée.

Comment devenir soi, élaborer son adolescence quand le corps que l'on habite ne nous apparaît que comme l'enveloppe d'un moi abîmé et fragile qui ne fait qu'alimenter davantage une béance narcissique si douloureuse à vivre ?

Le parcours de ces deux adolescentes pourrait être celui de la perte et d'un lien à l'autre avorté où le « trouvé-créé » de Winnicott a échoué et où la capacité à être seule semble à présent subordonnée à la découverte d'un support d'identification permettant alors un développement narcissique harmonieux.

Héloïse

Héloïse a 17 ans lorsque je la rencontre. Elle développe depuis l'enfance des troubles anxio-dépressifs majeurs avec une symptomatologie mouvante, qui ont justifié une succession de prises en charge et semblent être largement réactivés avec la puberté, empruntant alors un nouveau visage. C'est dans un contexte de crise que je suis amenée à la rencontrer. Héloïse inquiète son entourage, elle demande à voir un psychologue tout en verbalisant des pensées suicidaires. Elle a peur de mourir mais plus encore de ne pas parvenir à ne pas passer à l'acte. Lors du premier entretien, je rencontre bien sûr Héloïse, mais j'ai en face de moi essentiellement un corps par ce qu'il donne à voir, à sentir. Il y a du trop dans cette présentation, de l'excès. Elle se présente défaite, épuisée, s'effondre rapidement en larmes, témoignant là du poids de ses souffrances. Elle dégage quelque chose de mystérieux et de troublant, avec ce visage rond de l'enfance sur cet immense corps, désinvesti et exposé à tous les sens : « Je suis une ordure, une poubelle », répétera-t-elle.

Depuis quelques semaines, Héloïse ne va plus en cours. Inscrite en terminale dans un bon établissement, elle se décrit comme ayant toujours été bonne élève, mais à présent dans l'impossibilité impérieuse de se rendre à nouveau en classe. Ses difficultés semblent remonter à quelques mois déjà, mais sans doute avait-elle mis en place des défenses particulièrement efficaces lui permettant tout du moins de conserver l'image de la bonne élève, discrète et sans problème. « Je n'en peux plus, je ne tiens plus [...] je veux disparaître. » Que cette parole est troublante face au poids de cette jeune fille dont le corps peine à tenir sur la chaise et qui ne peut que heurter l'interlocuteur ! Héloïse évoque alors des peurs paniques d'être avec les autres élèves de sa classe. Y sont mêlées des craintes narcissiques particulièrement agissantes et violentes rendant compte d'un moi abîmé. Parallèlement à cette déscolarisation, Héloïse s'isole et très vite ne sort plus de chez elle. Elle perd le sommeil et crispe son rapport à la nourriture encore un peu plus. Troubles de l'humeur, troubles anxieux, troubles alimentaires, retrait social... Elle semble pouvoir correspondre aux diverses entités psychopathologiques. Ce qui frappe, c'est la fragilité de cette jeune fille, pourtant si imposante, telle une petite fille qui viendrait là avouer des bêtises.

Héloïse a connu la violence d'une enfance sans légèreté ni rêverie, enfant non désirée, non reconnue par son père et entourée d'une mère dont les difficultés psychiques rendaient la maternité violente et irreprésentable. L'histoire de cette enfant débute dans les liens nocifs du familial. Une enfance douloureuse, subissant les carences de soins parentaux, la violence, l'humiliation – les mots manquent vite pour décrire son histoire. Des raisons suffisamment graves motivèrent un placement chez ses grands-parents. Elle grandit ainsi auprès d'eux, mais aussi auprès d'une tante, figure féminine d'effroi, dont les comportements à l'égard d'Héloïse sont du registre de l'emprise.

Héloïse s'est tout de même construite. Elle s'est aussi protégée. Comment ? Comme une petite fille dont les premiers échanges affectifs nécessaires à l'établissement d'autoérotismes sécurisants n'ont pas été à la hauteur. Constamment insécurisée par l'environnement extérieur, Héloïse va alors chercher les ressources pour faire face à un extérieur cruel, dangereux. Sachant trouver les sources d'étayage nécessaires et conformément aux défenses érigées – bonne élève et appréciée de ses maîtresses et professeurs –, Héloïse va s'appuyer sur cet étayage pour s'inventer une vie et trouver des figures à investir. L'imaginaire va alors prendre insidieusement le pas sur la réalité, comblant les failles d'une réalité trop difficile et douloureuse. Ses doudous, les personnages de fiction, tout cela va devenir sa réalité. Réalité qu'elle peut modeler en fonction de ses émois affectifs, à l'abri de toute déception ou séparation, dans un lien de maîtrise qu'elle organise à souhait. À côté de cela, elle développera des angoisses massives.

Héloïse n'a que rarement pu formuler de désir. Rejetée, elle s'organisa de sorte à satisfaire au mieux aux attentes des autres dans un effroi quotidien. Séparée de sa mère, Héloïse découvrit auprès de ses grands-parents la tendresse. Cependant, restait cette figure maternelle d'une tante violente et pleine d'emprise et des grands-parents bien perdus dans l'éducation de cette petite fille.

Héloïse grandit, grossit. Que se passe-t-il ? L'adolescence lui fait réaliser l'écart toujours plus grand – favorisé par ce que l'on pourrait qualifier de clivage fonctionnel – entre une Héloïse conforme aux attentes de la réalité extérieure (ses grands-parents, l'école) et l'Héloïse qui rêve. Un événement semble alors marquer un point de rupture : le décès de son grand-père. Dès lors, la protection issue de son imaginaire ne tiendra plus. La réalité la bouleverse. Le masque tombe. Sa différence. Toujours bonne élève et soucieuse d'être l'élève attendue par les professeurs, gentille petite-fille et nièce, qui ne fait surtout aucun écart, ne pouvant se faire remarquer, ni émettre de désir, comme une enfant qui grandirait dans un corps non désirant, Héloïse va alors se faire remarquer. Son corps pubère va alors aussi parler.

Son monde imaginaire peuplé de références aux mangas va lui donner un support d'identification dans cette différence. Elle va souhaiter devenir gothique lolita[2]. Héloïse tente de devenir cette Lolita. Identification rassurante à la mesure de l'isolement qu'elle crée. Protégée de cette armure,

Héloïse va continuer à grossir. Héloïse sélectionne sa nourriture, de plus en plus difficile sur ses choix. Ses grands-parents et sa tante, finalement bien démunis dans l'éducation de cette jeune fille, favoriseront au maximum ses volontés afin de ne pas la contrarier davantage. C'est de cette prison dont Héloïse aura bien du mal à sortir, car très vite, ce corps informe va prendre beaucoup trop de place et devenir le support de toutes ses projections (en particulier celles liées au maternel).

À côté de cela, un manque de distance sensorielle sera profondément choquant pour Héloïse dans l'appropriation de son corps. Héloïse sera chargée des toilettes de sa tante elle-même obèse. On imagine bien là le rapproché sensoriel et la proximité corporelle induite. Par ailleurs, Héloïse n'aura jamais appris à prendre soin de son corps. Elle ne sait pas comment se doucher ou se laver les cheveux, et lors de ses toilettes, elle s'abîme le corps par les brûlures qu'elle s'inflige par des brossages trop forts.

Célia

Célia est une jeune fille de 17 ans qui vient consulter en exprimant une souffrance liée au décès de son père, survenu une dizaine d'années plus tôt. Elle se positionne dans le désir de comprendre ce qui lui arrive. Le père est décédé subitement lors d'une séance de jogging. Alors qu'il était dans le coma, la mère de Célia avait dû prendre – sur recommandation médicale – la décision de débrancher l'appareil qui le maintenait artificiellement en vie. Célia a un frère jumeau qui présente des troubles de la personnalité, une sœur de l'âge qu'elle avait au décès de son père et une demi-sœur d'une seconde union. La mère s'est en effet remariée avec un homme qui a adopté sous le régime de l'adoption simple les trois orphelins. À l'époque du décès, quelques consultations ont eu lieu mais elles ont été interrompues à la demande de Célia.

La demande initiale de Célia était confondue avec le sentiment d'être rejetée par sa mère. La communication était devenue difficile entre elles, Célia étant dans l'attente de manifestations de tendresse de la part de sa mère, laquelle supportait mal l'adolescence de sa fille et ne parvenant pas lui à manifester son amour. Le cadre thérapeutique proposé à l'époque consistait en des entretiens hebdomadaires pour Célia, ponctués par des entretiens mère-fille. Peu à peu, des possibilités réciproques d'identification entre mère et fille ont pu se déployer.

Célia se livre difficilement lors des entretiens. Elle débute systématiquement les séances par des banalités, cherchant à neutraliser au maximum les affects qui pourraient émerger. En outre, elle rend compte de ses inquiétudes pour ses proches, son frère principalement, mais aussi sa mère ou encore sa petite sœur – elle craint pour son éducation. Selon elle, « la folie l'entoure » : son frère aurait failli l'étouffer. Elle le craint depuis ce jour. Et sa mère, perdue dans sa propre souffrance et dans un fonctionnement de type anorexique, semble dans un déni massif des difficultés de son fils.

Célia me parle de sa mère comme d'une femme peu affectueuse, qui a du mal à être mère et qui s'adresse à elle souvent de manière grossière. Célia arrive à investir son beau-père, même si elle ne peut chasser de son esprit l'idée que cet homme a pu être l'amant de sa mère alors que son père était encore en vie. Célia reproche à sa mère sa fragilité, elle évoque très souvent son anorexie qu'elle tente de comprendre – « Et en plus elle se fait vomir », ce qu'elle associe systématiquement à son incapacité à pouvoir la soutenir.

Une rivalité importante entre mère et fille est vite palpable lors des entretiens. Célia est très préoccupée par la souffrance des autres et revendique une certaine force de caractère qui la protégerait des difficultés qu'elle a pu traverser. Parallèlement à cela, elle évoque un vécu assez persécutif de sa mère ; celle-ci ayant elle-même une histoire carentielle particulièrement éprouvante ne pouvait exprimer d'affection à ses enfants. Elle reconnaîtra d'ailleurs n'avoir que rarement pu câliner ses enfants, les entourer étant petits, cela lui était « impossible ». Célia ne s'autorise que difficilement à reconnaître un besoin d'aide, mais elle doit aider l'autre.

Tout comme Héloïse, elle est persuadée de ne pas avoir été désirée. Elle questionne ses origines (remise en question de l'envie de ses parents d'avoir des enfants) et la finitude de la vie. Elle a en effet, outre le décès de son père intervenu alors qu'elle n'était qu'une enfant, perdu d'autres membres de sa famille. Tous ces deuils semblent encore alors bien peu cicatrisés. Elle souffre du silence, rien ne se dit dans la famille, c'est comme s'il fallait à tout prix se taire, taire ses émotions, ses affects : « C'est comme ça… mais ça ne me va pas ! » ; ce qui explique que pendant des années elle a souffert en silence, mais son corps a commencé à parler.

En réaction à l'attitude de sa mère et pour calmer ses moments de tristesse ou d'angoisse, Célia mange. Elle mange et se dégoûte de manger. Elle mange pour oublier et pour ne pas ressembler aux autres. « Je ne suis pas comme eux. » Les autres ? Sa mère, son frère jumeau, sa sœur ? « Personne ne me protège » : Célia se sent vulnérable et profondément seule. De même, elle n'a aucune confiance en l'autre, ou tout du moins tellement peur de la relation qu'elle ne peut s'autoriser à faire confiance, tant le risque serait grand de perdre. Ainsi, les disputes ou conflits sont vécus comme de véritables trahisons, et la distance semble bien difficile à trouver. Au niveau sentimental, les choses sont ainsi bien compliquées. Célia souffre de ses relations amoureuses, qui se succèdent sans qu'elles n'aient aucun sens. Elle se sent utilisée par les garçons ou mal aimée. Quand un garçon lui plaît, elle est tentée de fuir, tellement elle craint que les choses ne lui échappent, et a peur de s'attacher. Physiquement, Célia se trouve grosse. Elle ne s'est jamais trouvée jolie et se sent souvent mal dans sa peau. Il est vrai qu'elle présente un surpoids ; mais son appréciation de sa laideur n'est absolument pas objective. C'est une jolie jeune fille, ronde mais féminine. Cherchant à modeler ce corps qui ne lui convient pas, elle change de couleur et de coupe de cheveux très souvent, tout comme de style vestimentaire (à un rythme quasi mensuel). Pendant quelque temps, elle s'est imposé un entraînement intensif de natation, ce qui a eu comme bénéfice de la « défouler », mais malheureusement aussi l'inconvénient d'accroître sa masse musculaire, donc cette impression de grossir encore et encore.

Face aux difficultés ou aux incertitudes de l'existence, Célia a constitué une carapace qu'elle croyait indestructible. Elle maîtrisait sa chambre, rangeait ses affaires de manière obsessionnelle et ritualisait certains moments de la journée. La vie scolaire rythmait également son existence jusqu'au bac. Célia exprime sa souffrance par des pleurs fréquents, des somatisations et des troubles alimentaires. Des inquiétudes (peur que les choses tournent mal), des angoisses de mort (peur de mourir jeune ou d'être veuve). La seule chose qui semble tenir pour elle est son projet d'entamer des études d'espagnol. Elle souhaite depuis longtemps exercer le métier de professeur de français dans un pays hispanophone. L'échéance de la fin du lycée semble pourtant la mettre à mal, probablement par ce que cette entrée dans la vie étudiante peut figurer comme séparation d'avec le monde de l'enfance, la famille – comme séparation au sens large.

Du poids du corps… au poids de l'objet

Des défenses ont permis à ces jeunes filles de grandir en isolant les affects, en clivant les registres. Et ce qui devait rester à l'écart sous l'impulsion d'un refoulement ou d'une répression est venu s'exprimer dans le corps. Le corps est venu dire ce que le langage laissait muet. Le poids du corps ou le poids des maux ?

Ces deux jeunes filles ont en commun cette impérieuse recherche de satisfaction immédiate, témoin d'une petite enfance bien insuffisamment apaisée, cette satisfaction ne pouvant se faire que dans la non-symbolisation. Il y aurait une réduction du désir de se nourrir au besoin nourricier comme s'il y avait là la recherche d'une fonction maternelle dans son rôle nourricier et dans ce que le regard de l'autre aurait dû leur permettre de trouver. Qu'il est difficile d'apprivoiser son corps quand le corps de l'enfant a été soit peu vécu, soit péniblement recherché… Héloïse et Célia traitent et considèrent leurs corps à l'image de ce difficile lien à l'autre.

Ces adolescentes semblent avoir en commun cette vulnérabilité narcissique et cette exigence objectale qui finalement favorisent et alimentent leur insatisfaction, comme si pour chacune l'objet perdu et manquant avait été dans le passé narcissiquement nécessaire. Rappelons-nous « Pour introduire le narcissisme » (1914), où Freud associe amour, deuil et dépression. Il est question de l'interrelation entre l'amour que l'on se porte et celui destiné à l'objet, l'un et l'autre étant liés dans la mesure où la perte de l'un agirait sur la qualité de l'autre. De même, en 1926, dans les *addenda* d'*Inhibition, symptôme, angoisse,* Freud interroge les liens unissant perte d'objet et douleur. Il y considère l'angoisse comme une réaction à la perte de la perception de l'objet (absence visuelle de l'objet considérée comme perte réelle). Si le sujet peut se représenter l'objet absent et se le représenter hors du champ perceptif, alors l'investissement de cet objet interne ainsi constitué permettra ultérieurement un détachement libidinal indispensable à l'élaboration de la perte. À l'inverse, l'impossibilité d'investir cet objet en dehors de la réalité perceptive rendra l'accession à la représentation fragile, la dépendance à l'objet importante, et induira donc la douleur de le perdre.

Le vécu de la passivité est une donnée de la clinique de l'adolescence. Chez Héloïse et Célia, on voit bien comment la passivité est difficile à gérer. Chaque adolescent y est confronté, mais lorsqu'une expérience de perte fragilise le sujet, la passivité subie – inhérente au processus d'adolescence – renforce le sentiment et la situation de perte (ou d'abandon), soulignant la castration et provoquant une régression à une situation de souffrance. Selon Joyce McDougall, l'agir est une voie de sortie à l'assignation à la passivité. L'agir serait une tentative d'échapper à un affect dont la caractéristique serait d'être potentiellement débordant. Il s'agit donc de considérer l'économie mentale des adolescents où les actes prennent le pas sur l'élaboration psychique. Ici, l'acte, ce serait l'expérience corporelle. Ces deux adolescentes parviennent difficilement à jouer avec leur scène interne, sans doute du fait de blessures narcissiques trop importantes, entravant le jeu possible de la pensée et l'utilisation de l'aire transitionnelle.

Pour ces jeunes filles, les relations aux autres sont difficiles et les font souffrir bien plus que dans une adolescence que l'on pourrait qualifier d'ordinaire. Chacune s'interroge excessivement sur son identité féminine, montrant ainsi la fragilité des « confirmations narcissiques » qu'aurait dû apporter le regard parental. Chaque échec relationnel semble l'équivalent d'une castration supplémentaire et est vécu comme une immense blessure, menaçant l'identité féminine en construction. Plus que la difficulté à surmonter une dispute, un conflit, c'est l'atteinte narcissique qui est majeure. On peut également considérer, chez Célia, les successions de relations amoureuses comme des tentatives de trouver un nouvel objet, annulant ainsi la perte du précédent dans une recherche de satisfaction immédiate permettant une restauration narcissique de toute-puissance à l'encontre d'un travail de symbolisation. Tout cela témoignant d'une difficulté d'attachement dans la mesure où la gestion de la relation d'objet est menaçante. La sexualité génitale est utilisée à des fins narcissiques : étayer une fragile identité subjective. Pour Héloïse, l'impossible accès à la sexualité aura la même valeur. Il y a contournement de l'angoisse de castration, un questionnement sur leur propre capacité à exister séparément de l'autre et un achoppement dans la tentative vitale de rendre l'absent significatif (McDougall). Elles n'ont pas de repères dans leur image narcissique.

Ma conclusion irait donc dans le sens de l'importance et du poids de l'objet dans le développement de l'enfant et de l'adolescent. Poids de l'objet à travers son absence, ses carences, sa présence voire son intrusion. Je pense à Ferenczi lorsqu'il évoque le déni de la reconnaissance des affects et des éprouvés de l'enfant, voire le défaut de réponse à celui-ci dans la clinique du traumatisme. C'est peut-être un impossible équilibre entre ce trop-d'excitation et ce pas-assez. Chez ces adolescentes, le corps viendrait alors figurer ce qui n'a pu s'élaborer par ailleurs. Il s'agit d'évoquer l'absence parentale et le comblement par le corps de cette tendresse en creux. Une manière de faire avec le traumatisme. Une place symbolique difficile à trouver et une nouvelle enveloppe à construire comme un rempart érigé contre la menace du lien à l'autre, tant désiré mais aussi tant redouté. Il s'agit bien d'une défaillance dans la constitution du narcissisme, entraînant des carences représentatives.

À travers ces deux trajectoires, j'ai souhaité illustrer comment le poids du corps, quel qu'en soit le déterminisme, doit être entendu à la lecture de l'économie psychique et de l'histoire singulière de chacun. La répétition d'événements à valeur traumatique jouerait un rôle dans l'appréhension du corps. Au cours des rencontres avec Héloïse et Célia, ce qui est initialement parlé c'est « le corps » (et toutes les acceptions qu'il comporte !) et cette lecture du corps rend alors compte des souffrances et douleurs psychiques. Elle aurait donc comme fonction de favoriser une reprise élaborative de ces expériences traumatiques antérieures, comme si les traumatismes liés à leur histoire singulière avaient entravé le déploiement des fantasmes originaires structurant la psyché et permettant un investissement bienheureux du corps.

NOTES

1. Pontalis J.-B., *Ce temps qui ne passe pas*, Gallimard. 1997.
2. Selon Wikipédia, « mode vestimentaire japonaise, le gothique lolita, le plus souvent noir et blanc (sans que ce soit une règle), avec éventuellement du rouge et du violet, présente des motifs gothiques occidentaux comme des voiles ou des croix. Il garde un esprit enfantin avec les jupes bouffantes, les volants, et reste séparé de son grand frère européen, au moins dans l'esprit. Le maquillage se doit de demeurer subtil. Il est souvent considéré que ce mouvement est né au Japon en réaction aux attentes de la société nippone à

l'égard des femmes. En effet, celles-ci sont supposées se marier, avoir des enfants. Être une épouse et une mère pousse donc les jeunes Japonaises à devenir des adultes, c'est ce qui est attendu d'elles. De plus, le Japon étant une société très conformiste, porter des tenues rappelant les poupées victoriennes peut évidemment signifier à la fois le refus de passer à l'âge adulte, mais aussi de ressembler à tout le monde ».

13.

Obésité et corps familial

PHILIPPE ROBERT

Les causes de l'obésité sont multifactorielles. Mon propos ne sera pas ici de défendre une origine psychique des troubles en opposition à des causes génétiques ou endocriniennes, pour ne citer que celles-ci. Mais le psychanalyste peut considérer des dysfonctionnements – y compris somatiques – sous l'angle d'une expression psychique. L'obésité peut alors être entendue comme un symptôme, une formation de compromis, ayant un sens potentiel. Je ne ferai qu'évoquer la particularité des fonctionnements ou dysfonctionnements de l'appareil psychique individuel et mettrai davantage l'accent sur le sens que peut prendre l'obésité dans le groupe familial, en proposant quelques hypothèses de travail. Nous verrons si l'expression « corps familial » peut être pertinente et ce que la psychanalyse groupale – plus spécifiquement celle centrée sur les liens – peut apporter à la compréhension du problème.

La métapsychologie freudienne, au-delà du « roc du biologique », s'appuie sur l'expérience du corps propre. La pulsion opère une liaison somato-psychique. Même si pour Freud l'objet est reconnu, il est considéré dans nombre de ses écrits comme contingent par rapport à la satisfaction pulsionnelle. L'autre existe dans la représentation que s'en fait le sujet.

Quand l'image du corps se construit de façon satisfaisante, le sujet se l'approprie pour l'habiter.

Certaines pathologies peuvent alors se comprendre comme un défaut d'appropriation, et au-delà comme un déficit de mentalisation. De ce point de vue, l'obèse pourrait dire dans une formule dissociative : « Ce n'est pas moi qui suis trop gros, c'est mon corps. »

Parmi les dysfonctionnements possibles, certains auteurs soulignent un fonctionnement de type opératoire[1], d'autres la perturbation de l'environnement primaire : « Dans les familles d'obèses morbides, la contenance psychique apparaît de manière précaire et la vie relationnelle s'y caractérise par des liens de survie, sans autonomie, mobilisant les défenses propres à la fonction oméga contre d'intenses angoisses de mort[2]. » Des événements traumatiques peuvent conduire à des pathologies narcissiques suscitant, sous forme de manque et éventuellement d'addiction, une « avidité » de reconnaissance.

Le recours aux dimensions inter- et trans-subjectives peut nous être d'un grand secours pour comprendre ces pathologies.

Le groupe et les processus inconscients

La psychanalyse groupale réinterroge la métapsychologie, en particulier les différents espaces psychiques, et la qualité de leur clôture ou de leur perméabilité. Dans cette perspective, le groupe est non seulement une entité en soi, mais un déjà-là qui préexiste au sujet et qui s'intègre à sa vie psychique, et réciproquement. L'individu psychique n'est pas limité à l'individu biologique. Les frontières entre la psyché individuelle, celle du groupe familial et celle du collectif ont une certaine perméabilité, tout en assumant une contenance et une assise identitaire.

Il n'est pas question d'inconscient collectif au sens jungien, ni même d'un inconscient « méta » qui engloberait en quelque sorte les inconscients individuels, mais d'une imbrication pouvant – selon certaines circonstances – porter à confusion. Des moments de la vie très particuliers, comme la naissance, le sentiment amoureux, les deuils... éprouvent la capacité à vivre ces moments de flottement. C'est signe de bonne santé psychique quand le sujet peut se « récupérer » après ces vacillements identitaires.

René Kaës a proposé le terme d'« appareil psychique groupal[3] » pour évoquer le travail psychique spécifique de la groupalité. Le groupe contient et transforme, à l'instar de ce que Bion avait montré du travail de la psyché maternelle auprès du bébé. Les éléments bruts, non pensés, non symbolisés du bébé prennent sens grâce aux capacités élaboratives de l'environnement primaire. Précisons que cela ne peut se faire que dans un état que Winnicott avait qualifié de « maladie normale » chez la mère, supposant un état de régression indispensable au travail d'empathie et/ou d'anticipation.

L'approche psychanalytique des familles est encore à la recherche de ses propres outils conceptuels et s'appuie pour une large part sur la théorisation de la psychanalyse de groupe. André Ruffiot, par exemple, avait proposé la notion d'« appareil psychique familial[4] », sur le modèle de l'appareil psychique groupal de René Kaës. Au sein des groupes, l'idée de faire corps, d'être confondu dans une illusion groupale plus ou moins bien tempérée, est particulièrement active. Mais, comme le souligne Jean-Claude Rouchy[5], dire « Le groupe sent, le groupe respire... » est un abus de langage. Même si le groupe peut être considéré comme une entité, il est *aussi* composé d'individus ayant chacun une histoire propre. Pour le groupe primaire qu'est la famille, il en va différemment. L'expression « corps familial » est une métaphore, mais aussi un peu plus qu'une métaphore.

Spécificités du groupe familial

La sensorialité joue un rôle fondamental dans la famille. La proximité des membres de la famille à travers le sensuel et le corporel est un vecteur essentiel dans la construction de l'identité. C'est vrai dès la grossesse et de façon plus significative dans la dyade mère-bébé. C'est vrai aussi dans toutes les expressions de tendresse, à travers les câlins et les caresses. Le partage d'un espace commun dès le début de la vie donne au groupe familial une dimension tout à fait spécifique. Partager les repas ou la salle de bains participe au renforcement de l'enveloppe familiale et de sa frontière avec « l'extérieur ».

La famille livre une interprétation singulière du monde qui laissera des traces dans l'identité du sujet et qui sera comme une sorte de marqueur le reliant à son groupe primaire.

La qualité d'investissement de l'enfant par les parents et par son entourage jouera un rôle capital quant à la sécurité narcissique de base du sujet. C'est une façon de l'inscrire dans le narcissisme infantile du parent.

La ressemblance témoigne du lien entre les générations. Elle ne se limite pas aux caractéristiques physiques ; si elle s'ancre partiellement sur un fait biologique, elle s'appuie surtout sur une co-construction. Bien entendu, cela pose la question de l'imitation et/ou de l'identification. Pour pouvoir s'identifier, il y a une différenciation et une distance nécessaires, mais aussi un mouvement d'investissement à la fois narcissique et objectal.

Nous savons l'importance fondatrice de l'unité mère-bébé. Mais cette sensation de ne faire qu'un seul corps est à entendre dans le lien plus large au groupe primaire. Le sentiment d'appartenance s'appuie sur ce que Rouchy a appelé des « incorporats culturels[6] ». C'est à partir de ces incorporats, explique-t-il, que fonctionne le système proto-mental ; le psychologique, le physique et le mental y sont indifférenciés. L'individu est agi par des conduites programmées et non mentalisées qui rendent les interactions synchrones.

On ne choisit pas de faire partie ou non d'une famille. La relation peut être très mauvaise, l'individu peut rejeter sa famille, la quitter, le lien reste. C'est un fait sur lequel va évoluer de façon plus ou moins satisfaisante le sentiment d'appartenance.

En sa qualité de groupe d'appartenance primaire, la famille offre la contenance d'une peau commune. « Le sentiment de familiarité s'étaye sur le fantasme d'une matrice maternelle commune originaire[7]. » Au-delà des processus d'identification primaire, repérables par exemple dans les rites de couvade, les expériences régressives telles que l'orgasme, qualifié de « petite mort », ou encore de préoccupation maternelle primaire, mettent en évidence des processus d'imbrication psychique au sein du groupe familial.

Certains théoriciens du groupe se sont particulièrement intéressés à la question du lien[8]. L'autre n'est pas seulement une projection de soi-même, un étayage à nos représentations, mais véritablement un autre sujet. « Ce qui différencie le lien de la relation d'objet, c'est que dans le lien nous avons affaire à de l'autre[9]. »

L'hypothèse que je propose est que dans les pathologies d'obésité l'autre n'est pas reconnu véritablement dans son altérité, mais comme un double et/ou un prolongement de soi-même qu'il est possible d'imiter sans pouvoir s'y identifier.

Vignette clinique

Une famille composée des parents et de leurs trois enfants. L'aînée, Julie, est née d'une première relation de la mère. Monsieur l'a connue lorsqu'elle avait 2 ans et se considère comme son père. Le deuxième enfant, Christophe, 23 ans, vit encore à la maison et « fait des petits boulots ». Isabelle a 18 ans et présente des difficultés relationnelles importantes avec sa mère, ainsi qu'une obésité sévère. Elle a fait des fugues et a rencontré des difficultés d'adaptation scolaire très importantes.

C'est pour cela qu'ils viennent me consulter. Isabelle a suivi plusieurs psychothérapies et tenté différentes prises en charge par des nutritionnistes pour perdre du poids. Si elle était ronde dans son enfance, son obésité n'est véritablement apparue qu'au moment de l'adolescence.

Julie, homosexuelle, est partie vivre en couple avec son amie. Ayant connu beaucoup d'échecs dans ses études, sa situation professionnelle est très précaire.

Les parents, tous deux cadres supérieurs, ont très bien gagné leur vie. Vingt ans plus tôt, ils ont décidé de créer ensemble leur propre entreprise. Après des débuts florissants, ils se sont mis à investir en prenant de gros risques. Mais le secteur s'étant effondré, ils ont connu brutalement une « descente aux enfers », pour reprendre l'expression de madame. Rapidement, ils ont été expulsés de leur belle maison qu'ils avaient hypothéquée et se sont retrouvés peu de temps après la naissance d'Isabelle dans un petit deux-pièces dans une banlieue défavorisée.

Les familles respectives non seulement n'ont été d'aucune aide, mais leur ont même reproché d'avoir pris autant de risques. À cette occasion, le père dit : « La famille c'est nous cinq, point final. » Il a constamment besoin de se rassurer en m'interpellant : « Par rapport aux autres familles, on n'est pas si mal. » Les uns et les autres utilisent souvent l'expression « faire corps ».

L'homosexualité est totalement banalisée par les parents : « Du moment qu'elle est heureuse, ça ne nous fait ni chaud ni froid. » D'une façon discrète dans un premier temps, puis ostentatoire voire provocante, ils évoquent en riant le « shit » qu'ils consomment les uns et les autres. Madame précise : « On ne fait tout de même pas circuler les joints. »

Les deux aînés sont en échec scolaire et professionnel important. « Pour nos parents, dit monsieur englobant ainsi sa femme, seule la réussite sociale comptait. Et on voit le résultat, ils nous ont bien laissés tomber. » Peu à peu, les échecs d'insertion des enfants sont mis en avant. Ils témoignent de la révolte des parents contre leurs propres parents. Tant au niveau de l'autorité que des identifications, la frontière générationnelle est peu, voire très peu marquée.

Isabelle était un vrai caméléon lorsqu'elle était enfant. Elle s'adaptait à tout. C'est au moment de l'adolescence que les choses ont basculé. Elle s'est mise à exprimer un perpétuel sentiment d'injustice, avec de fortes revendications à l'égard de son frère et de sa sœur. C'est elle qui en séance vient rompre l'idéalisation. Elle évoque à plusieurs reprises les dépressions graves vécues par ses parents lorsqu'elle était enfant, allant jusqu'à des tentatives de suicide. Après avoir banalisé, et même avoir fait front commun contre elle, son frère et sa sœur peuvent peu à peu exprimer des souvenirs chargés d'émotion. Il est question d'un alcoolisme sévère de la mère et de cures de désintoxication.

Jusqu'à l'adolescence, Isabelle était collée à la famille, voire confondue avec elle, en particulier sa mère. Aujourd'hui elle souhaite faire le même métier qu'elle.

L'hypothèse que je propose est que dans cette famille, la différenciation est insuffisante pour permettre de véritables processus identificatoires. Isabelle est dans un premier temps confondue, puis elle tente de revendiquer une place dans une conflictualité qu'elle ne parvient pas à vivre psychiquement, mais qui s'exprime corporellement et dans des passages à l'acte violents. C'est au moment de la puberté et de l'accès à une sexualité génitale possible que « tout a explosé », disent les parents.

Le processus d'adolescence doit, dans le meilleur des cas, soutenir une réélaboration de l'histoire et des liens familiaux.

Le paradoxal travail de maintien du lien aux imagos parentales s'oppose à une nécessaire mise à distance des parents de la réalité. Les aspects psychiques s'articulent avec les changements corporels. L'adolescent devient capable de procréation et acquiert un pouvoir nouveau jusqu'ici attribué aux seuls parents. L'asymétrie entre adultes et enfant se réduit, rendant fantasmatiquement l'écart de générations moins prégnant.

Par crainte de proximité, les parents ne veulent pas voir à travers leur enfant leur propre pubertaire. C'est comme si eux-mêmes n'avaient jamais été adolescents.

Langages du sensuel et de la tendresse

À l'adolescence, il y a intrication du courant sensuel et du courant tendre. Le courant tendre se fonde sur l'autoconservation et se porte vers celui qui donne les premiers soins. La tendresse pourrait-elle être en quelque sorte autonome, comme un courant indépendant ? Ou bien ne serait-elle que l'expression de pulsions inhibées quant au but, ou encore l'expression sublimée de pulsions sexuelles ?

Pourtant c'est bien la tendresse qui soutient l'amour sensuel ; sans elle, celui-ci s'éteindrait : « L'amour sensuel est destiné à s'éteindre dans la satisfaction ; pour pouvoir durer, il faut qu'il soit pourvu dès le début de composantes purement tendres, c'est-à-dire inhibées quant au but, ou bien qu'il subisse une transformation de ce type[10]. »

Le texte de Ferenczi sur la confusion des langues[11] évoque l'aspect traumatique de la séduction de l'enfant tendre par le langage sensuel de l'adulte. Ferenczi va nuancer cette dichotomie mais elle sera pourtant reprise par d'autres auteurs. Balint[12], par exemple, clive la tendresse infantile de la sexualité de l'adulte. Pour lui, il existe une relation d'objet précoce de nature passive, où le bébé cherche à être aimé de l'autre et où cette relation d'objet n'est liée à aucune zone érogène. Ce qui est recherché n'est pas la décharge, mais le bien-être. Dans cette perspective on dépulsionnalise la vie sexuelle infantile. On voit dans ces positions une certaine filiation à venir avec la théorie de l'attachement.

Freud précise : « Plus fréquemment cependant l'adolescent réussit, à un certain degré, la synthèse de l'amour non sensuel, céleste, et de l'amour sensuel, terrestre, et son rapport à l'objet sexuel se caractérise par l'action conjuguée des pulsions non inhibées et de celles inhibées quant au but[13]. » Dans la famille, ce passage s'effectue par une rupture partielle en s'appuyant sur le conflit de générations[14].

Au moment de l'adolescence, l'enfant ne reconnaît plus ses parents. Il conteste leur statut et leur autorité, mais surtout ne les reconnaît plus comme objets d'investissement œdipien. Ce mouvement peut trouver un écho chez les parents dans la reviviscence de leur propre problématique œdipienne. Mais la non-reconnaissance ne s'arrête pas là. Il n'est pas rare d'entendre des parents dire que brutalement, d'un seul coup, soudainement… comme dans un vécu catastrophique, ils ne reconnaissaient plus leur enfant, celui-ci devenant quasiment un étranger. S'il a lui-même des difficultés à s'identifier, l'adolescent n'est plus, non plus, identifié par ses parents comme un double ou un prolongement d'eux-mêmes ni comme faisant partie du groupe familial. Il y a une partie adaptée dans ce processus, conférant à l'enfant un statut d'étranger et lui ouvrant alors la porte de l'exogamie. Mais quand nous parlons de soudaineté ou de catastrophe, c'est pour souligner l'impact traumatique qui peut se produire dans certains cas où il y a comme une brutale dés-inclusion, une sorte de « défiliation ».

Travailler avec les enfants et les familles pose de façon centrale la question des frontières. Quelque chose échappe à l'individu et au groupe. L'adolescent ne se reconnaît pas ni en lui-même ni dans les autres, il n'est plus reconnu. Mais il est possible d'inverser la proposition d'une compréhension par l'étranger : les parents et l'adolescent se reconnaissent *trop* comme objets meurtriers et/ou incestueux. Le vacillement des frontières renvoie au nouage de l'inconnu et du trop-connu.

L'adolescent fuit la régression formelle à travers ses agirs, la régression développementale à travers ses revendications et la régression topique en fuyant la rêverie. Il peut retrouver malgré lui une forme de régression par un recentrage sur l'auto-érotisme et les pathologies du lien, ou encore se retrouver dans la sublimation et/ou l'idéalisation.

Le processus familial d'adolescence

Dans certaines familles, l'incestuel empêche le processus d'adolescence ; le sexuel est là d'emblée, le corps de l'enfant étant un corps d'adulte. Dans des familles moins malades, l'adolescence joue comme un révélateur du groupe qui excite et réveille. Les défenses immunitaires contre un corps étranger se mettent en place et tout est fait – du moins dans un premier temps – pour ne pas reconnaître cet étranger comme un familier.

L'adolescence réactive les conflits de dépendance et les velléités de différenciation. C'est un moment qui n'interroge pas seulement l'évolution de l'adolescent, mais aussi différentes problématiques au sein de la famille. Par sa crise, l'adolescence met en question les qualités transformatrices de l'enveloppe familiale. Les familles « répondent » différemment à cette étape de la vie, en fonction de leur structure, de leur histoire, et de leurs capacités de liaison. La déstabilisation du groupe familial peut aller jusqu'à l'effondrement éventuellement sous forme de fermeture et de rigidification, mais aussi de déni et/ou de rejet. Cet angle permet d'apprécier l'adaptation des frontières du groupe familial, mais aussi – dans un jeu de désappartenance au groupe primaire – les frontières psychiques du sujet adolescent.

Le pubertaire[15] remettant en jeu les effets de la pulsionnalité devra être réinterrogé au regard de la contenance familiale. La destructivité potentielle de l'adolescence est contenue en fonction des capacités d'adaptation de l'environnement[16].

La contenance doit être entendue dans un sens économique, le groupe familial étant lié par des tensions et des coexcitations. C'est la dimension économique qui marque une rupture entre la psychanalyse et les autres approches. Pour l'analyste, c'est le quantum d'affects et/ou d'excitations qui peut faire effraction et avoir une valeur traumatique.

C'est le passage des liens primaires aux liens secondaires que réinterroge – sans le savoir – l'adolescent. Ces moments de cassure peuvent renforcer par « nécessité régressive » le besoin pour certains membres de la famille de se sentir davantage appartenir à un « nous », abandonnant ainsi les frontières individuelles.

La tendresse est un lien qui structure le sentiment d'appartenance. Dans le quotidien, les étreintes, les bisous, les caresses… relient les membres de la famille. L'adolescent, en érotisant les relations, peut sentir une déperdition de la tendresse. C'est pourtant bien sur ce même niveau sensoriel que s'appuient les processus de transmission dans une remémoration corporelle. Et c'est bien le corporel, avec la perception de la ressemblance et de la différence, qui soutient les frontières individuelles.

L'adolescent doit connaître une phase active d'abandon des parents. La désidéalisation est compensée par le mouvement de bascule vers l'investissement des groupes secondaires à travers une délégation narcissique partielle. La famille de son côté doit tout aussi activement tenter de retenir l'adolescent, ce qui ne saurait être confondu avec des mouvements d'emprise. Le désinvestissement n'est ni synchrone ni réciproque et c'est bien cette tension qui soutient le changement.

Mais ce n'est pas l'adolescent en tant qu'individu qui change la donne. C'est le processus d'adolescence dans le groupe familial qui remobilise les qualités de l'enveloppe groupale, notamment dans sa double valence contenante et perméable[17]. Ce processus ne se limite pas à la relation parents-enfants, mais s'inscrit dans la chaîne généalogique, réalisant ou non le travail de transformation nécessaire à toute véritable transmission psychique. Or pour que celle-ci puisse s'opérer, il faut reconnaître une temporalité et en l'occurrence une chronologie générationnelle. Ici la reconnaissance des générations ne peut s'effectuer. Dans des situations de « collage », l'autre est dénié, non reconnu dans son altérité. Dans le meilleur des cas, il sera utilisé dans une fonction d'étayage et au pire utilisé comme objet de jouissance.

Dans cette vignette clinique, la haine de madame, contre sa propre mère, n'avait jamais pu s'exprimer. C'est contre Isabelle

– ce bébé adorable – qu'elle s'était déplacée. Monsieur, quant à lui, avait toujours été écarté au profit de son frère aîné, ses parents ayant fait preuve d'une préférence marquée. Sa jalousie, jusque-là déniée – « Je n'en ai jamais voulu à mon frère » –, Isabelle la clamait haut et fort à l'égard de sa fratrie.

C'est la violence et les fugues d'Isabelle qui avaient amené cette famille à consulter. L'obésité était passée sous silence, un peu comme une maladie honteuse. J'avais moi-même du mal à la penser et encore plus à la nommer. Dans le cadre de cette thérapie familiale, le contre-transfert était soumis à un fonctionnement clivé : être tantôt en empathie avec Isabelle et tantôt avec le reste de la famille. La violence, voire le rejet, était ressentie alternativement pour l'une ou les autres. C'est seulement quand j'ai pu l'élaborer davantage et parler moi-même « tranquillement » de l'obésité d'Isabelle que des liens purent se faire avec l'histoire et les liens dans la famille. Le corps, après la rupture pubertaire, pouvait reprendre sa place. Les processus identificatoires pouvaient également se remettre en marche, Isabelle déclarant qu'elle voulait reprendre des études pour être infirmière... profession exercée par la mère.

La thérapie familiale tente de redonner à l'enveloppe familiale sa fonction contenante et transformatrice ; c'est ainsi que peuvent se vivre – ou revivre – les émotions primaires sans crainte d'effondrement. Et c'est ainsi que peuvent s'énoncer les pensées jusque-là interdites.

NOTES

1. Sanahuja A., Cuynet P., « Groupe de parole spécifique pour adolescents obèses, en processus d'amaigrissement, placés en institution », *RPPG*, 59, Érès, 2012.

2. Almeida-Prado M.C.C., Feres-Carneiro T., « Obésité morbide et fonction oméga », *Dialogue*, 185, Érès, 2009.

3. Kaës R., *L'Appareil psychique groupal*, Dunod, 1976.

4. Ruffiot A., « Le groupe famille en analyse, L'appareil psychique familial », in Ruffiot A., Eiguer A. *et al.*, *La Thérapie familiale psychanalytique*, Dunod, 1990.

5. Rouchy J.-C., *Le Groupe, espace analytique*, Érès, 1998.

6. *Ibid.*

7. Cuynet P., « L'image inconsciente du corps familial », *Le Divan familial*, 2, n° 15, 2005, p. 45.

8. Berenstein I., Puget J., *Psychanalyse du lien*, Érès, 2008.

9. Kaës R., *Les Théories psychanalytiques du groupe*, PUF, 1999, p. 87.

10. Freud S., « Psychologie collective et analyse du moi » (1921), *Essais de psychanalyse*, Payot, 1983, p. 180.

11. Ferenczi S., « La confusion des langues entre l'enfant et l'adulte », *Œuvres complètes*, IV, Payot, 1933.

12. Balint M., *Le Défaut fondamental* (1968), Payot, 1991.

13. Freud S., « Psychologie collective et analyse du moi », art. cit., p. 176.

14. Robert P., « La famille et les générations », in Marty F. (dir.), *Les Grandes Problématiques de la psychologie clinique*, Dunod, 2009.

15. Gutton P., *Le Pubertaire*, PUF, 2003.

16. Marty F., « La violence comme expression du mal-être à l'adolescence », *Adolescence,* n° 70, L'Esprit du temps, 2009.

17. Robert P., « Groupe familial et processus d'adolescence », in Cahn R., Gutton P., Robert P., Tisseron S., *L'Ado et son psy, Nouvelles approches thérapeutiques en psychanalyse*, InPress, 2013.

V.

Plus ou moins de poids du corps

14.

Le poids de Thanatos à l'adolescence

GERASSIMOS STEPHANATOS

Ancienne étoile du championnat de natation pour enfants, mais une étoile filante tombée dans le marasme, Esther a déjà 18 ans quand elle vient me voir, et une *petite sirène* sublime et mortifère règne depuis toujours dans son monde interne. C'est peut-être pour cette raison que je l'ai nommée Esther, bien qu'elle ne soit jamais devenue comme la sirène de Hollywood[1] qui émergeait éblouissante des eaux de piscines de rêve, faisant l'admiration des amateurs du septième art. Elle n'a jamais vu son corps, apparemment bien féminin, paré avec les emblèmes de la féminité qui bien qu'instables, équivoques et dépendants du regard de l'autre, sont nécessaires pour le maintien d'une identité sexuelle. Elle est restée prisonnière de cette *petite sirène,* qui trace répétitivement une forme narcissique primaire, l'image d'un *moi idéal* dans laquelle elle se reflète, perpétuellement, au miroir du regard de sa mère qui l'a reconnue et l'a fixée dans cette image, dans cette figure narcissique de petite sirène.

L'amour-propre d'un enfant, son auto-investissement narcissique, on le sait, doit beaucoup à l'image que lui renvoient les yeux et les paroles de ses parents, à leur intérêt pour ce qu'il réussit, à l'espoir qu'ils fondent en lui, à leurs projets pour son avenir, bref à leurs projections. Fatalité inexorable pour tout nouvel arrivant sur la scène du monde d'occuper une place déjà fixée à l'avance, difficulté insurmontable pour le petit d'homme d'être obligé, pour s'approprier un corps, son corps, et une histoire, son histoire, de passer par un autre. C'est ainsi que l'amour s'accompagne toujours d'une haine autant primaire que nécessaire.

Esther est venue au monde pour combler un vide, un manque, un trou dans le narcissisme de ses parents. Sa mère l'a investie comme complément phallique ; dans l'image qu'elle lui renvoie, c'est comme si une queue de poisson poussait : la *petite sirène* prend forme et commence à nager triomphalement dans les eaux du narcissisme parental. Quelle jouissance elle ressent et quel plaisir elle offre, cette petite sirène-Esther ! Les parents la regardent avec fierté et, en la regardant, ils voient le regard des autres les admirant. Esther, avant d'aller à l'école, va donc à la piscine, elle devient championne dès sa petite enfance. Et dans ses rêves, en thérapie, le contour de la piscine va figurer répétitivement une référence paternelle qui délimite sans constance le Sans-Fond d'une mer maternelle menaçante, mortifère.

Le père, ancien marin, a depuis longtemps quitté la mer pour gagner la banalité monotone d'un emploi en ville ; la mère travaille dans le service public. Tous les deux, pris dans les engrenages publics et privés d'une incessante recherche de reconnaissance, sont aussi les athlètes infatigables d'un marathon d'ascension professionnelle et sociale. Et leur « petite sirène » sera bientôt championne de natation, toujours vainqueur. Une économie narcissique commune s'installe entre Esther, ses parents et son entraîneur, un certain nombre de déplacements et de substitutions deviennent possibles. Le milieu athlétique est surinvesti, paré de toutes les qualités ; hors lui, rien ne vaut. Le zèle et les performances d'Esther sont admirables et admirés, les années d'enfance passent sans trop de vagues.

L'équilibre est rompu avec l'advenue de la puberté, de la génitalité et des inévitables remaniements identificatoires. « Qui suis-je ? Quelle est mon image ? » s'interroge angoissée la petite sirène-Esther en observant avec inquiétude sa queue devenue dorénavant incommode et gênante. « Pour sortir de la mer il te faut deux jambes, une féminine et une autre masculine, qui marchent au pas de femme », lui répond son corps. La différence et la complémentarité des sexes apparaissent. La petite sirène du conte d'Andersen s'était trouvée dans la même situation quand, sortant la tête de l'eau, elle a vu le prince charmant du bateau. Et puisque le monde des humains n'est ni aquatique ni féerique, mais bien ou mal marqué par les différences, la sirène a payé cher son amour pour le prince. Son corps s'est scindé en deux pour faire disparaître la queue, et quand elle marchait sur la terre de son prince bien-aimé, cela lui faisait très mal, elle saignait « comme si elle marchait sur des couteaux ».

Esther a de bonnes raisons d'avoir peur de ce sang et coupe sa menstruation dès qu'elle débute. Elle vit sa puberté comme une blessure narcissique saignante. Aimée comme complément phallique de ses parents, faisant « un corps pour deux » avec sa mère, elle n'a, comme seule issue à la puberté, que de nier inconsciemment son corps sexué et de lutter contre son apparente féminité. Un vrai combat de contrôle des représentations psychiques de ce corps féminin « étranger » s'inaugure. Les performances sportives deviennent des efforts désespérés pour contrôler, dans le registre somatique, les représentations du corps érogène. L'entraînement épuisant, les temps records, l'effort de dépassement des limites constituent une épreuve continue de contrôle du corps, dans l'espoir illusoire de contrôler le désir et la conflictualité psychique inévitable.

Or Esther recourt aux stratégies complémentaires. Elle devient anorexique, boulimique, aménorrhéique, poussant aux extrêmes les régimes alimentaires imposés par les compétitions sportives, luttant en tout cas pour faire disparaître tout rond de l'image du *corps athlétique idéalisé*. Elle veut « n'avoir que la peau sur les muscles et les os ». La résistance, la dureté des os, formes pleines sans ouvertures, associée à l'activité de muscles, renvoie en l'occurrence à la réduction du signifiant phallique au somatique, au déni des ouvertures du corps féminin-maternel et à la fermeture autant draconienne qu'illusoire du moi aux forces pulsionnelles du ça.

Le corps athlétique est idéalisé, pour des raisons différentes, par les adolescents ainsi que par des hommes qui ne sont pas des athlètes. Posséder un corps-emblème phallique, c'est renforcer morphologiquement sa masculinité et une identité sexuelle qui reste, malgré tout, à reconstruire en permanence. Mais Esther surinvestit son corps d'athlète pour neutraliser son identité sexuelle. Le combat étant inégal, elle devient tortionnaire de ce corps et le condamne sans pitié aux « travaux forcés » athlétiques.

Or dans ce contexte elle abandonne naturellement l'athlétisme, après des échecs répétitifs, mais elle ne se transforme pas en écume comme la petite sirène à la fin du conte d'Andersen. Au contraire, elle sèche corporellement et affectivement et elle se considère, probablement avec raison, victime d'antagonismes malhonnêtes du milieu athlétique. Sa vie de jeune femme se limite au maintien d'une relation usée avec un petit ami substitut de la faiblesse paternelle, à un usage d'appoint d'alcool et de haschisch, et à une activité professionnelle strictement utilitaire, suivant les mêmes rythmes épuisants que son entraînement sportif d'antan, comme s'il fallait, pour survivre, disjoindre, séparer en permanence autoconservation et plaisir.

Cette manière d'*être-au-monde* offre à Esther la sensation

d'une dominance mégalomaniaque sur le désir, tandis qu'elle contrôle tout simplement – mais au prix de quels sacrifices ! – un corps martyrisé. Le coût que paye Esther pour sa survie psychique est le martyre sans fin d'un corps qu'elle expose à la destruction pour se montrer qu'elle reste à la vie avec son propre désir, avec sa propre volonté.

Une figuration scénique de ce drame humain serait le pas de la petite sirène d'Andersen, obligée de danser sur la terre, sans queue de poisson, saignant en permanence, « comme si elle marchait sur des couteaux ». Les couteaux traumatisent, coupent la peau mais aussi les chaînes psychiques invisibles, en libérant le pas vers le nouveau, vers l'inconnu. C'est l'affrontement à la chose sexuelle, c'est-à-dire à la différence des sexes, qui coupe, sépare, divise, différencie et traumatise notamment à l'adolescence. Et c'est bien la force déliante des pulsions de mort, qui maintient la voie ouverte à ce processus nécessaire, c'est le courant haineux qui conditionne l'altérité, les séparations et les différences « petites » et grandes.

La configuration de la petite sirène renvoie ainsi à la genèse de la sexualité féminine dans la féminité infantile. Cléopâtre Athanassiou-Popesco explore, dans sa propre perspective théorico-clinique, le trajet qui va de l'« objet combiné », qui accompagne la formation de cette sirène narcissiquement fascinante, à la scène primitive du couple parental qu'impose la conflictualité propre à l'humain[2].

L'existence de la figure de la sirène dans les mythes depuis l'aube de l'humanité et dans les soubassements narcissiques les plus primitifs du sujet, comme l'universalité du conte et des schémas théoriques de la psychanalyse, n'épuisent pas pour autant le singulier, le particulier. L'histoire de la « petite sirène-Esther » est à la fois singulière et commune, au sens qu'elle représente une figure possible du « combat à mort » de certains adolescents pour se libérer des liens parentaux étouffants et s'approprier un corps et une identité sexués.

Du corps athlétique au corps de souffrance

L'utilisation des exigences imposées par les compétitions de haut niveau par les athlètes adolescents, garçons et filles, est courante pour tenir à distance la conflictualité de la génitalité et du remaniement des identifications masculines et féminines, maternelles et paternelles. L'uniformisation garçons-filles favorisée par le corps athlétique du sport de haut niveau constitue un mode de défense, parfois nécessaire et anodin, s'il est passager, face à l'étrangeté du corps pubertaire et à la différence sexuelle.

Les représentations du corps athlétique figurent l'actif, le phallique, le puissant et également le bisexuel, l'invulnérable et l'immortel, catégories qui renvoient à la fois aux limites et à l'abolition de ces limites entre le possible et l'impossible, le licite et l'illicite – aux limites entre la toute-puissance infantile et le manque constitutif de l'être sexué. L'histoire libidinale de tout sujet, qu'il soit athlète ou pas, vient s'inscrire, indépendamment du sexe biologique et de la performance sportive, dans le tissu psychique que forment tous ces couples antithétiques, dans leur antagonisme foncièrement antiathlétique.

Or le sujet doit pouvoir penser sa relation à son corps, c'est-à-dire aux représentations qu'il a forgées pour se représenter, par le désir d'un autre, un corps érogène dans ses dimensions imaginaires et symboliques. Encore faut-il ajouter que ce corps à s'approprier est un corps déjà parlé et investi par le discours parental, par le regard et la voix du « porte-parole » maternel (P. Aulagnier). Le *Je* du sujet doit donc penser de façon autonome l'interprétation maternelle de son vécu somato-affectif infantile et accomplir un travail incessant de construction-reconstruction des représentations relationnelles qui figurent son vécu corporel dans son rapport à l'autre. Ces représentations obéissent aux forces et aux motivations que le sujet ignore en grande partie puisqu'elles sont inconscientes, néanmoins il les rend responsables des événements qui ont marqué son corps. En d'autres termes, le sujet, adolescent ou pas, recourt à une *nécessaire historisation subjective de sa relation à son corps*, encore que la partie manquante de cette histoire lui échappe à jamais. Cet *inconnu*, ce *non-déterminé* et indéterminable est justement responsable de la douleur ou du plaisir et de la jouissance que nous offre ou nous refuse notre corps.

L'histoire de la « petite sirène-Esther » ne constitue pas l'anamnèse d'un cas clinique, ni le récit d'une analyse, ni une étude sur l'athlétisme et le corps, bien qu'elle ait affaire à tout cela. Il s'agit plutôt d'une construction qui s'est forgée dans mon esprit quelques années après la fin du traitement d'Esther[3] et qui a acquis rétroactivement une certaine valeur contre-transférentielle et s'est liée à la problématique freudienne de la *Kulturarbeit*. J'ai pris conscience d'avoir essayé de transformer en réalité humaine et en histoire transmissible quelque chose qui appartenait à la réalité somato-psychique et au pulsionnel d'une jeune fille – la transformation n'ayant pas eu lieu dans sa thérapie. J'avais entrepris l'humanisation narrative, l'acculturation, bref la socialisation de la *petite sirène*, cette formation narcissique antihumaine dans laquelle s'était emprisonnée Esther.

Le transfert comme possibilité d'ouverture de la clôture narcissique et comme moyen de rencontre avec l'autre en soi favorise la circulation des investissements narcissiques et sexuels immobilisés, avec des conséquences qui peuvent conduire jusqu'à l'interruption d'une analyse. Cette mouvance libidinale implique des remaniements identificatoires, de nouveaux investissements d'objet et des idéaux offerts par l'environnement culturel – processus par ailleurs indispensable, sinon « naturel » à l'adolescence.

C'est à ce travail que les efforts d'Esther se heurtent répétitivement. Chaque fois, elle s'enferme dans son repli narcissique pour éviter le pulsionnel, sexuel et agressif, qu'elle rencontre inévitablement dans sa vie comme dans la relation transférentielle. Il faut bien souligner que le repli et le recours aux étayages somatiques du désir ont été le seul moyen qui lui restait pour se soustraire à l'excès d'emprise parentale. Son anorexie a été une protestation contre cette nourriture-amour qui gave, une urgence vitale par la suite chronicisée, atténuée, obsessionnalisée ; alternant avec des phases de boulimie, elle est entrée dans une répétitivité, un mal-être permanent.

La position psychique d'Esther se différencie de la *Kulturversagung*, du refus qu'impose la civilisation à la satisfaction immédiate des pulsions. Le *principe du renoncement* sur lequel Freud fonde l'édifice de la civilisation et son malaise ne conduit pas forcément le sujet adolescent à l'ascétisme et à l'anachorétisme, ni à l'autarchie narcissique du moi et à sa fermeture aux courants pulsionnels du ça. Au contraire, il coïncide avec l'intensité du mouvement transformateur pulsionnel, l'enrichissement de l'activité représentative, l'investissement des idéaux et les réalisations sublimatoires. Bref, la *Kulturversagung* coïncide avec la *Kulturarbeit,* ce travail de *Kultur* qui signe les passages transformateurs successifs du monde pulsionnel du *Es* au monde partageable du *Ich,* suivant le condensé théorico-pratique freudien *Wo Es war soll Ich werden*[4]. Il s'agit d'une transformation de la relation entre instances psychiques, qui permet à la fois la reconnaissance de l'*autre*, l'*inconnu* en soi-même, et de l'*Anankè*, la nécessité qui est extérieure au moi et lui donne la mesure de son enracinement à l'ensemble humain et au mode social-historique.

Le glissement de l'athlétisme à la *compétition à mort* qu'opère Esther, avant son recours final à une hyperactivité professionnelle franchement utilitaire et sans plaisir, témoigne aussi de l'effondrement de ses réalisations sublimatoires. La désunion pulsionnelle et la prépondérance de la pulsion de mort sur la scène psychique rendent problématique l'investissement du pulsionnel sur des formes de conflit et d'antagonisme socialement organisées, en l'occurrence athlétiques ; et le corps athlétique sexué se transforme en corps souffrant, martyrisé.

La consolation impossible de la « petite sirène-Esther » concerne autant sa guérison du repli narcissique que la difficulté du travail analytique à transformer les épreuves d'Esther en une histoire partagée entre elle et son analyste. C'est pour cette raison que je me suis réfugié dans le conte d'Andersen.

Des souffrances encore, l'histoire de la « petite ballerine »

Avec une adolescente que j'appellerai Pina[5], les choses se sont passées différemment. Pina est une créature éthérée, identifiée à l'image de « petite ballerine » sublime. Dans ses chorégraphies périlleuses, elle met en acte le contraste mortifère entre son *moi idéal* hypertrophié, gavé d'un amour parental contraignant, et la forme diaphane de son corps de danseuse anorectiquement parfait.

La *petite ballerine* qui a colonisé la psyché de Pina comme la *petite sirène* qui dominait le monde d'Esther sont deux figures sublimes et mortifères d'une même représentation narcissique primaire. Deux images éblouissantes, glacées, immobilisées dans le temps et l'histoire, dans lesquelles se reflètent désespérément, répétitivement, compulsivement Pina et Esther fascinées, captivées, sans consolation possible. Elles sont même devenues anorexiques à la plénitude « gastrique » de ces figures qui leur bouchent l'appétit pour la vie.

La rencontre avec elles m'a permis de réaliser pleinement pourquoi ce représentant narcissique primaire qu'est l'enfant merveilleux – nommé « petite sirène » ou « petite ballerine » dans ces thérapies – est « à tuer » continûment au cours d'une vie, d'une analyse, et peut-être plus que jamais pendant l'adolescence. « Il n'est de vie qu'au prix du meurtre de l'image première, étrange, dans laquelle s'inscrit la naissance de chacun », a pu écrire Serge Leclaire, en soulignant que la pratique analytique se fonde d'une mise en évidence du travail constant d'une force de mort : celle qui consiste à tuer l'enfant merveilleux (ou terrifiant) qui, de génération en génération, témoigne des rêves et désirs des parents[6]. Faire et refaire le deuil de cette représentation de plénitude fait partie des coordonnées de toute adolescence possible ; tuer, en l'occurrence, c'est désinvestir ce représentant narcissique primaire, délier, desserrer les liens asphyxiants déplacer l'énergie libidinale, libérer le mouvement identificatoire. Thanatos comme force de déliaison prête son concours à cette opération.

Pina n'arrive pas à accomplir ce meurtre nécessaire et ses pulsions de mort se détournent hors psyché contre son corps, qu'elle détruit. Tortionnaire de son propre corps, elle l'expose implacablement aux limites extrêmes de nutrition, aux exercices compulsifs de gymnastique. Elle contrôle les calories, ses règles et son analyste.

Aux entretiens préliminaires, elle s'était présentée avec un poids et des conduites normalisés, après une tentative de suicide et deux hospitalisations, la deuxième d'office. Elle avait naturellement une attitude hostile envers les psychiatres, les psychologues, leurs soins et leur insistance « pour faire une autre psychothérapie en ville après sa sortie de l'hôpital ». Malgré tout, j'ai accepté cette demande, puisqu'il s'agissait d'une *demande de survie*.

Aux difficultés évidentes de l'entreprise thérapeutique vient s'ajouter une autre difficulté. L'« amour-nourriture » des parents se change en « interprétation-nourriture » via une culture psy progressivement acquise, grâce à une psychothérapie des parents qui a succédé à une précédente psychothérapie familiale. Les interprétations œdipiennes, imprégnées d'ambivalence, que Pina reçoit de la part de ses parents quotidiennement ne l'intéressent pas vraiment. Les schémas œdipiens libidinaux ne touchent pas son économie psychique qui fonctionne dans la sphère des pulsions de mort. Les « interprétations-nourriture » de ses parents, Pina les rejette, elle les utilise subtilement pour le contrôle défensif qu'elle est obligée d'exercer sur moi et que, pour des raisons différentes, je me sens aussi obligé de respecter.

Dans ce contexte a eu lieu une phase critique. Pina recommence à perdre des kilos désespérément, présente des œdèmes aux jambes à cause de troubles électrolytiques et elle nécessite des soins hospitaliers. Malgré son état très inquiétant, elle vient régulièrement à ses séances et monte au sixième étage, où se trouve mon cabinet, sans prendre l'ascenseur. J'ai pensé, naïvement, à l'apparition salvatrice d'une phobie d'ascenseur, en l'occurrence de mon ascenseur comme contenant métonymique menaçant, qui inscrirait malgré tout cette situation extrême dans des paramètres relationnels, objectaux. Rien de tout cela, sauf mon hésitation momentanée de la suivre dans sa trajectoire mortifère. Et, quand elle précise d'un ton détaché qu'elle ne prend plus l'ascenseur pour perdre des calories, je lui demande de façon aussi dédramatisée de « ne prendre que les calories nécessaires pour venir à ses séances » ; en d'autres termes, pour qu'on puisse continuer à soutenir une certaine activité représentative, malgré sa limitation par ses actes, ses comportements et ses épreuves somatiques compulsivement répétitifs. Pina accepte cette condition, et bien que pratiquement elle l'utilise pour éviter l'hospitalisation, les choses se présentent différemment au niveau psychique.

Le rappel des limites biologiques par un autre – apparemment contrôlé par elle-même – ne pouvait pas annuler le sens de sa grève de faim, ni sa résistance à l'annulation de soi-même par la « nourriture-amour-interprétation », ni son effort paradoxal de vouloir mourir pour pouvoir vivre. Or une activité représentative est apparue sous forme de matériel onirique inélaboré qui tenait lieu de figuration de Thanatos : squelettes, croix de sacrifice, cadavres incinérés, des cendres dans une boîte. Une élaboration minimale, mais absolument nécessaire, de ces figurations de mort – que je n'ai pas du tout interprétées comme une mise en scène de renaissance – a éloigné la mort physique et Pina a retrouvé le poids anorectiquement correct pour elle.

Dans une telle situation limite, « dans un rapport de force sans issue, seule une *résistance* née de ses propres sources pulsionnelles de mort peut braver la mise en danger mortelle[7] », soutenir l'autoconservation et gagner par le retournement opéré sa propre représentance. Dans la sphère de la mort, on rencontre un courant pulsionnel sans effets mortifères, psychiquement transformable et potentiellement élaborable dans le travail analytique. Cela représente l'hypothèse essentielle de Nathalie Zaltzman, qui thématise ce courant énergétique des pulsions de mort, « le plus individualiste, le plus libertaire », qu'elle nomme *pulsion anarchiste*[8], avec toutes les connotations du mot. La pulsion anarchiste est une force de déliaison et dans ses agissements elle lutte contre les visées grégaires, agglutinantes, unificatrices d'Éros ; elle est séparatrice, déliante, elle est libératrice de liens étouffants avec les objets de désir.

On peut attribuer la résistance de Pina au travail du courant *anarchiste* des pulsions de mort. Au moins, c'est l'hypothèse métapsychologique qui m'a permis, après coup, d'élucider autant que faire se peut l'ensemble de cette situation limite et ma position qui consistait à respecter, ce qui ne veut pas dire accepter passivement, la résistance de Pina. Cela a exigé une vigilance extrême, une disponibilité de présence matérielle (rythme de séances, etc.) et surtout l'effort constant de ne pas succomber à la fascination de la mort, à la séduction mortifère de cette figure d'adolescente éthérée, sublime, au visage diaphane de la mélancolie, au corps squelettique d'une ballerine déchue.

Toucher la mort au corps

Le recours à la matérialité des limites biologiques, à l'épreuve des taux et des degrés de résistance de son corps, représente la seule « solution » qui reste au sujet adolescent pour échapper à la domination du parent nourricier et à l'amour-nourriture qui le prive du manque. Cependant, chaque fois que la problématique du désir retourne à ses étayages somatiques, chaque fois que les objets de désir deviennent objets de besoin, sur la scène psychique, Thanatos gagne la bataille sur Éros. Piera Aulagnier l'a bien mis en évidence[9]. Le coût que payent Pina et Esther pour leur survie psychique est le martyre sans fin d'un corps qu'elles exposent compulsivement à la mort physique pour montrer qu'elles restent à la vie avec leur propre désir, avec leur propre volonté.

Toucher la mort au corps est une solution ultime pour le sujet adolescent, obligé de mettre en suspens la scène psychique et de créer un « théâtre du corps », selon l'expression de Joyce McDougall, ou, pire encore, un « théâtre de la cruauté » – derrière cruauté il faut entendre avec Artaud « souffrance d'exister[10] » – ou un théâtre du désespoir à la Sarah Kane. La relation du protagoniste avec son objet de désir glisse du registre du plaisir libidinal à la sphère de Thanatos.

Les plaisirs érogènes du corps résultant de l'intrication pulsionnelle sous l'égide d'Éros s'écartent et le besoin de recourir aux limites biologiques du corps s'impose impérativement. Thanatos, sans masque libidinal, parcourt les seuils et les degrés de tolérance du corps à la privation, de son endurance à l'effort, de sa mise à l'épreuve à toutes sortes d'excès (excès de privation, excès de consommation), en utilisant des objets de besoin comme la drogue dans la toxicomanie, l'objet-nourriture dans l'anorexie.

Initialement l'activité de mesure des seuils de résistance est au service de l'autoconservation et de l'individuation, et c'est pour cette raison justement que le registre du besoin et ce qu'il impose de travail à l'appareil psychique appartiennent à la sphère de Thanatos. Mais, quand cette activité est prise dans la nécessité de la répétition, elle peut basculer vers des effets mortifères, contraires à sa visée[11]. La dimension psychique de survie, l'urgence de se démontrer qu'on est en vie en s'exposant à la mort, a pris le pas sur la dimension du respect de la réalité biologique.

Le recours aux limites du corps est le seul qui reste parfois au sujet pour se soustraire à un excès d'emprise mentale par un autre. L'anorexie est une « protestation vitale » contre la nourriture-amour, « qui rend l'enfant gavé infirme de sa faim, infirme des ressources mentales autoconservatrices de ses pulsions de mort[12] ».

Il faut noter que la situation extrême de Pina se différencie d'autres formes d'anorexie qui peuvent être interprétées – au moins à un premier niveau – dans la sphère libidinale, parce que justement la compulsion de répétition n'est pas installée. Dans le cas, par exemple, de l'anorexie d'une jeune hystérique survenue pendant sa thérapie, le symptôme a disparu une fois que la correspondance bouche-vagin s'est établie et que la menace par le désir inconscient d'une pénétration pénienne et interprétative s'est mise en sens. Néanmoins, quand l'éclipse du désir libidinal s'avère « obligée », la métaphorisation n'est plus possible, le sujet recourt à la réalité tangible du corps et il peut vivre, même une « situation limite ».

Flirter avec la mort, dans des situations socialement acceptables ou pas, ce n'est pas chercher a priori la mort réelle. Au contraire, cela peut constituer une défense contre une élaboration mentale exacerbée autour de la mort ou contre une activité pulsionnelle autodestructrice, par la représentation du danger à l'extérieur, pour mieux l'affronter. Pour certains de nos adolescents, la sensation de la mort réelle devient une condition pour la vie et le plaisir.

Dans la clinique de l'adolescence et dans une certaine psychopathologie de la vie quotidienne, on rencontre ce qu'on peut appeler des *ordalies*[13] *contemporaines*. Les cascades des jeunes motocyclistes, les relations sexuelles non protégées, les sports à risque, les aventures extrêmes, la recherche de sensations nouvelles, les exploits physiques à la limite de l'épuisement, l'ascèse, l'excès, l'anorexie, la boulimie, les tentatives de suicide à répétition, l'usage de toxiques, l'overdose des toxicomanes sont des conduites à risque mortel.

Défier la mort réelle, se soumettre à la fascination mortifère de la conduite ordalique, vivre sa sensation physique, c'est rechercher dans la réalité du soma à vérifier répétitivement les limites de son corps, à unifier l'image de ce corps. Dans ces situations extrêmes, la sensation de douleur, notamment, acquiert une valeur identificatoire, devient garante de l'existence de la réalité et confirmation de la permanence de ses investissements vitaux. On peut même avancer que, par cette manœuvre, une éventuelle décompensation psychotique est évitée et une possibilité d'élaboration psychique qui concerne la sphère de la mort peut apparaître.

Déliaisons périlleuses, déliaisons salvatrices

La psychanalyse, soit avec les adultes, soit avec les adolescents, rencontre inévitablement l'existence dans la vie psychique inconsciente de ce courant pulsionnel nommé Thanatos, dont les buts diffèrent de ceux d'Éros. Il s'agit de la présence de la mort dans la vie, de ses expressions destructrices internes et externes, de ses décharges meurtrières, de son activité psychique permanente et aussi, paradoxalement, de ses contributions[14] aux phénomènes de la vie.

Au cours d'une vie humaine, Thanatos, uni ou désuni avec Éros, participe inévitablement tant à la maladie qu'à l'effort d'autoguérison du sujet, aux « solutions » symptomatiques, morbides ou même délirantes auxquelles il recourt. L'étiologie sexuelle des troubles ne suffit pas toujours à rendre compte de la compréhension de la psychopathologie, qu'il s'agisse de la psychose, des troubles narcissiques, des états limites ou de certains aspects de la psychopathologie de l'adolescence et du processus de subjectivation. Il est incontestable que certains de nos patients adolescents présentent par rapport à la mort une attitude inhabituelle, provocante. Et il est vrai aussi que dans des situations extrêmes et dans certains conflits libidinaux sans issue, ils espèrent désespérément de la mort le maintien à la vie avec leur propre volonté.

Flirter avec la mort, toucher la mort en recherchant le seuil de résistance de son corps, c'est chercher une issue de *survie* psychique. Si par abus de langage on attribue une intentionnalité aux pulsions, et spécialement aux pulsions de mort, il n'empêche que le flirt avec la mort constitue un « choix » – mieux, une « solution » cliniquement repérable. Il serait donc peut-être plus convenable d'évoquer l'impact et les effets directs de Thanatos que de parler des buts qui se manifestent à travers l'objet. L'activité des pulsions de mort devient « tangible » à travers la force de la compulsion de répétition et la destruction accomplie sur les processus psychiques – comme elle se manifeste dans le transfert et le contre-transfert –, sur le corps et ses fonctions, sur la cessation de la vie par suicide ou mort physique.

La disparition de l'autre ou de soi-même, les représentations de meurtre ou de suicide, la mort comme limite apparaissent sur la scène psychique comme des « solutions » auxquelles le sujet recourt, confronté à des situations libidinales sans issue. Ces « solutions » visent à mettre fin à un investissement libidinal insupportable au moyen de sa destruction psychique ou – quand cela est impossible – par un passage à l'acte.

Dans certaines constellations relationnelles, la chronique de cette autonomisation impossible est marquée par les tentatives répétitives de l'adolescent de couper des liens aliénants en coupant des morceaux de sa propre chair. S'automutilant, sacrifiant des pans entiers de sa réalité psychique et de son histoire libidinale, sabotant de multiples domaines de sa créativité, de ses performances et de ses aptitudes – parce que justement ils ont été investis par les parents –, recourant aux *néo-dépendances* à des substances, à des conduites et à des relations mortifères, l'adolescent essaie de se protéger des liens de dépendance et des deuils impossibles.

Le « garçon aux boutons d'acné » que j'ai rencontré était confronté à un lien libidinal asphyxiant qui l'attachait à une mère qui ne vivait que pour lui, lui ne vivant que pour elle.

D'emblée, il déclare avec un air sérieux et dédramatisé, qu'il « ne veut pas grandir » ; cette phrase, dans sa banalité même, ne manque jamais de provoquer chez celui qui l'entend un sentiment d'étrangeté. Par la reconstruction des événements qui l'ont conduit chez moi, il s'avère qu'il est dans l'impossibilité d'accomplir un meurtre psychique déjà entamé. Un meurtre qui aurait pu permettre le retournement de la mort en mise à mort de l'objet primaire. De toute façon, « avec tout ça, il y a eu une limite », comme il dit, bien que cette limite lui ait coûté quelques jours d'hospitalisation d'office en psychiatrie, probablement injustifiée, un traitement médicamenteux (car il craignait la mort de ses parents et la sienne), un court épisode d'anorexie et en plus le redoublement de l'année scolaire (puisqu'il était obligé de rester chez lui pour vérifier que sa mère restait en vie).

La mise en œuvre des pulsions de mort est favorisée par ces situations de crise, de dépérissement des liens à l'objet, d'effondrement des idéaux du moi. Le « garçon aux boutons d'acné » va-t-il accomplir le meurtre de ses objets primaires et remettre en mouvement son processus identificatoire ? Va-t-il s'installer dans la problématique d'un deuil impossible mélancolique ? Continuera-t-il à naviguer dans le chaos de ses déliaisons multiples, à la fois périlleuses et salvatrices, dans la mesure où elles lui permettent une liquidation potentielle de ses liens libidinaux asphyxiants et l'appropriation d'un projet identificatoire propre ?

Questions donc, de vie et de mort, de vie ou de mort, qui sont restées en suspens. Le « garçon aux boutons d'acné » interrompt la relation thérapeutique pour sauvegarder ses objets internes de leur mise à mort. À leur place, il sacrifie l'analyste et abandonne silencieusement tout projet de psychothérapie.

Des questions, en guise de conclusion

Comment peut-on tenir compte de ces processus de déliaison dans ces situations extrêmes, sans recourir à n'importe quelle canalisation artificielle du courant énergétique de mort qui soutient la force déliante, sans recourir au « domptage » des pulsions de mort et à leur annexion forcée à la puissance libidinale d'Éros ? Bref, comment prendre en compte le *travail de la mort* dans la rencontre avec les adolescents et notamment avec ceux qui vivent et fonctionnent sous l'égide de Thanatos, « obligés » de recourir à la matérialité des limites biologiques ?

Questionnement difficile, qui nous déloge de nos habitudes de penser la pratique analytique avec les adolescents. Les expressions de la pulsion de mort ne constituent pas toujours un facteur de morbidité, ni une force hostile aux buts du traitement analytique, qu'il faudrait forcément soumettre à l'autorité d'un Éros adolescent totalitaire sous bannière développementale. À force d'unifier, de favoriser à tout prix l'investissement de l'unité et de la synthèse, les limites se perdent et plus précisément les limites du moi – les limites entre soi et l'autre que trace en permanence Thanatos en maintenant ouverts les canaux d'une haine nécessaire, différenciatrice des êtres et des sexes, bref des êtres sexués.

Faut-il le frein de la déliaison contre l'excès d'union et aussi contre le pouvoir autocratique du moi ? La pulsion anarchiste est particulièrement à l'œuvre dans les impasses du narcissisme. Quand le moi vient capter à son profit tout l'investissement libidinal par l'effet de perte mélancolique des objets aimés, quelle possibilité est laissée au désir, à l'investissement de nouveaux objets et de la réalité ? C'est bien à l'activité de déliaison qu'il revient alors de détacher le moi de ses dépendances de mort ou de jouissance. Inutile de souligner l'importance de ces références métapsychologiques pour rendre compte des spécificités, des difficultés, voire des impasses du travail analytique avec certains adolescents ; leur individuation se fait au prix des séparations, des pertes, des ruptures de liens, des deuils successifs et parfois impossibles à faire. La présence de Thanatos dans ces processus doit être discernée d'Éros, surtout quant à ses effets de déliaison, de séparation, d'individuation, qu'il ne faudrait ni ignorer ni étouffer.

On parle souvent des adolescents « difficiles », inaptes au travail thérapeutique, des caractériels, des marginaux, des fugueurs, des inadaptés, des autodestructeurs, des drogués, des anorexiques, des boulimiques, des dépendants aux substances, aux conduites, aux relations mortifères. Ce sont les ratés de la pratique thérapeutique, les « cas » hors référence psychopathologique précise, ceux qui augmentent les chiffres statistiques des « *drop-out* » des services d'hygiène mentale – en d'autres termes, ceux qui cachent leur souffrance d'exister derrière une carapace protectrice, autodestructrice, polymorphe.

Comment l'analyste peut offrir à ces adolescents un cadre de rencontre en toute dépossession de maîtrise de sa part, quand tout conduit à penser qu'« il leur faut des limites », selon le jargon psychosociologique habituel ? Contradiction à assumer par l'analyste en écho d'une autre déjà assumée par son patient adolescent réputé difficile : certains sujets qui se sont trouvés en proximité précoce avec la violence et la destructivité meurtrière, qui ont vécu l'emprise totalitaire d'un autre, ne peuvent établir un lien durable que sous le signe d'une rupture imminente. S'il est vrai que cette idée est une des idées-forces appartenant à la série des représentations mentales de la pulsion de mort, comme l'a mis en évidence N. Zaltzman, il est aussi vrai que si on prive le sujet de cette idée-recours, il ne lui reste plus qu'à l'agir et il disparaîtra. La possibilité d'une rupture avec l'autre, mais contrôlée par lui-même, semble nécessaire pour ces adolescents et peut-être pour tout adolescent au sens que, dans les situations extrêmes, on retrouve des éléments familiers à toutes les issues de l'adolescence.

Ce questionnement me ramène aux autres questions concernant la « terminaison » du travail avec les adolescents et ses interruptions fréquentes. Toute fin d'analyse comporte une composante de transfert négatif, une haine plus au moins analysée, suffisamment ou pas perlaborée. Cependant, dans les cas qui nous occupent, la terminaison se fait souvent par un acte de rupture qui contient une agressivité mortifère pour l'« objet-analyste », par une brisure du lien transférentiel ressentie comme libératrice. Cette déliaison résultant du travail de la mort, peut-on la mettre au compte d'une levée partielle du déni de la destructivité qui aurait comme conséquence hypothétique un changement dans l'organisation psychique du patient ? Levée « partielle » du déni de la mort puisqu'elle se fait par et dans un passage à l'acte sans élaboration ou fuite du traitement pour sauvegarder ses objets internes par leur mise à mort. Ces questions restent le plus souvent sans réponse définitive, encore que j'aie souvent eu l'impression que, dans ces cas, il ne fallait pas trop insister pour continuer la thérapie. Et, s'il y a reprise après interruption provoquée par l'adolescent, il me semble que la reconnaissance du besoin de cette interruption est plus importante que sa mise en sens, qui viendra ou pas en temps opportun.

Esther a terminé sa thérapie après ses retrouvailles avec une amie qui lui a parlé franchement de la haine meurtrière qu'elle ressentait pour sa propre mère. Impressionnée, secouée par cet aveu, Esther parle pendant plusieurs séances de cet événement qui vérifie, identifie, authentifie de l'« extérieur » la haine matricide qu'elle déniait dans son analyse comme dans la relation avec sa mère. Après ce rapprochement fatal, inévitable, elle arrête ses séances, sans aucune explication.

L'évocation de la « terminaison » du traitement de la « petite sirène-Esther », qui a été à l'origine de ces réflexions, me permet de les clore provisoirement.

Flirter avec la mort, défier la réalité de la mort, toucher la mort au corps ne sont pas des figures du romantisme adolescent. Ce sont des protestations vitales anarchistes, périlleuses, des efforts désespérés de survie. Se détacher de la destructivité en s'étayant sur sa force est leur mot d'ordre. La levée du déni de la mort serait le mot du psychanalyste.

NOTES

1. Esther Williams, surnommée la « sirène de Hollywood » a été une célèbre nageuse-actrice des années 1940-1950 ; à l'écran, ses élégantes figures de natation synchronisée, baptisées « composition aqua-musicales », enchantèrent les Américains et furent très populaires.

2. Athanassiou-Popesco C., *La Petite Sirène, De l'objet combiné à la scène primitive*, PUF, 2000. Je remercie Claire Synodinou d'avoir porté à ma connaissance cette étude basée sur la psychothérapie d'une petite fille.

3. Le motif conscient de cette construction a été une rencontre où des psychanalystes et des gens de lettres ont été invités à échanger sur le thème « Exploit, épreuve, prix, athlète, athlétisme ». Voir mon texte « Les épreuves d'une petite sirène », cycle *Lire-commenter*, Festival d'Argos, juin 1997, publié dans la revue psychanalytique grecque *Ek ton ysteron*, n° 3, p. 210-218, Athènes, 1999.

4. Freud S., *Nouvelles conférences d'introduction à la psychanalyse*, XXXIe conférence, Gallimard, 1984.

5. En hommage à la superbe danseuse et chorégraphe Pina Bausch. Une coïncidence homophonique assez troublante fait que *peina* en grec signifie la « faim ».

6. Leclaire S., *On tue un enfant*, Le Seuil, 1975, p. 11.

7. Zaltzman N., « La pulsion anarchiste », in *De la guérison psychanalytique*, PUF, 1998, p. 139.

8. *Ibid.*

9. Aulagnier P., *Les Destins du plaisir,* PUF, 1979.

10. Artaud A., *Le Théâtre et son double* (1938), Gallimard, 1964.

11. Je renvoie à l'argumentation de N. Zaltzman, *op. cit.*, p. 130-132.

12. *Ibid.*

13. Une ordalie, du latin *ordalium*, est une épreuve judiciaire, au Moyen Âge, qui consistait à soumettre un accusé au jugement de Dieu par l'épreuve du feu. S'il n'est pas brûlé, il est lavé de tout soupçon et en plus renaissant. M. Valleur et A. Charles-Nicolas regroupent sous le concept de « conduites ordaliques » les vécus de défi et de risque mortel, notamment à l'adolescence, le fait de se sentir vivant, par le biais d'une apparente recherche de la mort. A. Charles-Nicolas, M. Valleur, « Les conduites ordaliques », in Claude Olievenstein, *La Vie du toxicomane*, PUF, 1982.

14. Voir Stephanatos G., « Se construire la réalité du point de vue de Thanatos », in G. Lévy (dir.), *L'Esprit d'insoumission, Réflexions autour de la pensée de Nathalie Zaltzman*, Campagne Première, 2011, p. 203-220.

15.

Le poids de l'ombre

EMMANUELLE CAULE

> « Capacité d'aimer (Freud), capacité de rêver (Winnicott), capacité dépressive (Fédida), dans tout cela je vois une même origine : le creux (…). »
>
> J.-B. Pontalis,
> *En marge des nuits*

Cette réflexion s'est construite à partir de ma pratique clinique dans un service hospitalier pour adolescents[1] (95 % de filles) présentant des troubles des conduites alimentaires. La durée moyenne de séjour est de quatre mois, la durée totale des prises en charge de deux ans, en incluant le suivi en hôpital de jour et en consultation qui prolongent l'hospitalisation à temps plein. Cette longue durée de prise en charge permet d'observer une évolution profonde de la pathologie ; elle donne le sentiment d'une véritable métamorphose, physique et psychique. Ce que vivent ces adolescentes – dans les cas les plus favorables – et ce qu'elles nous amènent à voir et à penser, c'est un accéléré de la puberté, qui reprend, et un condensé du processus adolescent, qui peut alors advenir. Et si, par raccourci de langage, je parlerai d'« anorexie », comme s'il s'agissait d'une entité figée et unique, c'est à la condition de préciser ainsi, en préambule, combien, au contraire, cette expérience m'a rendue sensible aux transformations essentielles du fonctionnement psychique de ces patientes, indissociables de la reprise de poids qui constitue un levier thérapeutique incontournable.

En effet, l'anorexie mentale[2] interroge directement le poids du corps à l'adolescence. Un corps vécu toujours comme trop lourd, trop rond, trop mou. Un corps rêvé toujours plus léger, plus plat, plus dur. Un corps-machine, pris dans le mouvement perpétuel de l'hyperactivité, qui prétend s'affranchir des rythmes biologiques du vivant (faim/satiété, sommeil/veille, cycle menstruel, et autres régularités hormonales). Un corps qui se refuse à porter plus avant, autrement que par cet amaigrissement mortifère, le poids de l'histoire subjective et des métamorphoses pubertaires.

Aborder l'anorexie mentale sous l'angle du poids, c'est aller frontalement au-delà du déni, majeur dans cette pathologie, et faire face à la réalité physiologique à laquelle elle conduit, tout en s'interrogeant sur le sens de ce court-circuit somato-psychique, qui exhibe la maigreur et masque la souffrance morale. La scène psychique, muette, ainsi que la scène familiale, apparemment sans conflits, ressemblent au ballet silencieux d'un théâtre d'ombres. L'ombre écrasante des projections parentales, dont le corps porte la marque invisible ; l'ombre nostalgique du corps d'enfant ; l'ombre haineuse et envieuse du corps pubère ; l'ombre d'une histoire sans mots ; l'ombre d'une angoisse indicible ; l'ombre d'une emprise qui ne se connaît pas ; l'ombre d'une perte qui s'ignore. Ainsi, l'adolescente anorexique nous invite-t-elle à explorer la pesanteur paradoxale du négatif, celle même qui se (dés)incarne dans son corps.

Comment habite-t-elle ce corps décharné ? Comment l'éprouve-t-elle ? Quelle part d'elle-même et de son histoire met-elle dans cette recherche de la maigreur ? Quel sens y a-t-il à cette quête d'effacement du corps au temps venu de la puberté ? Quelles impasses de la subjectivation se manifestent ainsi par ce mouvement incessant de rétractation et de rigidification, du corps et du moi ? Quelle place les symptômes envahissants (la peur permanente de grossir, les préoccupations alimentaires obsédantes, l'hyperactivité) laissent-ils, et soustraient-ils, à l'investissement de l'objet, à l'autre, au plaisir de sa présence, au manque en son absence ?

Comment articuler, dans le soin, le corps et le psychisme, consistance corporelle et consistance psychique, prise de poids et construction du féminin ?

Autant de questions que soulève la place du poids dans la clinique de l'anorexie et dans sa prise en charge à l'adolescence.

Le poids du silence

Les silences du corps

Le déni, dans l'anorexie, touche d'abord le corps et le poids. Les anorexiques ne se voient pas maigres et font part de perceptions quasi hallucinatoires, concernant électivement certaines parties du corps (souvent le ventre, les cuisses, les fesses) qui leur apparaissent difformes, énormes.

Ce déni du corps ne s'arrête pas à la perception visuelle ; il atteint, tout aussi étrangement, les sensations intéroceptives et proprioceptives : pas d'éprouvé de la faim (qui disparaît progressivement avec le jeûne), pas de sensation de fatigue (malgré l'épuisement physiologique), des douleurs très atténuées qui ne jouent plus leur rôle de signal (par exemple, elles ressentent à peine les tendinites que provoquent souvent les marches forcenées qu'elles s'imposent). Ainsi, les « conduites ascétiques » (réveils nocturnes programmés, couchage à même le sol, exposition au froid...) que s'infligent les adolescentes anorexiques mettent paradoxalement à l'épreuve un corps qui tend à ne pas répondre dans le registre de la douleur – ou de façon de plus en plus atténuée – et parvient même à réagir, à l'inverse, par un plaisir induit. Il en est ainsi de « l'orgasme de la faim[3] » qu'a décrit É. Kestemberg (qui correspond aux décharges dopaminergiques et à la sécrétion d'interleukines liées à la déprivation de nourriture) et, plus largement, de la « jouissance endogène[4] », ainsi nommée par M. Corcos, que génère notamment l'hyperactivité (sécrétion d'endorphines).

À souligner aussi cette observation courante, et notée par B. Brusset[5], que les anorexiques ont une résistance particulière aux maladies somatiques diverses, alors que l'affaiblissement dans lequel elles se trouvent laisserait craindre une grande vulnérabilité. Autre forme de résistance paradoxale, cette réponse thérapeutique déroutante qui fait que leur poids n'est plus un repère fiable pour la détermination des posologies (de psychotropes, notamment) ; comme si le corps, dans son métabolisme même, défiait la logique pondérale en ignorant la maigreur.

Le silence du corps, c'est enfin, et surtout, la mise en suspens de la puberté avec l'arrêt (généralement réversible mais pas toujours) du développement staturo-pondéral et la disparition des caractères sexuels féminins secondaires donnant à la silhouette une apparence à la fois asexuée et anachronique (un corps d'enfant). À cela s'ajoute l'aménorrhée, dont il faut souligner qu'elle n'est pas en lien direct avec les carences induites par la dénutrition : dans un tiers des cas l'aménorrhée précède l'amaigrissement et elle persiste souvent longtemps après le retour à un poids normal[6], témoignant, en cela, de sa dimension psychogène.

Ces observations concernant le corps des adolescentes anorexiques mettent en évidence combien cette symptomatologie pose, de façon particulière et déconcertante, la question de l'articulation soma-psyché. Le syndrome neuro-endocrinien (ensemble complexe des perturbations liées aux dysfonctionnements de l'axe hypothalamo-hypophysaire) constaté dans l'anorexie n'est qu'en partie dû à l'amaigrissement ; son déterminisme inclut aussi une dimension psychogène, alors même que ses effets agissent pour leur propre compte et contribuent en retour aux symptômes anorexiques (perte d'appétit, arrêt des règles...).

Le corps semble reprendre à la lettre, par une démétaphorisation abrupte, l'impasse du développement (ne pas grossir/grandir), l'impasse du processus identificatoire féminin (ne pas développer des signes sexuels secondaires), l'extrême menace de la passivité (insomnie, hyperactivité) et de l'abandon pulsionnel (anesthésie des circuits de la douleur et du plaisir). Le corps entier montre, avec autant d'évidence que de violence, ce que le psychisme ne peut ni éprouver ni penser. Ce décalage abyssal entre la « monstration » du corps et la mutité psychique constitue la particularité du symptôme et de l'abord thérapeutique des anorexiques restrictives. L'anorexique exhibe une douleur qu'elle ne perçoit pas, tout comme elle exhibe une impasse du devenir adulte et femme qu'elle ne ressent pas.

Des mots désincarnés

Outre le corps, le déni de l'anorexique vise aussi la réalité psychique. Il se manifeste, en début d'hospitalisation, par cette teneur et cette tonalité de vide qui caractérisent les premiers entretiens : déni et dénégation se conjuguent et amènent ces patientes à réaffirmer que « tout va bien » et qu'il n'y a « pas lieu de s'inquiéter », formulation qui vient court-circuiter tout questionnement subjectif et toute possibilité d'historicisation. À ce déni s'ajoutent des défenses comportementales, prises dans les symptômes anorexiques (dissimulations et trafics d'aliments ou de sonde gastrique), qui viennent consciemment dissimuler la pathologie. Ces premiers entretiens laissent ainsi le sentiment d'une impossible rencontre. On y parle dans le vide, celui des mots qui ne tiennent plus à la réalité du corps ou qui, radicalement, ne sortent pas…

Pas un mot, donc, sur la souffrance psychique, ni la souffrance actuelle ni les souffrances passées. Un vide narratif, de leur part comme de celle de leurs parents. Il est communément observé, à propos des anorexiques restrictives strictes, qu'elles semblent précisément avoir eu une enfance « sans histoire », tant au niveau de la trame événementielle qu'au niveau des expressions psychopathologiques. On ne retrouve pas, en effet, dans l'anamnèse de ces patientes, de traumatismes majeurs, tels qu'ils sont fréquents (40 %), au contraire, chez les adolescentes suicidantes. Ces enfants parfaites, conformes aux attentes parentales, n'ont apparemment jamais manifesté d'attitudes d'opposition et de désir d'indépendance susceptibles d'externaliser la conflictualité psychique. B. Brusset parle, à cet égard, de « névrose d'enfant sage ». Aucun fil à tirer donc, dans ces premiers entretiens, dans lesquels on se trouve obligé de solliciter activement, par des questions, la mise en récit du quotidien pour obtenir des bribes éparses et banalisées.

Ces constats cliniques, les silences du corps et la désincarnation des mots, amènent à penser le soin pour les anorexiques restrictives graves comme une double réanimation, physique et psychique. Ils engagent à proposer un cadre de soin qui articule ces deux dimensions, que la tentative d'extinction et de maîtrise pulsionnelle de l'anorexique tend à disjoindre. Tel est, tout particulièrement, l'objectif du « contrat de poids ».

Le contrat de poids ou le temps retrouvé

Lorsque l'amaigrissement est trop important et/ou lorsque l'anorexie est déjà installée depuis plusieurs années, la psychothérapie ne peut pas suffire car les mots ne sont plus arrimés au corps et la dimension addictive[7] du comportement anorexique échappe aux processus psychiques de secondarisation. Dans ce cas, seule l'hospitalisation et l'expérience de la reprise de poids, qui met littéralement l'anorexique hors d'elle, hors du symptôme, hors de sa maigreur, alors même qu'elle n'y est pas prête psychiquement, seule cette expérience parvient à raccorder authentiquement les mots au corps. Tout d'abord pour dire la fureur, l'horreur de la prise de poids ; la terreur qu'elle ne s'arrête jamais, tant ces premiers kilos sont étrangers et persécuteurs. Persécuteurs aussi ceux, les soignants, qui ont contribué à cette prise de poids, dont ils ne peuvent garantir la limite ; persécuteurs, l'appétit retrouvé et la violence pulsionnelle qui échappent au fantasme de maîtrise et d'emprise objectale.

Or, précisément, un écueil majeur dans la prise en charge des anorexiques tient à l'importance de l'emprise dans leur fonctionnement psychique. Les principaux praticiens et auteurs[8] constatent combien il est vain, voire mortifère, de s'engager dans un rapport de force avec les patientes anorexiques restrictives strictes, car ce rapport de force, qu'elles tendent à induire, vient très exactement rejouer la dimension tyrannique ressentie dans l'histoire personnelle, qui se répète dans la tyrannie des symptômes, et tend alors à se déplacer dans le soin. La voie est étroite, par conséquent, pour construire le lien thérapeutique avec une adolescente anorexique ; elle oscille entre deux risques : d'un côté, celui de la communauté de déni, et, de l'autre, celui de la rivalité narcissique dans l'emprise.

C'est là, entre le déni et l'emprise, que le « contrat de poids », établi entre la patiente et le médecin référent, a toute son importance, même si comme tout outil thérapeutique, il peut être perverti et détourné, par l'adolescente, par le fonctionnement groupal, par les soignants. La plupart des services s'occupant d'anorexiques y ont recours, chacun adaptant les modalités de sa mise en œuvre à son contexte clinique et théorique propre. Dans tous les cas, le « contrat de poids », élément constitutif du « contrat de soins[9] », définit trois temps : un premier temps de séparation avec l'entourage, jusqu'à ce qu'un poids seuil soit atteint ; un deuxième temps de « sortie d'isolement », progressif (différent pour chaque patiente) ou total (c'est-à-dire autorisant, dans notre pratique, visites, téléphone, courrier, mails, week-end en famille une semaine sur deux) ; et un troisième, qui est celui de la fin de l'hospitalisation. Un autre poids seuil s'ajoute parfois au contrat : le poids qui définit la nécessité d'une sonde naso-gastrique pour la réalimentation.

Ici, le poids, c'est le temps : « Je sors dans *x* kilos » est une formulation fréquemment employée par les patientes. Par le contrat, le temps, suspendu dans l'anorexie, reprend son cours, au plus près du corps et du symptôme[10]. Le contrat de poids définit les séquences de l'hospitalisation. Dans notre expérience, il est établi, en général, après un mois d'hospitalisation, c'est-à-dire lorsque nous pouvons évaluer la temporalité de reprise de poids, afin de ne pas fixer une sortie d'isolement trop lointaine (au-delà de trois mois[11]), ou trop rapide, par rapport à la temporalité de l'évolution psychique. Nous ne visons pas une superposition de ces temporalités, corporelle et psychique, qui sont par nature hétérogènes, mais nous avons constaté que la reprise de poids, l'expérience réelle de lâcher-prise qui la constitue, est un opérateur incontournable de la dynamique psychique. La reprise de poids rappelle des éprouvés corporels oubliés, voire inédits, qui réaniment la vie psychique et lui restituent son ancrage corporel. La reprise de poids est, pour l'anorexique, un *analogon* et un préalable à l'appropriation du corps pubère. Or on sait que cette appropriation est au fondement du processus de subjectivation à l'adolescence[12]. Ce que permet le contrat, à savoir le consentement conscient sur lequel il se fonde, c'est de réduire la menace d'emprise, éprouvée par l'anorexique, et la tentative défensive de maîtrise du corps qui s'ensuit. Il est, par là même, un outil thérapeutique majeur pour que s'engage un authentique travail d'adolescence.

Pour que les mots reprennent du poids

Lorsque l'évolution est favorable, la reprise de poids va de pair avec l'émergence d'un discours subjectivé. Tout d'abord ce ne sont que des bribes, des lambeaux d'histoire, apparemment désaffectés, dans lesquels se devine pourtant la trace d'une souffrance psychique qui s'ignore, d'un mal qui s'est oublié, tant il est pris dans la répétition, la banalisation et la rationalisation. Une adolescente évoque ainsi, incidemment, sans aucune distance critique, les repas familiaux de son enfance : « Mon père devait mettre un minuteur sur la table à cause de mon frère qui ne mangeait pas assez vite… »

Il faut plusieurs mois souvent avant que ces détails du quotidien ne fassent surface, ne soient mis en question, et plus encore avant qu'ils ne soient l'objet d'une plainte du sujet. Non que ces représentations soient délibérément tues, mais parce qu'elles semblent s'inscrire psychiquement comme une répétition traumatique irreprésentable, impensable, comme un blanc, qui évoque la notion d'« hallucination négative » d'A. Green.

Souvent la rigidité du fonctionnement des familles d'anorexiques a été soulignée[13], ainsi que l'intolérance aux conflits. Le corollaire – que révèle notre expérience – en est la confusion entre la norme et la loi : la norme vient substituer aux interdits fondateurs universels – du meurtre et de l'inceste – une série infinie et particulière de « règlements intérieurs », détachés d'un légitime ancrage culturel. Derrière cet aspect rigide, totalitaire et clos, s'entend la dimension incestuelle du fonctionnement familial, telle que l'a définie P.-C. Racamier, c'est-à-dire une dynamique des liens, en deçà du passage à l'acte mais dans laquelle l'interdit de l'inceste n'opère pas.

Avant de se vider de leur substance de chair, les adolescentes anorexiques se sont depuis longtemps vidées d'une part de leur substance identitaire, celle qui repose sur le sentiment continu d'existence, tel qu'il se construit dans la relation à l'objet primaire et se conforte de la double différenciation sexuelle et générationnelle. C'est ce défaut essentiel de protection, de reconnaissance du statut d'enfant, lié à l'incestuel, que l'on peut interpréter comme une défaillance fondamentale du pare-excitation.

Anesthésie et délocalisation de la souffrance psychique

Dans sa conférence sur la souffrance psychique[14], Monique Schneider rappelle qu'elle provoque, d'une part, en réaction, un mouvement d'anesthésie psychique, une tentative d'extinction et, d'autre part, qu'elle suscite un phénomène de délocalisation, notamment dans le corps mais aussi, par déplacement, dans les rêves. Double défense, donc, contre l'éprouvé de la souffrance psychique qui revient à fuir hors de soi et de son histoire, et dont on pourrait dire que l'anorexie mentale est un paradigme. Coupée de sa propre souffrance, murée dans sa « folie superbe », l'anorexique continue de vivre comme si de rien n'était.

Des « creux » analogiques

On peut voir une analogie entre ce « creux », ce vide narratif, évoqué précédemment, dans l'histoire subjective des anorexiques, et le « creux » du symptôme lui-même, à savoir cet évidement permanent du corps par l'amaigrissement.

Alors, comment contribuer, par l'hospitalisation, à défaire cette « analogie pathologique » ? Comment le dispositif de soin permet-il de sortir de cette double insensibilité, celle du corps et celle du psychisme, qui se répondent et s'entretiennent mutuellement ? Comment rendre possible que le corps reprenne ses droits et que la psyché retrouve, dans la symbolisation, ses propres modalités d'expression de la souffrance ?

Pour une délocalisation de la souffrance sur le cadre institutionnel

Si on déploie, en effet, cette analogie dans la conception du cadre thérapeutique, on peut considérer la période d'isolement, fixée par le contrat de poids, comme une aide à l'élaboration de ces « creux » du corps et de l'histoire.

Pour des patientes qui souvent ont grandi dans cette atmosphère familiale close et totalitaire, pour qui l'investissement de l'extérieur de la famille a souvent été limité parce que menaçant, qui souvent n'ont jamais quitté le domicile parental, l'isolement met à l'épreuve les fondements archaïques de la relation d'objet. C'est à ce temps premier du sujet, ancré dans les expériences primordiales du corps, que renvoie l'isolement. À cet égard, il constitue d'abord une « preuve par l'expérience » : l'expérience réelle d'une survie possible, physique et psychique, sans l'objet. Du fait du défaut majeur d'intériorisation d'un bon objet interne, de l'absence d'assises narcissiques suffisamment solides[15], l'efficacité de l'isolement suppose des conditions particulièrement contenantes, étayantes, symbolisantes pour que s'amorce un véritable travail psychique de séparation/différenciation.

L'isolement figure un « creux » dans l'espace de soin, autrement dit un contenant externe qui contribue à « décorporéiser » le vide, à le localiser dans le cadre plutôt que dans le corps. L'éprouvé du manque, auquel conduit l'isolement, passe par une projection de la haine sur le cadre et révèle la dimension mélancolique, contenue en creux dans l'anorexie. L'élaboration et le dépassement de ce détour mélancolique ouvrent, au cours de l'hospitalisation, à la possibilité d'un retour progressif des affects abrasés : la colère, la tristesse, l'ennui, mais aussi l'affection et la sollicitude, que les adolescentes anorexiques redécouvrent au décours de l'hospitalisation à l'égard de leurs proches. Mais bien sûr, cette « renaissance de la vie psychique » est douloureuse et devra passer par l'expression d'une plainte subjectivante.

La plainte : une polysémie éclairante

En français (Littré), le mot « plainte » a trois sens : le premier – qui correspond à son étymologie, *planctus* en latin – c'est une lamentation, un gémissement (la traduction, par la voix d'une souffrance), notamment une doléance de l'amour ; le deuxième est celui d'une protestation (l'expression du mécontentement) ; le troisième celui d'une réclamation en justice.

Il y a, dans cette polysémie de la plainte, un crescendo qui va de la simple expression de la souffrance à la demande de réparation. Une trajectoire sémantique qui semble subsumer l'évolution des adolescentes anorexiques à mesure qu'elles (re) trouvent la voie de la subjectivation. Une trajectoire sémantique qui, en même temps, met en évidence ce qui manque dans l'enlisement anorexique :

– à la possibilité d'un *gémissement*, il manque un objet interne qui vienne faire résonner la souffrance, la reconnaître, lui donner une forme humaine et une possibilité de partage ;

– à la *protestation*, il manque un contenant suffisamment solide pour supporter le conflit, la contradiction, le refus ;

– à la *réclamation en justice*, il manque enfin un objet tiers garant de la loi.

Ce sont ces manques que dénonce le refus muet de l'anorexie.

Je me propose de suivre le fil de cette polysémie de la plainte pour illustrer, par un cas clinique, les remaniements conjoints du poids et de la subjectivité.

Cas clinique

Un clin d'œil à Molière : je l'appellerai Lucinde, du nom de celle qui, dans *Le Médecin malgré lui*, a perdu la voix, ou du moins le feint-elle, pour cause d'amour contrarié, et qui, par son mutisme, défie à la fois son père et la prétention de la médecine…

Lucinde a 15 ans. Elle souffre d'une anorexie restrictive stricte depuis deux ans quand elle entre à l'hôpital. Un amaigrissement majeur (36 kilos pour 1,72 mètre ; IMC 12,2) qui nécessitera la pose d'une sonde naso-gastrique dès son entrée à l'hôpital. Un contrat de poids sera établi, trois semaines plus tard, qui définit une sortie d'isolement « dans 7 kilos », et une sortie d'hospitalisation à temps plein « dans 15 kilos ».

Elle arrive comme une ombre, infiniment discrète, révérencieuse envers les soignants, ne laissant rien paraître ni entendre d'elle, de ses désirs, de ses colères, de sa souffrance. Rien qui dépasse. Un corps sans épaisseur qui garde, par sa raideur, la marque permanente d'un ancien corset orthopédique. Rien qui ne dépasse par les actes, aucune transgression, aucune explosion. Rien qui ne dépasse par les émotions, ni pleurs, ni rires, ni amour, ni haine. Une adaptation parfaite et lisse au fonctionnement hospitalier : pendant plus d'un mois, elle supportera l'absence d'échanges avec sa famille sans exprimer de manque ni de révolte, alors qu'elle ne s'en est jamais éloignée auparavant. Une maîtrise sans faille. Un acharnement incessant à ne rien lâcher, à ne rien laisser entendre ; d'ailleurs sa voix est un murmure…

Depuis l'enfance, elle ne peut pas chanter, ce qui n'est pas anodin dans cette famille où la voix occupe une place particulière car les grands-parents paternels de Lucinde ont été des artistes célèbres. Un contraste saisissant entre la « visibilité » de cette image tutélaire grand-parentale, couple mythique à la ville comme à la scène, et l'effacement de Lucinde.

Aucun élément saillant dans l'anamnèse. Une enfance « sans problème ». Lucinde a une sœur, de huit ans son aînée, qui a longtemps exercé sur elle une autorité sévère, à laquelle elle dit avoir été soumise. Bien qu'aujourd'hui mariée, cette sœur habite encore dans le même immeuble que ses parents et grands-parents, une proximité qui ne semble pas un hasard au regard de la dynamique familiale.

Un gémissement

La première plainte de Lucinde, après quatre semaines d'isolement, s'entend dans son sentiment de rejet, au collège, où ses très bons résultats scolaires faisaient d'elle la risée de certains élèves de la classe, des garçons en particulier, mais aussi de ses meilleures amies qui s'étaient plus ou moins éloignées d'elle.

S'exprime, par là même, l'impression subjective d'être en marge du mouvement adolescent. Premières formulations d'affects ; sentiment d'abandon, de rejet, voire de trahison, expression qui reste cependant très contextuelle, circonscrite au champ scolaire, clivée, sans lien possible avec d'autres situations, en particulier avec l'isolement lié à l'hospitalisation. L'émergence de cette plainte n'a pas du tout la tonalité d'une révélation ; elle est présentée, dans les propos de Lucinde et dans ceux de ses parents, comme un détail sans importance. Néanmoins, c'est une première plainte, qui, bien que très banalisée, conjugue, a minima, solitude et persécution par le monde externe.

Dans le même temps, Lucinde prend du poids (6 kilos en deux mois) et de l'assurance ; son attitude envers les soignants évolue : elle manifeste, notamment, un certain mépris à l'égard des femmes de ménage et des infirmières, dont elle sollicite le « service » plutôt que le soutien. La prévalence de l'économie phallique/anale se révèle ainsi, par cette disqualification du féminin, projetée sur le cadre institutionnel. Cette projection sur le personnel soignant constitue la première forme d'externalisation de l'agressivité depuis le début de l'hospitalisation de Lucinde. Ce mouvement nouveau, qui s'apparente à une identification à l'agresseur, permet l'accès à une gestion pulsionnelle différente de l'autoagression corporelle et du court-circuit somato-psychique.

Une protestation ?

Au cours du troisième mois d'hospitalisation de Lucinde, son grand-père paternel meurt brutalement. On apprend alors, lors d'un entretien familial, que ses grands-parents paternels ont eu une place importante dans son éducation. Elle était souvent chez eux, car, peu de temps après sa naissance, sa mère a fait le choix d'une réorientation professionnelle qui l'a beaucoup accaparée. Bien que n'ayant pas atteint son poids de sortie d'isolement, Lucinde ira aux obsèques de son grand-père avec ses parents. Elle dira sa tristesse et ses regrets de ne pas l'avoir revu vivant, du fait de son hospitalisation. Éprouvé et expression d'affects inédits. Elle parle alors d'une photo, dont elle se croit la seule à connaître l'existence, que son grand-père gardait dans son portefeuille, la photo d'une enfant mort-née, petite sœur de son père. Une photo dont elle se demande, avec inquiétude, si elle a été trouvée après la mort de son grand-père et quelle a pu être la réaction de sa grand-mère en voyant l'image du cadavre de ce bébé. La lourdeur de ce secret l'amène, *pour la première fois, à pouvoir critiquer le lien* avec ce grand-père, qu'elle évoque alors comme un homme hypocondriaque, souvent envahi par des angoisses de mort, dont elle était régulièrement la confidente dans son enfance. Par association, elle évoque aussi des souvenirs heureux avec sa grand-mère, des rires partagés, une complicité, dont sa sœur aurait été exclue. Une grand-mère dont on apprend encore, en entretien familial, qu'elle souffre d'un cancer de la mâchoire – qui rend la prise de nourriture difficile – et qu'elle semble développer une grave dépression réactionnelle. Lucinde parle alors de ce pacte, conclu avec cette grand-mère, un an auparavant : « Je lui ai dit que je ne mangerai que si elle mangeait aussi… »

Parallèlement à l'émergence de ces affects et de ce questionnement nouveau sur sa propre histoire, Lucinde atteint son poids de sortie d'isolement ; visites et week-ends en famille alimentent ce que l'on peut identifier comme la reprise d'un processus de subjectivation. Ainsi, progressivement, des figurations de la souffrance de Lucinde nous apparaissent, teintées d'ambivalence, à la fois de culpabilité et d'agressivité. Une histoire se tisse entre elle, ses parents et l'équipe soignante. Des formulations d'angoisse multiples se font jour de la part du père qui reconnaît avoir toujours eu « peur qu'il arrive quelque chose » : il a toujours refusé que ses filles partent en voyage scolaire ou qu'elles dorment chez des amies ; il impose des coups de téléphone à chaque déplacement quotidien, de ses filles et de son épouse. Une épouse qui, pour la première fois avec nous, dénonce cette « tyrannie de l'angoisse » (ce sont ses mots), fait part de son envie de partir parfois, ce qu'elle fera d'ailleurs, à plusieurs reprises, quelques mois plus tard... Double protestation féminine, donc : celle de la fille et celle de la mère, celle de la mère se frayant dans la brèche ouverte par la fille (ce qui n'est pas rare dans les situations cliniques que nous rencontrons).

On peut se représenter la place d'enfant fétiche que dénonce l'anorexie de Lucinde : son rôle antidépresseur auprès de ses grands-parents et contraphobique auprès de son père. Un fétiche qu'intercepte littéralement l'anorexie par ce corps érigé et raide. On comprend la désorganisation dans le repérage générationnel et l'aliénation qui en résulte... Et on se demande « où est la mère ? ». Autrement dit, plus rigoureusement, on mesure la défaillance de la fonction de pare-excitation maternelle, à laquelle correspond, en effet, chez Lucinde une image maternelle fragile qui s'entend, entre autres, dans son application à la ménager, à ne rien lui coûter, à ne rien lui demander (ni aide, ni vêtements, ni autorisations de sorties...). Ainsi Lucinde s'est-elle faite légère et docile, dans un effacement subjectif qui a fait d'elle cette enfant sage de la latence mais qui a barré l'accès au pubertaire et empêché toute possibilité d'autonomisation.

Au cours du quatrième mois d'hospitalisation, sa sœur aînée accouche d'une petite fille dont elle doit être la marraine. Lors des sorties de l'hôpital, le week-end, elle se trouve désemparée face à ce bébé, envahie par la crainte consciente d'être accusée de le voler, d'usurper une place de mère. La défense contre ce fantasme de rapt d'enfant est telle que sa famille s'alarme de sa sidération et de son inaffectivité apparente face à ce bébé, qui contraste avec les larmes versées à la mort de son grand-père. Lucinde dit « ne plus trouver de place avec tous ces bouleversements » (mort, naissance, questions d'héritage…), et « ne plus savoir ce qu'elle éprouve à l'égard de sa famille ». Ce désarroi omniprésent semble barrer la richesse associative qui s'était fait jour. Concomitamment, son poids stagne (elle a cependant pris 10 kilos par rapport à son poids d'entrée) pendant plusieurs semaines.

Après cinq mois d'hospitalisation, nous avons la sensation d'une butée dans l'évolution, et faisons l'hypothèse, au sein de l'équipe soignante, de l'intérêt, peut-être, d'un retour provisoire chez ses parents, qui permettrait à Lucinde de prendre part à l'actualité des enjeux familiaux. Une interruption de l'hospitalisation à temps plein est alors décidée et il est proposé à Lucinde de revenir, trois fois par semaine, en hôpital de jour. Son retour en famille est difficile, conflictuel. Ainsi, par exemple, ses parents refusent qu'elle aille nourrir sa grand-mère ; elle accuse son père de la laisser mourir de faim et de « l'enterrer vivante » en projetant de vendre la maison de famille… Il faut dire que ce père semble se métamorphoser sous nos yeux depuis la mort de son propre père : tout en reconnaissant sa tristesse, il fait part de son soulagement, « à vivre librement, à pouvoir enfin prendre les choses en main ». Dans son sillage, la mère de Lucinde commence à critiquer l'emprise des grands-parents sur sa fille. La dynamique familiale se conflictualise heureusement.

De son côté, Lucinde ne peut pas suivre ce mouvement ; elle oppose une inertie épuisante à ces changements qui débordent ses capacités actuelles d'élaboration et ébranlent une reconstruction identitaire encore très fragile. La restriction alimentaire réapparaît ainsi que l'hyperactivité. Elle est alors réadmise, deux mois plus tard, en hospitalisation à temps plein.

Un détour mélancolique

Lors de cette deuxième hospitalisation, le même contrat de poids est établi, impliquant une nouvelle période d'isolement vis-à-vis de l'extérieur. Mais le comportement de Lucinde change : elle se retire spontanément dans sa chambre ; elle fuit les autres patientes dont elle craint qu'elles n'influencent sa pensée ; elle demande son corset (dont elle n'a plus besoin médicalement depuis longtemps et dans lequel elle ne rentrait plus après sa puberté) « pour se sentir soutenue », dit-elle, et dont il s'avère qu'il a été récemment jeté par sa mère, de même que tous les vêtements d'enfant que Lucinde exigeait de garder dans son armoire. Elle répète : « Tout a changé, je ne sais plus qui je suis… » Elle exprime une culpabilité morbide vis-à-vis de son grand-père ainsi qu'un sentiment envahissant de honte, d'indignité et de non-valeur ; elle fait part d'idées suicidaires. *Les affects reviennent massivement et provoquent une désorganisation identitaire.* Simultanément, les difficultés alimentaires régressent quasi totalement et passent au second plan de la symptomatologie.

Nous assistons à un moment psychotique mélancoliforme, probablement précipité par la dimension traumatique de la collusion événementielle entre la mort de son grand-père et la naissance de sa nièce ainsi que par les remaniements familiaux qui se sont ensuivis. Un moment psychotique probablement aussi rendu possible par le travail psychique déjà accompli lors de sa première hospitalisation. Une problématique mélancolique en abîme se déplie et s'élabore au sein de l'espace psychique groupal de la famille : la mort d'un grand-père qui n'a pas fait le deuil de sa fille. Une fille (Lucinde) qui se sent mourir quand une autre, sa nièce, naît. Une fille chasse l'autre.

Un seul bébé à la fois. Un bébé (vivant) qui chasse l'image du cadavre du bébé mort auquel la mort du grand-père semble offrir, enfin, une sépulture. La nouvelle mère garde son bébé ; elle cesse de jouer à la maman avec sa sœur. Une véritable fonction maternelle est restaurée.

Que devient Lucinde ? Elle lâche son anorexie ; elle s'y perd, sur le plan identitaire, et s'y (re)trouve à la fois. En effet, pour inquiétant qu'il soit, cet effondrement identitaire a le mérite de permettre l'émergence d'affects mélancoliques et de représentations morbides totalement séquestrés dans l'anorexie. Une souffrance se vit et se dit enfin, devant des témoins et des tiers ; elle se partage même avec les autres, au point de susciter une angoisse de contagion... Elle s'entend, elle se comprend et s'humanise.

Pour conclure et résumer ce cas clinique : il semble que Lucinde a d'abord trouvé, au cours de sa première hospitalisation, un étayage et une réassurance suffisante pour qu'émerge un « gémissement ». Mais aucune dimension conflictuelle, liant amour et agressivité, n'a pu alors se reconstruire. Puis des événements extérieurs, à résonance traumatique, ont précipité un effondrement identitaire mélancoliforme qui, bien qu'inquiétant, témoigne d'une psychisation de la souffrance en une plainte dépressive majeure dans laquelle le sujet dit son mal à exister. Ce creux mélancolique est venu se lover, au cours de la deuxième hospitalisation, dans les creux du cadre institutionnel ; c'est là que la plainte s'est élaborée en une « protestation » mélancolique qui condense l'attaque du sujet et de l'objet. Un long travail de subjectivation reste à accomplir mais Lucinde n'est plus muette.

Il lui reste à parcourir le chemin qui conduit au troisième temps de la plainte, le temps de la « demande en justice » que représente le travail de psychothérapie individuelle, dans lequel chacun paie pour obtenir réparation. Mais c'est une autre histoire, qui n'est plus celle d'une anorexique, qui est celle d'une adolescente capable de dire les difficultés qui sont les siennes à s'approprier un corps pubère et à devenir une femme.

On peut comprendre l'anorexie comme un arrêt sur image, celle de l'enfance et du corps entièrement phallique de la latence, comme un refus de la passivation pubertaire ressentie comme une intolérable castration. La fragilité identitaire, qui sous-tend l'anorexie, fait que le sujet est, plus qu'en tout autre lieu réel ou psychique, dans ce refus du pubertaire et dans son symptôme. Mais cette révolte défensive perd son objectif sitôt que d'apparaître car elle engage dans un comportement addictif qui précisément échappe au contrôle.

Sortir de l'anorexie suppose de lâcher d'abord l'arme de la maigreur, de l'emprise sur le corps, pour faire l'expérience menaçante et salvatrice de la prise de poids. Émergent alors des angoisses d'effondrement et une haine que le cadre soignant (et notamment l'isolement) doit aider à élaborer. Le « creux » mélancolique peut alors quitter le corps et se re-psychiser.

Ce qu'il reste à construire, dans le travail psychothérapeutique ultérieur, c'est une représentation du féminin proprement dit, telle qu'elle se découvre dans l'accès à la génitalité.

NOTES

1. Unité des troubles des conduites alimentaires, service du Dr Pommereau, Centre J.-Abadie, Bordeaux.

2. Je centrerai mon propos sur l'anorexie restrictive stricte, qui constitue la figure extrême de cette pathologie, celle où les symptômes se déploient dans leur forme la plus typique, sans méconnaître qu'au cours de leur prise en charge, l'évolution de ces patientes les plus graves passe, le plus souvent, par une symptomatologie hybride, associant comportement

boulimique, scarifications et tentative de suicide parfois. Malgré la dangerosité propre à ces différents symptômes, cette évolution plus bruyante apparaît comme une avancée dans la mesure où elle correspond à la reprise d'une économie pulsionnelle plus vivante, dans laquelle la répression et la maîtrise occupent moins de place, et par laquelle l'adolescence peut se frayer un chemin.

3. Kestemberg É. et J., Decobert S., *La Faim et le Corps*, PUF, 1998 (6e éd.).

4. Corcos M., *Le Corps absent*, Dunod, 2000.

5. Brusset B., *Psychopathologie de l'anorexie*, Dunod, 1999, p. 35.

6. Corcos M., *op. cit.*, p. 236.

7. Brusset B., *op. cit.* ; Corcos M., *ibid.*

8. Brusset B., *ibid.* ; Jeammet P., in Birot E., Chabert C., Jeammet P. (dir.), *Soigner l'anorexie et la boulimie, Des psychanalystes à l'hôpital*, PUF, 2006 ; Corcos M., *Le Corps insoumis*, Dunod, 2011 ; Combe C., *Soigner l'anorexie*, Dunod, 2002.

9. Corcos M., « Le contrat de soins dans le traitement hospitalier de l'anorexie mentale : séparation-réappropriation-subjectivation », *Adolescence*, 2, 57, 2006, p. 385-404.

10. Tout comme, aux petits enfants qui ne se représentent pas encore la durée, on réfère le temps aux expériences primordiales du corps (« quand tu auras dormi », « après le goûter »...).

11. En effet, l'isolement perd son sens, et devient même délétère, lorsque la séparation génère un processus de pseudo-hospitalisme mélancoliforme, c'est-à-dire lorsque, non seulement il n'est pas l'opérateur attendu de la reprise d'une économie objectale, mais induit, au contraire, une accentuation du repli narcissique dans lequel se perd la trace vivante de l'objet.

12. Birraux A., *Le Corps adolescent*, Bayard, 2004.

13. Corcos M., *L'Anorexie mentale, Déni et réalités*, Doin, 2008 ; *Le Corps absent*, *op. cit.* ; Brusset B., *op. cit.*

14. Schneider M., conférence à l'Université de tous les savoirs, 15/11/2001.

15. Jeammet P., *op. cit.*

Liste des auteurs

Arnaud Basdevant : professeur de nutrition, université Pierre-et-Marie-Curie, hôpital de la Pitié, Institute of Cardiometabolism & Nutrition, ICAN, Paris.

François Beck : statisticien, sociologue, Institut national de prévention et d'éducation pour la santé, Cermes 3, équipe Cesames, Centre de recherche médecine, sciences, santé, santé mentale, société, université Paris-Descartes, Sorbonne-Paris-Cité /CNRS UMR 8211/Inserm U988/EHESS.

Annie Birraux : psychiatre, psychanalyste, professeur honoraire en psychopathologie de l'enfant et de l'adolescent à Paris-Diderot, fondatrice du Collège international de l'adolescence.

Emmanuelle Caule : psychologue, psychanalyste, chargée de cours à l'université Bordeaux-Segalen, membre du Collège international de l'adolescence.

Valérie Discour : psychologue clinicienne, membre du Collège international de l'adolescent.

Philippe Duverger : pédopsychiatre, professeur de psychiatrie de l'enfant et de l'adolescent, université d'Angers, chef de service de psychiatrie de l'enfant et de l'adolescent, CHU d'Angers, membre du conseil scientifique de la Société française de psychiatrie de l'enfant et de l'adolescent et des disciplines associées.

Bernard Golse : pédopsychiatre-psychanalyste, membre de l'Association psychanalytique de France, chef du service de pédopsychiatrie de l'hôpital Necker-Enfants malades (Paris), professeur de psychiatrie de l'enfant et de l'adolescent à l'université Paris-Descartes, Inserm, U669, Paris-Sud et Paris-Descartes, UMR-S0669, Paris, LPCP, EA 4056, Paris-Descartes, CRPMS, EA 3522, Paris-Diderot, membre du Conseil supérieur de l'adoption, ancien président du Conseil national pour l'accès aux origines personnelles, membre du Conseil scientifique de la Société française de psychiatrie de l'enfant et de l'adolescent et des disciplines alliées, président de l'association Pikler Loczy-France, président de l'Association pour la formation à la psychothérapie psychanalytique de l'enfant et de l'adolescent.

Catherine Grangeard : psychanalyste, membre d'équipes de chirurgie de l'obésité et de réseaux de prise en charge de l'obésité dans les Yvelines, cofondatrice du *think tank* Obésités.

Philippe Jeammet : professeur émérite de psychiatrie de l'enfant et de l'adolescent, Paris-Descartes.

Didier Lauru : psychanalyste, membre d'Espace analytique, président du Collège international de l'adolescent.

Jean-Pierre Lebrun : psychiatre, psychanalyste (Association lacanienne internationale).

Jean-Yves Le Fourn : pédopsychiatre, psychanalyste, chef de service, Centre Oreste, Tours, membre du Collège international de l'adolescence.

Florence Maillochon : sociologue, CNRS UMR 8097, Centre Maurice-Halbwachs, ENS.

Jean Malka : pédopsychiatre, praticien hospitalier, service de psychiatrie de l'enfant et de l'adolescent, CHU d'Angers.

François Marty : psychologue, psychanalyste, professeur de psychologie clinique et de psychopathologie, LPCP EA 4056, Paris-Descartes, membre du Collège international de l'adolescence.

Philippe Robert : psychologue, psychanalyste, maître de conférences HDR, LPCP EA4056, Paris-Descartes, membre du Collège international de l'adolescent.

Gerassimos Stephanatos : psychanalyste membre du Quatrième Groupe, psychiatre, pédopsychiatre, membre du Collège international de l'adolescent.

Elsa Stora-Waysfeld : psychologue clinicienne et psychothérapeute dans le service de pédopsychiatrie de l'hôpital Necker-Enfants malades (Pr B. Golse) et dans l'unité du Dr M. Dabbas dédiée à la prévention et à la prise en charge des obésités infanto-juvéniles.

Table

CHEZ LE MÊME ÉDITEUR

Claude Allard, *L'enfant au siècle des images*

Sabine Belliard, *La couleur dans la peau. Ce que voit l'inconscient*

Annie Birraux, *L'adolescent face à son corps*

– et Didier Lauru (dir.), *Adolescence et prise de risques*

– *L'énigme du suicide à l'adolescence*

Gérard Bonnet, *Défi à la pudeur. Quand la pornographie devient l'initiation sexuelle des jeunes*

Nicole Catheline, *Harcèlements à l'école*

Pr Patrick Clervoy, *Le syndrome de Lazare. Traumatisme psychique et destinée*

Maurice Corcos, *L'homme selon le DSM. Le nouvel ordre psychiatrique*

Dominique-Alice Decelle, *Alzheimer. Le malade, sa famille et les soignants*

Patrick Delaroche, *La peur de guérir*

– *Psychanalyse du bonheur*

Pierre Delion, *Tout ne se joue pas avant 3 ans*

– *Écouter, soigner. La souffrance psychique de l'enfant*

Joëlle Desjardins-Simon et Sylvie Debras, *Les verrous inconscients de la fécondité*

Caroline Eliacheff, *La famille dans tous ses états*

– *Puis-je vous appeler Sigmund ?*

– et Daniel Soulez Larivière, *Le temps des victimes*

– et Nathalie Heinich, *Mères-filles, une relation à trois*

Christian Flavigny, *Avis de tempête sur la famille*

Fernando Geberovich, *No satisfaction. Psychanalyse du toxicomane*

Dr Alain Gérard, *Du bon usage des psychotropes. Le médecin, le patient et les médicaments*

– et le CRED, *Dépression, la maladie du siècle*

Sylviane Giampino, *Les mères qui travaillent sont-elles coupables ?*

– et Catherine Vidal, *Nos enfants sous haute surveillance : évaluations, dépistages, médicaments…*

Claudia Gold, *À l'écoute des émotions de l'enfant. Chagrins, angoisses, colères et autres problèmes du quotidien*

Roland Gori et Pierre Le Coz, *L'empire des coachs, une nouvelle forme de contrôle social*

Jean-Michel Hirt, *L'insolence de l'amour. Fictions de la vie sexuelle*

Philippe Hofman, *L'impossible séparation entre les jeunes adultes et leurs parents*

Patrice Huerre et François Marty (dir.), *Alcool et adolescence, jeunes en quête d'ivresse*

– *Cannabis et adolescence. Les liaisons dangereuses*

Jean-Marie Jadin, *Côté divan, côté fauteuil. Le psychanalyste à l'œuvre*

Simon-Daniel Kipman, *L'oubli et ses vertus*

Pr Daniel Marcelli, *La surprise, chatouille de l'âme*

– *L'enfant, chef de la famille. L'autorité de l'infantile*

– *Les yeux dans les yeux. L'énigme du regard*

– *Il est permis d'obéir. L'obéissance n'est pas la soumission*

– *Le règne de la séduction. Un pouvoir sans autorité*

Anne Marcovich, *Qui aura la garde des enfants ?*

Jean-Paul Mialet, *Sex æquo. Le quiproquo des sexes*

Gustave Pietropolli Charmet, *Arrogants et fragiles. Les adolescents d'aujourd'hui*

Xavier Pommereau, *Ado à fleur de peau*

– *Ados en vrille, mères en vrac*

– et Jean-Philippe de Tonnac, *Le mystère de l'anorexie*

Jean-Jacques Rassial, *Pour en finir avec la guerre des psys*

Élise Ricadat et Lydia Taïeb, *Rien à me mettre ! Le vêtement, plaisir et supplice*

Renata Salecl, *La tyrannie du choix*

Serge Tisseron, *Comment Hitchcock m'a guéri. Que cherchons-nous dans les images ?*

– *Vérités et mensonges de nos émotions*

– *Virtuel, mon amour. Penser, aimer, souffrir à l'ère des nouvelles technologies*

– *L'empathie au cœur du jeu social*

– *Fragments d'une psychanalyse empathique*

Jean-Philippe de Tonnac, *Anorexia. Enquête sur l'expérience de la faim*

Yvane Wiart, *L'attachement, un instinct oublié*

Jean-Pierre Winter, *Homoparenté*

Composition IGS-CP
Impression CPI Bussière en janvier 2014
à Saint-Amand-Montrond (Cher)
Éditions Albin Michel
22, rue Huyghens, 75014 Paris
www.albin-michel.fr

ISBN : 978-2-226-25477-1
N° d'édition : 21055/01. – N° d'impression : 2007149.
Dépôt légal : février 2014.
Imprimé en France.